教育部人文社会科学研究《国际化社区中的文化融合研究》项目资助
项目批准号：18YJA840024

国际化社区中的文化融合研究

朱兰珍　著

中国原子能出版社
China Atomic Energy Press

图书在版编目（CIP）数据

　国际化社区中的文化融合研究 / 朱兰珍著 . —— 北京：
中国原子能出版社，2020.10
　　ISBN 978-7-5221-0991-6

　Ⅰ . ①国… Ⅱ . ①朱… Ⅲ . ①社区 – 中外关系 – 文化
交流 – 研究 Ⅳ . ① G125

　中国版本图书馆 CIP 数据核字 (2020) 第 211333 号

内容简介

　　国际化社区中的文化融合问题一直是国内外学者关注的焦点。在中国迈向国际化的进程中，大量境外人士选择来中国工作、定居，步入具有中国城市地缘文化的城市社区生活中。他们不仅带来了世界经济网络中的经济发展资本、先进的科学技术和管理理念，还带来了各具特色的多元文化。如何促进国际化社区和谐发展，实现中外居民的文化融合，是呈现在我们面前的一个崭新课题。本研究主要运用管理学、经济学、社会学、心理学、政治学和统计学等相关学科的理论和方法，从都市社会微观再造的社区层面研究国际化社区文化融合的制约因素、动态变化及路径方向。

国际化社区中的文化融合研究

出版发行	中国原子能出版社（北京市海淀区阜成路 43 号　100048）
责任编辑	高树超
装帧设计	河北优盛文化传播有限公司
责任校对	冯莲凤
责任印制	潘玉玲
印　　刷	定州启航印刷有限公司
开　　本	710 mm×1000 mm　1/16
印　　张	14.25
字　　数	225 千字
版　　次	2020 年 10 月第 1 版　2020 年 10 月第 1 次印刷
书　　号	ISBN 978-7-5221-0991-6
定　　价	58.00 元

内容简介

国际化社区中的文化融合问题一直是国内外学者关注的焦点。在我国国际化进程中，大量境外人士选择来中国工作、定居，步入具有中国城市地缘文化的社区生活中。他们不仅带来了世界经济网络中的经济发展资本、尖端的科学技术和先进的管理理念，还带来了各具特色的多元文化。如何促进国际化社区和谐发展，实现中外居民的文化融合，是呈现在我们面前的崭新课题。本研究主要运用管理学、经济学、社会学、心理学、政治学和统计学等相关学科的理论和方法，从都市社会微观再造的社区层面研究国际化社区文化融合的制约因素、动态变化及路径方向。首先，采用文献法梳理国内外国际化社区文化融合的研究成果，初步确定构建国际化社区文化融合理论模型的研究维度和要素。其次，通过问卷调查了解和发掘国际化社区居民的文化融合现状和特征，根据定量分析结果制定访谈大纲，通过开放式访谈从微观角度解析国际化社区居民文化融合的历史效应和内在机理。再次，利用访谈资料、案例分析及宏观数据等深入解析国际化社区文化融合的主要影响因素，从物质文化层面、行为文化层面、精神文化层面以及制度文化层面四个方面对文化融合现象进行分析，揭示其内在根源。最后，建构国际化社区文化融合的理论框架，从政府实施社区管理的角度有针对性地提出切实可行的建议。总之，本研究进一步丰富、完善了国内外社区融合理论体系研究，有利于避免不同种族、国度、文化之间的碰撞与冲突，加深外籍居民的社区融入程度，减少涉外纠纷，改善社区国际化软环境，提升外籍人口管理服务水平，为建立国际化社区推进机制和确定社区发展政策取向提供理论依据和数据支持。

目 录

第一章 绪 论

第一节 问题的提出

在全球化的时代，人们生活在一个资讯越来越开放的世界，世界各国、各地区、各民族之间政治、经济、文化交流日益密切，人口在世界范围内的流动也随之加剧，国际移民数量快速、持续增长。联合国从1990年开始发布全球移民数据报告，此后差不多每隔5年更新一次数据。2018年5月，联合国国际移民组织与全球化智库在联合发布的《世界移民报告2018》中，对1970至2015年间全球移民进行了数据统计。其中，2000年，国际移民数量为1.5亿；至2015年，移民数量已达到2.44亿，占世界总人口的3.3%。换言之，大约每30人中就有1位国际移民。到2050年，预计这个数字将超过4亿。全球最主要的5个移民输出国分别为印度（1800万移民）、墨西哥（1200万移民）、中国（1100万移民）、俄罗斯（1000万移民）和叙利亚（800万移民）。应该说，今天的世界越来越走向一个移民的时代。受中国经济发展的影响，移民中国成为国际移民新趋势。

中国是一个有着悠久历史和文化积淀的文明大国，有着独特的文化传统和生活习俗。近年来，我国改革开放不断深化，经济实力不断增强，民主化、法制化进程不断推进，综合国力和国际地位不断提升。当前，中国处于改革发展带来的社会结构的重大变革时期。近年来，中国政府一直重视多元化和一体化建设，倡导构建全球共同体，通过"一带一路"倡议推动全球共同体建设。在政策上进一步放宽了移民准入制度，2016年2月，中共中央办公厅、国务院办公厅《关于加强外国人永久居留服务管理的意见》的出台和2016年3月北京创新发展 20 项出入境政策措施的实施，都表明外国人移民中国的制度壁垒似乎开始被局部打破（牛冬，2017）。

中国蕴藏着无限商机，吸引着越来越多的来自不同国家的移民来此工作、学习、生活。我国国家移民管理局 2019 年数据显示，2019 年中国出入境人员为 6.7 亿人次，比 2018 年增长 3.8%，其中外籍人员出入境突破 9 000 万人次，达 9 767.5 万人次①。外籍人士来到中国，并在城市生活聚居，形成了类型多样的国际化社区。国际化社区形成的动因已逐渐从政治因素转向以经济因素为主导，从经济因素转向社会发展和文化辐射驱动。生活在国际化社区中的人群已不再局限于外交官或国外高端人才，越来越多的普通外国人来到中国投资、工作、生活、"寻梦"。从近年来我国国际化社区的发展状况看，外籍人口来源趋于多样化，聚居层次趋向多元化，人员结构越发复杂，需求也日趋丰富。他们对公共服务、基础设施、社会治理、文化生活等提出了广泛的需求，增加了公共产品供给的层次性。这些国际化社区的兴起，不仅体现了中国社会结构的巨大变化，还反映了中国社会治理转型的成效和新的政治文明形态的变迁。国际化社区无疑可以促进城市国际化，提升城市管理水平和城市综合竞争力，同时有利于这些城市与外界建立更为广泛的联系。同时，国际移民在促进经济发展、创新经济增长方面也发挥着重要作用。他们源源不断地为接收国的经济贡献"红利"。他们带来的专业技能、资金、文化和人力资源促进了我国的经济和社会发展。

在跨文化交流过程中，外籍居民面临着从本民族文化向另一种文化的转变，他们在新的、陌生的环境中不可避免地会经历与本民族文化不同的价值观和生活方式，因此在这个过程中产生的文化融合问题也就成为十分值得深入研究的重要课题，日益受到各国学者的关注和重视，成为社会学领域的一个研究热点，其形成的研究性知识被传递到了实际的社会治理、政治决策等层面。在一定区域内，文化本身也是一个多元、多样的统一体，是一个"文化生态系统"。由于文化本身具有特殊性与排他性，国际化社区中外籍居民之间产生文化冲突的现象不可避免。文化的接触、碰撞和冲突使不同族群在文化融合的过程中面临着压力和挑战。

中国地域辽阔，民族众多，各个地区有着独特的当地文化习俗和生活方式。外籍居民从母国熟悉的文化情境突然转移到异国全新的陌生的文化环境

---

① 国家移民管理局 .2019 年出入境人员达 6.7 亿人次 . [EB/OL] . (2020-01-06) .https://www.nia.gov.cn/n741440/n741567/c1199336/ content.html.

中，这个环境像一个黑洞一样无法预知，不能用以往的生活经验和逻辑推理、预测。国际移民作为一个特殊的群体，来到中国定居后，对新的文化环境下的社会文化习俗和行为准则不熟悉，其在工作和生活中接触交往的对象也多为异文化人群，沟通与交流障碍的问题较为突出。另外，他们还会面临亲人分离、生活习惯、气候、饮食、教育方式、人际交往等更多、更细节的困扰和难题。初入异文化环境时，外籍居民对文化差异的感受会更强烈。这些问题都给国际化社区外籍居民的工作和生活带来了很多困扰和不适，严重时甚至会使社区外籍居民出现一些心理问题，如孤独、焦虑、思乡、思念亲友等，还可能产生文化身份的混乱、社会支持网络的中断、价值判断的失据、无法融入当地生活等文化融合的困扰，使他们与当地居民发生局部碰撞与冲突。此外，他们通常要通过母语以外的语言进行沟通与交流。由于语言障碍，遇到困难时，他们常常不知道该怎么办。这时，他们的消极情绪会更加严重，再加上种族差异问题，他们有时甚至还会面临种族歧视。这些情况的发生都使在华外籍居民难以融入居住环境，出现文化孤岛、社交封闭等现象，影响国际化社区的和谐与稳定。

外籍居民往往相对集中于某个经济领域，并由于日常生活习惯相似而聚居在一起，因此他们更容易凸显其社会差异性。当社会经济状况良好，而移民或我行我素（如精英移民），或蛰伏于底层（如劳务移民）而逆来顺受时，社会矛盾通常不会很突出。但是，一旦大量普通移民开始意识到他们需要扩大自己的权力需求，当他们和他们的后代开始向上流动，并被视为鸠占鹊巢时，移民（包括他们的后代）同移居国群体之间在经济与权益上的必然竞争，就可能会演变成民族和文化冲突并爆发。如果再加上别有用心者的煽动，或因经济危机而加剧，或涉及极端宗教因素，那么冲突就在所难免了。

随着移民的跨国和跨地区迁移，不同的价值观和生活方式在同一个民族国家和地区内部交织和共生，外籍居民与国际化社区当地居民的局部冲突时有发生，中国面临着如何接纳移民和如何与具有异文化背景的移民和谐共处的问题。但是，中国目前还没有全面而完整的国际移民法规，相关政策也比较零散。因此，根据我国的实际情况，尽快制定我国自己的国际移民政策迫在眉睫。

在漫长的历史长河中，中国形成了自己独特的文化精神和气质。但长期以来，我们缺乏一种异文化的视角，因此很难以此来审视自己的文化价值观，所谓"他山之石，可以攻玉"。国际化社区外籍居民群体数量日益增多，他们长时间在中国工作和生活，有融入当地社区社会生活的需求和条件，能够接触到中国和当地社会生活的各个层面。他们在中国的文化融合状况可以客观地反映中国文化建设的现状，可以帮助我们反思自己的文化，丰富我们对中国文化的理解，并让我们从异文化的独特视角正视自身在文化建设中存在的问题，更好地塑造中国文化在国际社会中的形象。

目前，中国面临国际移民观念尚未完全建立，发展规划久缺，制度、体制、机制不够完善等问题，我国正处在社会改革深水区，社会形势复杂多变，人口快速流动带来的不稳定因素增强，来华外国移民在促进迁入地经济发展的同时，给中国社会管理带来了风险和挑战。对于外籍居民来说，他们从一个国家或地区迁移到另一个国家或地区，改变其原有的生活方式，在另一种文化背景下建立新的生活方式，这个过程是一个融合调整的过程。在中国，与人们的生活环境及生活方式息息相关的是社区。社区具有社会支持、社会福利、社会控制和政治动员等功能。外籍人士后续社会服务的实施最终依赖社区机制，社区已成为为外籍居民提供社会服务，实现外籍居民社会融合的落脚点。如何通过社区的融合功能促进外籍居民融入国际化社区，促进社会和谐稳定，也是我国探索和创新社会管理体制，构建和谐社会的要求。

促进移民融入当地社区生活，维持社会稳定与发展，实现和谐社区建设的目标是现阶段我国社区工作的重要内容。融合发展是客观的、始终如一的必然选择。如何增进理解、减少摩擦，切实帮助外籍居民适应我国的制度体系和社会互动规范，并随着时间的推移，最终成为适应中国社会和国际化社区生活的成员已经逐渐成为我国国际化社区治理的现实需求。外国移民融入国际化社区的主观诉求和文化融合水平较低的客观现实，为研究国际化社区文化融合提供了必要性。要想适应经济全球化趋势、营造更好的经济发展环境，国际化社区的文化融合问题是迫切需要关注的问题。

综上所述，对国际化社区的文化融合的研究具有时代性，具有重要的理论和现实意义。

第二节　研究的总体构想

一、研究目的

国际化社区的文化融合问题作为议题本身具有重要的研究价值。随着移民现象的日益普及和复杂化，文化融合研究无论是对移民自身、移民输出国，还是移民输入国都具有重要的现实意义，并呈现出新的研究趋势。中外文化传统之间存在巨大差异，外国移民难以在较短时间内融入中国社区。而且，中国虽然在经济上实行对外开放政策，但在政治和文化上还没有完全对外开放。其中，对国外信息和社交网络的全面封锁也增加了国际化社区的文化融合的难度。外籍居民融入国际化社区的问题不但与他们的幸福感和满足感密切相关，而且对社区乃至社会的稳定和凝聚也非常重要。

另外，尽管外籍居民人数急剧增多，但相对中国庞大的人口总量，外籍居民在中国仍是一个相对较小的群体。我国学者对外籍在华居民的关注和研究较少，在社会和政治学学术研究方面，对外籍居民的研究成果初现。审视当下，对外籍居民在国际化社区的生存和融合的现实状态进行研究正当其时，国际化社区文化融合问题，不仅是我国城市国际化进程中的热点话题，更是关系到我国和谐社会建设的关键问题。

本研究有三个目的。第一，揭示外籍居民迁移行为发生的社会原因及其与社区的互动关系，探明国际化社区居民融合的影响因素并对其进行定量分析。第二，考察外籍居民的社区融合过程、融合模式、融合程度，探索具备针对性、客观性和时效性的国际化社区文化融合测量评价体系。第三，针对国际化社区构建中地缘文化与异质文化的碰撞交流、双向融合现状，提出具体的提升国际化社区居民跨文化融合的建议。在此基础上对问题进行"诊断性""对策性"的思考。

二、理论模型

文化融合相关理论类型众多，许多学者都提出了自己的理论框架。这些理论框架的构建、验证和比较均促进了文化融合理论的发展。当前，主要有两种关于文化融合研究的维度模型：单维度模型和双维度模型。

本研究的理论框架建立在新西兰学者沃德（Ward）等人的文化融合模型上。沃德（1990）等人认为，文化融合是种技能，即文化融合分为两个维度：社会文化融合和心理融合。社会文化融合意味着融入迁入国社会文化环境的能力，心理融合是指在异文化磨合中的生活幸福程度和心态健康状况。本研究运用定性研究与质的研究结合的研究方法，分析研究国际化社区的文化融合现状和存在问题。

三、研究思路

目前，国内外关于文化融合问题的研究已经取得了较丰富的理论和实证研究成果，但关于国际化社区文化融合方面的探讨仍有很多地方需要深入挖掘，进行深入的差异性研究。本研究拟在前人的理论和实践的指导下，以国际化社区外籍居民为研究对象，通过问卷调查了解国际化社区外籍居民参与当地社会文化生活程度、社区融合、社会支持网的构成等情况，在问卷调查的基础上进一步针对突出问题进行案例研究，选取样本社区 18 个样本外籍居民进行案例研究，采用语音日记法、采访、参与者观察、网络交谈、电子信件联系以及网络日志等多种数据搜集方法研究外籍居民的跨文化融合状况，旨在对外籍居民的跨文化融合问题进行更加细致深入的了解和探析，探讨其背后影响文化融合状况的因素，从而有针对性地提出相关的策略，以期减少外籍居民跨文化交流障碍，促进国际化社区的文化融合。

本研究主要围绕下列问题展开。

第一，国际化社区外籍居民的文化融合的状况如何？存在的主要问题和困难是什么？

第二，影响国际化社区外籍居民的文化融合状况的主要因素有哪些？中国传统文化在外籍居民的文化融合中发挥了怎样的作用？

第三，哪些措施有助于促进国际化社区外籍居民获得更好的交际能力，提升文化自觉意识，以促进文化融合？

第四，目前的文化融合理论能否完全解释我国国际化社区外籍居民的文化融合问题？我们应如何借助关于文化多样性问题的理论成果进一步发展相关的文化融合理论？

四、研究假设

在总结国内外学术界有关国际化社区文化融合问题研究的基础上，研究者发现了以下三个问题。

第一，文化距离对国际化社区外籍居民的文化融合的影响，还有待于进一步进行探讨。

文化距离的假说是文化距离越大，文化融合就越困难。但是，近年来，在跨文化交际研究领域出现了另一论点，即文化越接近，他们就越有可能产生误解和摩擦。由于文化差异很大，双方在彼此打交道时会非常小心。但是文化相近，语言相通，就很容易忽略彼此的细微差别，反而很容易引起误解和冲突。相对于欧美和非洲国家，具有较近文化距离的亚洲籍居民的文化融合状况是否一定比欧美和非洲国家的居民更好？这个问题需要进一步进行讨论。

第二，中国社区的社会文化环境，尤其是人际交往方式对国际化社区外籍居民的文化融合产生的影响，有待于进一步进行探讨。

由于中国的社会结构相对稳定，中国的人际关系通常源于自己的家人、同学、同事和同乡。中国人的社会网络也从近到远分为"家人—熟人—外人"。强调人际交往中关系的"亲疏远近"，遵从"内外有别"的原则，对不同亲疏关系的人采取不同的态度。这种交际方式对外籍居民的文化融合有何影响，需要进行深入探讨。

第三，社会支持网络对国际化社区外籍居民的文化融合的影响需要进一步探讨。

为了了解社会支持网络对国际化社区外籍居民的文化融合的影响，除了研究他们与社区当地居民交往互动的方式和频率外，还需要研究外籍居民通过什么方式参与社区的活动，这些信息对地方政府改善国际化社区的文化融合状况具有参考价值。

本研究提出以下研究假设。

假设1：各人口统计学变量（如性别、年龄、专业、学历、在中国时长等）对国际化社区外籍居民的文化融合存在显著影响。

假设2：外籍居民的来华期望和其文化融合状况的相关性。

假设3：文化距离与外籍居民的文化融合状况显著相关；不同文化群体的外籍居民面临着不同的文化融合问题。

假设4：外籍居民的社区文化认同度和社区参与程度与互动频率越高，其文化融合度越高。

假设5：外籍居民的文化融合状况、社区当地居民对外籍居民的态度之间有相关性。

五、研究方法

本课题研究在方法论上将遵循理论分析与实践观照相结合、质性研究与量化研究相结合、跨学科研究三条基本原则，主要使用以下几种研究方法。

（一）文献研究法

对文献进行研究是开展任何一项研究的首备环节。本研究运用文献研究法，以互联网、图书馆以及课题组学术联系渠道为基础，检索并收集国内外关于社区发展、国际化社区建设、文化融合等领域的高水平文献资料，以及政府文件、法规条例等一手资料，对这些文献资料进行系统的梳理、筛选、分类和归纳，深入分析国内外学者的研究成果，描绘文献逻辑图，为形成本研究的核心问题聚焦及理论框架奠定基础，为实践建议的提出提供更充分的参考论据。

（二）问卷调查法

运用问卷调查法进行所需研究数据的采集与分析。课题组于 2019 年 1 月至 5 月对以享有"联合国社区"美誉的义乌市鸡鸣山国际化社区为主采用了目的性抽样和滚雪球式抽样的方法进行数据采样，选取对研究内容的相关信息掌握较多且丰富的个体为问卷样本。该社区 3 000 余名居民中，有来自 50 多个国家的 1 158 个外国人。课题组对国际化社区外籍居民进行分层抽样，发放相应问卷，共发放问卷 650 份，有效收集问卷 602 份，回收率 96%。

（三）参与式观察法

本研究采用定量研究中的参与式观察法以尽可能地丰富、补充和支持研究所需的信息和材料。在研究期间，和国际化社区外国居民聊天、聚会，参加他们的节日庆祝活动，节假日和他们一起旅行等。只有与他们成为朋友，才能打破他们对他人的防线和戒备，了解到事实的真相。在和他们交朋友的过程中，我们以参与者和研究者的双重身份，深入细致地观察他们的言行，了解他们的丰富生活和文化融合情况，并随时记录下来，以便日后整理。这样的近距离观察，有利于了解他们随意间表现出来的行为举止的真实文化内涵。另外，我们还常常通过电话、微信、QQ 等方式进行日常沟通，与他们建立良好的关系，为进一步深入研究提供了条件。

（四）个案访谈法

观察通常局限于问题的表面，要想深入分析国际化社区居民深层的内心世界和实际的心理感受，访谈必不可少。访谈法的应用贯穿于本研究的整个过程中。在问卷设计的初期，我们与一些样本对象进行了一对一和小组形式的访谈，又在访谈基础上修改并确定了最终的问卷内容。在对问卷调查结果进行初步分析的基础上，我们进一步确定了访谈的内容与侧重点，采用半开放式访谈的形式对民政部门管理者、社会工作者、社区外国居民等进行了深度访谈。在研究对象的许可下，对整个访谈过程也进行了录音。访谈结束后，将录音内容整理成文字材料。在访谈过程中，我们尽力摆脱刻板印象、价值观和偏见的干扰，认真倾听受访者的声音，尽可能详细地记录访谈时的情境信息。通过深入的访谈，尽量真实、全面地了解外籍居民的想法和态度，获取第一手真实、翔实的资料，使研究可以从微观层面进行更细致、深入的探讨。

（五）案例分析法

运用案例分析法完善前期设计和后期验证：采取目的抽样的方法，选取样本社区中 18 个样本外籍居民进行案例研究，采用面对面访谈、小组讨论、参与者观察、网络通信工具（如 email、QQ、微信）等多种数据搜集方法研究外籍居民的跨文化融合经历，通过笔聊、视频和语音聊天等方式与受访者建立良好、真诚的关系，并与其保持长期联系，动态地了解他们的文化融合状况和心理变化，分析国际化社区文化融合的因素，揭示影响国际化社区文化融合的内在根源。

六、田野点介绍

我们选择义乌作为田野点，又特别以鸡鸣山社区作为主要田野点，以金城社区、福田社区、五爱社区、宾王社区作为对比研究田野点。

选择义乌作为田野点的原因如下。

第一，考虑到人口组成方面。每年到义乌采购的境外客商超过 50 万人次，义乌有常驻外商（每年签证超过 180 天）1.3 万余名，是我国常驻外商最多的县级市。外籍居民生活聚居化。在义乌，外国人相对集中的"联合国社区"共有 17 个。

第二，考虑到地理位置方面。义乌是一座坐落在浙江中部的小城市，位于上海以南 285 千米，距离杭州 120 千米。义乌南接广东、福建；北连上海经济区；东邻东方大港——宁波港，是一个充满神奇魅力的国际性商贸城市。

第三，考虑到商业文化方面。义乌是一带一路的起点，世界最大的小商品批发市场，其经营面积为 550 余万平方米，商位有 7.5 万个，经营 26 个大类，有 180 多万种商品。义乌也是世界最大的小商品贸易中心，是被全球权威机构认证的小商品制度化、体系化发展的第一市场，吸引了沃尔玛、麦德龙等 20 多家跨国零售集团和 30 多家国内知名连锁超市常驻采购。义乌与全球 270 多个国家和地区建立了贸易联系，市场外向度达 65%，俄罗斯、美国、阿联酋等国是义乌最大的消费市场。

另外，"义乌中国进口商品城"等日用消费品进口展销平台，累计引进了 100 多个国家和地区的 9 万种境外商品。国际移民活动带去了异国风情的多样文化，这些文化与当地社区的文化激烈碰撞，因此在义乌容易捕捉到在别处不易发现的特有的文化融合的情形。

在国际贸易服务中心，外商在义乌的多项涉外审批业务可以"一站式"办理。义乌充分利用互联网技术，打破各部门数据壁垒，提高相关审批服务事项的效率，为外商及外国企业提供最大的便利，营造高效、便捷的营商环境。

第二章 理论综述

第一节 国际移民理论

一、概念厘清

（一）移民

有关迁移的研究通常和"移民"这个群体息息相关，移民是人类社会发展的一个重要特征。"移民"是指因各种原因搬离原来的居住地，到遥远的地方居住谋生，而不返回原来的居住地的人①。我们认为，"移民"（名词）是为了永久定居而迁移某地的人；"移民"（动词）是人口从一个地区迁移到另一个地区的总称，是一个广义的概念。本研究所指移民既包括名词意义，又包括动词用法，研究范围边界为国际移民。

当前，世界上最大的移民地区是美国、加拿大、澳大利亚和西欧。因移民的逐渐增长引起的移民文化融合问题引起了人们的广泛关注。来自不同国家和具有不同文化背景的移民汇聚在一起，文化之间的差异对他们的社会心理和个体心理产生了很大的影响。面对这种巨大的文化差异的影响，是进行变迁以融合，还是试图保留自己本土的文化，这是他们在文化融合过程中面临的应对方式的策略问题，不同的应对策略对心理健康产生的影响也存在差异。同时，移民将对移居地的主流群体产生深远的影响。例如，Daniel（2010）等人预测了主流社会成员对移民的文化融合目标，并讨论了他们的态度和行为对移

---

① 《中国百科大辞典》编委会.中国百科大辞典[M].北京：华夏出版社，1990：159.

民的影响。结果表明，为移民提供特定的文化融合的目标可能会对他们的行为和态度产生深远影响。同时，Van Oudenhoven（1998）等人的研究也指出，移民国的政策和该国主流文化的态度将影响移民在文化融合中的态度取向和融合程度。

目前，关于移民文化融合的研究逐渐增多。例如，Mark H 等人（2010）对华裔、日裔和韩裔美国人的民族认同、文化融合和心理健康进行了比较研究，结果表明不同移民在文化融合方面存在显著差异，这与心理健康状况存在正相关的关系。Shen 等人（2001）研究了亚裔美国人的文化融合和心理健康，肖三蓉（2009）研究了美国华裔移民的跨文化压力和心理健康，Genevieve Barrette 等人（2004）研究了巴黎郊区中北非移民大学生的文化融合取向等。这些研究均表明，许多关于文化融合的研究都以定居移民为研究对象。

（二）国际移民

在当今世界，有相当数量的人，由于种种原因，以各种合法和非法的形式进行着跨越国界的流动。人们通过媒体或直接观察都能真切地了解国际移民的活动，感受到国际移民有形或无形的影响。国际移民现象由来已久，早在国家形成之前，我们的祖先就已经翻山越岭，艰苦跋涉，不断跨越边界，建立家园。然而现代意义上的国际移民，则是在近代以来民族国家概念兴起和清晰化后，才作为一种具有特殊意义的社会的兴起，融入学术界热烈探讨的话语中的。

1. 国际移民的定义

1922 年，国际劳工大会（International Labour Conference）第四届会议提出，由于"国际移民"涉及不同国家，因此国际上应就"国际移民"的定义制定统一的标准。大会建议参加国相互协商，以明确定义关于国际移徙的基本概念，如"移徙"和"入境"。1953 年，联合国经济社会事务统计署（Department of Economic and Social Affairs Statistics Division，UN）提出了有关如何进行"国际移民数据统计"的标准化建议。具体来说，这些人包括两种类型：第一种是"出于长期居留的目的，并且在该国居住了一年以上"；第二种是"原居民中的长期外移者"，包括打算在国外居住并在国外居住超过一年的人。这是联合国首次明确定义"国际移民"：以在外国居住"一年以上"作为"国际移民"的标准。

1976 年，联合国经济社会事务统计署对"国际移民"的标准提出了新规定：国际移民包括"长期居留并且已经在该国居住了一年以上、仍然居住在这个国家，包括打算在该国长期居住但没有连续居住满一年的人、或曾经居住生活了一年以上但当前没有在该国居住的人"。由于 1976 年的规定过于烦琐且缺乏可操作性。因此，1997 年，联合国经济社会事务统计署再次修订了相关法规，并于 1998 年正式公布了《国际移民数据统计建议》(Recommendations on Statistics of International Migration，以下简称《1998 建议》)。相关国家统计机构在进行国际移民统计时，基本遵循《1998 建议》的标准。

《1998 建议》中将"国际移民"定义为"所有改变其常住国的人"。但是，不包括出于娱乐、度假、商务、医疗或宗教原因的短期旅行者①。《1998 建议》将"国际移民"界定为"长期移民"和"短期移民"。长期移民是向原籍国以外的其他国家移民至少一年，移居国成为其新的居住国。短期移民是向原籍国以外的其他国家迁移了超过三个月，不到一年。出国度假、探亲、商务、医疗或宗教礼拜除外。

"国际移民组织"(International Organization for Migration) 英文简介 IOM，将"国际移民"定义为"离开祖国或常住国，跨越国界，为定居目的而在另一个国家永久居住或停留一段时间的人"。

比较上述权威机构的定义，我们可以看到关于"国际移民"定义的三个基本要点：一是跨越国家的边界；二是在非出生国居住的持续时间；三是移民的目的。其中，跨越国界和在国外居住一年以上是界定"国际移民"最重要的基本原则。因此，我们将"国际移民"定义为跨越国界，在一个国家居住超过一年时间的特定人群。移民后可以在新的国家取得国籍，也可以保留原国籍，仅凭有效的居留证件在外国居住，也可以同时持有多个国籍。

中国学者对国际移民的概念提出了自己的看法。刘国福认为，国际移民是指离开自己的祖国或常住国，越过国界并移居他国的人。它不仅包括积极招募的世界杰出人才、技术人员和劳动力，还包括被动接受的难民和其他非常规移民 (刘国福，2015)。刘云刚和陈跃认为，移民是一种带有文化和地域的称谓，是身份政治的体现 (刘云刚、陈跃，2015)。根据以上定义，移民是一个特殊的群体，他们不仅面临着地理关系和商业关系的变化，还面临着文化和身份融合的问题。

在中国，国际移民的概念一直不明确，这个群体被称为"外国人""外籍人士"以及"境外人士"等。不同的称呼所指的对象也稍有不同。"外国人"通常指的是越过边境进入中国大陆（不包括中国香港、澳门和台湾）的外籍人士，有时还有一个隐藏的文化渊源。例如，海外华人和中国香港、澳门和台湾

---

① 郭秋梅.国际移民组织与全球移民治理 [M].广州：暨南大学出版社，2013：70-73.

人通常不使用此称谓（刘云刚、陈跃，2015）。"外籍人士"，顾名思义，是指从户籍上看，不是中国户籍的外来人口。"境外人士"指来自中国大陆以外的人士，包括来自其他国家的外籍人士指来自中国香港、澳门和台湾的人。

"外国人"，顾名思义，是指在户籍方面，不是中国户籍的流动人口。"外派人员"是指来自中国大陆以外地区的人员，包括来自其他国家的外派人员和来自中国香港、澳门、台湾地区的人员。

目前，中国对国际移民还没有官方的定义，只是将在中国居住了一定时间的外籍人士称为常住外国人。北京市统计局认为，在一个地方实际居住六个月以上的人，不管他们是否有当地户口，都可被视为常住人口。我国第六次全国人口普查将在中国居住时间超过三个月，或者能够确定将居住超过三个月的外籍人员纳入人口统计中。上海统计年鉴将在中国居留三个月以上的外国人称为外国常住人口（刘云刚、陈跃，2015）。即便是获取永久居留权的外国人，也只是被称为"持有'永久居留证'的外籍人士"。

2. 国际移民的类别

当今世界的国际移民浪潮随着工业化和全球化的进程而兴起，特别是在第二次世界大战之后，国际移民开始了大规模的跨国流动，呈现出多样化的趋势。由于移民的目的、原因不同，国际移民呈现出多种不同类型。我们以当代国际移民的迁移目的作为主要分类标准，可以分为六个类别：工作性迁移、团聚性迁移、学习性迁移、投资性迁移、休闲性迁移和托庇性迁移。

（1）工作性迁移

出于改善个人和家庭的命运，获得更高收入或更优越工作环境的目的而跨国迁移，是国际移民的一个重要迁移类型。这类移民还可以分为技术移民（skilled migrant workers）、合同移民工（contract migrant workers）、季节性移民工（seasonal migrant workers）、非固定移民工（temporary migrant workers）、项目制移民工（（project-tied migrant workers）、边境工人（（frontier workers）、往返流动移民工（itinerant workers）。

（2）团聚性迁移

在团聚性迁移中，最主要的构成部分是"家庭团聚"。当一个家庭成员成为另一个国家的正式移民，或者一个家庭成员在另一个国家作为移民先驱者建立了立足之地时，其直系亲属（包括移民的配偶和未成年子女等）可以申请"家庭团聚"到该国家定居。

（3）学习性迁移

留学生是学习性迁移的主体，另外还有到另一国家的企事业单位接受在岗职业培训，约定培训期满后立即返回原派出国的情况。

（4）投资性迁移

在移入国投入该国移民法所规定的一定金额的资金；或者，在该国创办企业，并为当地人提供了一定数量的工作机会，从而获准成为"投资移民"。由于投资移民可以为目的国带来直接利益，因此受到许多国家的欢迎。不过多数国家对投资移民的对象、投资的地区、投资的行业和投资的金额都有规定，从而相应提高了投资移民的门槛。

（5）休闲性迁移

离开其祖籍国前往自认为更合适的地方置业生活或者养老，这是近年来发展势头较为强劲的一种跨国迁移方式。比如，居住在消费水平高的国家的一些中老年人，选择将居住地迁移到消费水平相对较低的国家，以求在自己的资金范围内最大限度地提高生活质量。

（6）托庇性迁移

托庇性迁移指离开其祖籍国前往另一国家获得另一个国家的保护。这类迁移情况分为主动与被动两类。主动的托庇性迁移是指移民通过跨国迁移维护或追求自身的特殊利益，如企业主跨国避税等；被动的托庇性迁移主要指因原居地遭受灾害或者遭受种族或政治性迫害而跨国寻求救济等。

二、国际移民理论研究的发展脉络

人口流动从来就是人类历史的一个部分。国际移民是人类历史上古老、普遍的经济、人口、政治、社会、历史和文化现象之一，从古到今引起了各国学者经久不衰的关注、讨论和研究。从 15 世纪以来，人类历史上出现了数次大规模的人口迁移浪潮。欧洲民族国家的形成、殖民主义和工业化促使国际迁移人口迅速增长。在全球化加速发展的今天，其更具有复杂性、争议性和外溢性。当今国际迁移人口的增长是全球经济一体化的直接结果，这一过程"反映了社会不断向现代性的方向发展"[①]。学术界对国际移民问题研究的理论建构日趋多元化，涵盖政治、经济、社会、法律、伦理、安全等诸多领域，成果丰富。

国际移民流动的历史最早可追溯到公元前 3 世纪。早期的关于移民迁移的理论可以追溯到亚当·斯密和拉文斯坦的研究。这些理论的基本假设是个人出于寻求最大效用（即工资最大化）的考虑，迁移主要是由地区之间劳动力供

① 佟新. 全球化下的国际人口迁移 [J]. 中国人口科学，2000（5）：53-58.

求的差异引起的。劳动力短缺的地区工资相对较高，地区间工资差异导致地区间劳动力的流动。随着劳动力的区域间流动，高工资区域的工资将下降，低工资区域的工资将上升。学术界普遍认为，近现代史上大规模的国际移民潮大致可以分为四个阶段：第一阶段是重商主义时代（1500—1800 年）的国际移民，主要标志是欧洲殖民统治下由宗主国迁向殖民地的海外移民；第二阶段是工业化时代（1800—1950 年）的国际移民，主要标志仍然是以欧洲为主导的国际移民；第三阶段是后工业化时代（1960—1970 年代末）的移民，其特点是发展中国家向发达国家移民输入的数目和范围迅速扩大，发达工业化国家成为国际移民的首选；第四阶段是全球化时代（1980 年至今）的移民，国际移民流动浪潮迅猛发展，表现出新的特点和趋势①。

19 世纪下半叶以来，随着国际人口迁移数量的不断激增，学者开始探讨人口迁移的深层影响因素，而不仅仅停留在对其具体现象的评论上。经济学、地理学、社会学等学科开始关注国际人口迁移，试图从理论上解释这些国际移民行为。经济学家亚当·斯密就试图从经济学的角度解释移民现象，他提出了劳动力迁移理论。19 世纪 80 年代，埃内斯特·乔治·莱文斯坦（E. G. Ravestein）发表了《移民的规律》（*The Laws of Migration*），提出："严苛的法律和税收、恶劣的天气、严重的社会不公和政治暴力以及强制行为（如奴隶贩卖）等，都曾造成或诱发人们移居他乡，但这些移民的规模远远小于由致富本能引发的大规模移民"②。他的研究构成了大多数现代移民研究的基础。在莱文斯坦研究的基础上，学者赫伯尔（R. Herberle）提出了著名的"推—拉理论"（Push-pull Theory），这一理论影响深远。莱文斯坦因此被公认为现代移民研究的奠基人。

20 世纪下半叶，西方学界围绕移民问题的研究在深度与广度上均出现明显拓展，以拉里·萨斯塔（Larry Sjaastad）为代表的新古典主义经济学理论将移民理论的建构推向了一个新的高度，成为移民研究的一个重要分水岭，提出了迄今最有影响力的移民理论。他们认为，人们在经济快速发展且劳动力短缺的国家比在经济发展缓慢且劳动力充足的国家更容易获得高收入。而不同国家间收入和福利的差距是国际移民的根本原因。该理论从微观层面解释了个人由

---

① MASSEY D S. Why does immigration occur? A theoretical synthesis[M]// HIRSCHMAN C, KASINITZ P, WIND J D, et al. The handbook of international migration: The american experience.New York: Russell Sage Foundation, 1999: 34.

② RAVENSTEIN E G. The laws of migration [J]. Journal of the royal statistical society, 1889.52(2): 241-305.

于国家之间经济社会发展的差距而选择背井离乡的行为，认为国际移民取决于个人为移民付出的代价与移民后的预期回报的估算，是一种人力资本的投资行为[①]。

从那时起，国际移民理论研究显现出前所未有的繁荣，各种各样的移民理论层出不穷，涌现出大量概念、模型和观念框架，如"劳动力迁徙新经济学""双重劳动市场论""世界体系理论""移民网络"等。道格拉斯·梅西（Douglas S. Massey）将国际移民理论分为两种类型，以解释移民原因和移民持续。

在过去二三十年里，国际人口迁移出现了空前激增的局面，学术界越发关注国际移民问题的研究，从人口学、地理学和社会学的角度试图归纳探讨和解释移民的原因、机制和移民持续现象，并取得了一些理论上的突破，如移民网络理论、连锁因果链理论、移民系统研究理论等。国外的研究焦点主要集中在国际移民的趋势及类型，区域视角下国际移民的特征与政策，国际移民、社会科学与国家政策的内在联系，移民潮与新地缘政治学等。国内的研究焦点主要集中于中国移民的历史、国际人口迁移、人口回流现象等。

国际移民的人口迁移不仅仅是地理位置的迁移，对于迁移者来说，国际移民往往意味着自己原有社会交往网络的疏离、社会阶层类型的改变、对新环境的适应以及在迁入国的交往圈和社会关系的重建等。由于地域文化和社会环境的巨大变化，这是一个非常具有挑战性、艰难且必经的过程。

Seat[②]研究表明，新移民在迁入国需要适应新环境，同时面临社会认同和种族身份转换的问题。总得来说，移民不仅需要保持自己国家原有的文化，还需要在迁入国找到归属感[③]。Maria等人认为，移民是一种压力重重的生活事件，经常伴随着社会和家庭环境的重大变化，并导致移民焦虑、失去社会地位、社会支持减少等负面影响，而社区意识是移民融入当地社会的关键，缓解

① SJAASTAD L.The costs and returns of human migration[J].Journal of political economy, 1962, 70(5): 80-93.

② R SEAT. Factors Affecting the Settlement and Adaption Process of Canadian Adolescent Newcomers 16-19 Years of Age [M].Toronto: Family Service Association of Toronto, 2000.

③ JAMES J D. The role of cognitive development and socialization in the initial development of team loyalty [J]. Leisure sciences, 2001, 23(4): 233-261.

了移民在一个新国家所承受的文化适应压力①。

关于人口迁移的影响因素。国内学者张志伟、胡石清（2005）研究了影响人口转移取向的基本因素，认为资本对劳动的替代在一定的程度上减少了人口流动，而地区间的比较利益驱动了人口流动的发生。段平忠（2008）利用应用经济学原理中的效用理论建立人口流动的行为分析模型，认为地区差别、收入水平以及教育程度都会对流动人口的行为产生影响。雷光和、傅崇辉（2013）认为，中国的人口迁移流动主要受经济因素和家庭因素的驱动，拥有的人口数量对省际人口迁移流动有正向作用。

为了解决国际移民问题，世界各国制定了不同的移民政策。卡斯尔斯和密勒在其著作《迁移的时代》中将国际人口迁移政策划分为三种类型：排斥模式、共和模式和多元文化模式。

严格来讲，排斥模式在表述上并不十分准确。卡斯尔斯后来用"差异排斥模式"代替了"排斥模式"。日本、德国采取的移民政策就是差异排斥模式。当前，日本采取的移民政策是进一步开放高技术人才市场。德国认为，国家是建立在"血缘关系"的基础上的，遵循的原则是孩子的国籍取决于其父母的国籍。

共和模式的原则是儿童的国籍取决于出生地，即判断公民身份的是土地权，而不是血缘权利。原则上，所有合法进入这些国家或永久居住在这些国家领土上的人，都属于这个国家。法国是这种模式的典型代表。

多元文化模式与共和模式一样，是一种具有包容性的吸收模式。这种模式不要求在文化政策上对移民进行文化同化，并且可以容忍和鼓励文化差异。加拿大和美国就是这种模式的典型代表。

制度归因理论认为，结构性的移民政策体系是影响文化融合最根本、最关键的原因。移民政策将不可避免地导致文化融合程度和融合模式出现差异，排斥性的移民政策必定会使移民成为弱势群体。

在对国际移民研究有重要影响的理论中，亨廷顿的"文明冲突论"影响最为广泛。亨廷顿在《文明的冲突与世界秩序的重建》一书中指出，人口流动是历史的发动机，活跃在西方国家的数以亿计的来自非西方国家的移民造成人口格局的变化，可能影响到因全球化而改变着的各种社会关系。2004年，亨廷顿在《我们是谁：美国国家特性面临的挑战》一书中提出，移民对美国国家

---

① HOMBRADOS-MENDIETA M I, GOMEZ-JACINTO l, DOMINGUEZ-FUENTES J M, et al. Sense of community and satisfaction with life among immigrants and the native population[J]. Journal of community psychology, 2013, 41(5): 601-614.

安全和文明体系已经造成严重威胁。

国际移民是全球化迅速推进过程中，伴随国际移民人口快速流动的倾向而出现的一个新概念。它指的是那些迁移至一个新的国家工作、居住、生活，并有长期工作和生活下去的倾向或意愿的特定群体。随着全球化浪潮，国际移民规模进一步扩大，"21世纪是移民的时代"已成为学术界的共识，为了解释国际移民现象，各国社会科学领域的学者提出了一系列国际移民理论框架。

改革开放以来，国际移民现象日益引起我国学者的关注。董延芳在《移民异质性与经济发展》（武汉大学出版社，2009年版）一书中，对国际移民及其异质性等问题做了相关探讨。李明欢在《20世纪西方国际移民理论》（厦门大学学报，2000年第4期）等一系列文章中，对国际移民的背景、进程及移民女性等问题做了深入研究。但相较于西方学者的国际移民理论研究成果，我国学者的相关研究有待进一步丰富。

国际移民是一个特殊的群体，这种特殊性集中地反映在移民前后，体现在生活中的各种变化上：迁移行为导致国际移民脱离母体地缘关系，发生地理或自然生态方面的变化；迁移行为使国际移民的主体文化由主导变为从属；迁移行为使国际移民的社会关系类型发生变化，社会地位从主位变为客位。移民来到一个新的社区往往会面对许多挑战，如学习一门新的语言，找一份新的工作，建立一个新的社会网络等，有时不得不面对各种偏见和歧视。

移民的流向不但反映了经济发展的需求，而且是人口、文化、民族乃至机遇等因素综合作用的结果。移民的发生、方向、过程和持续都受其母国和迁入国社会、政治、经济结构的历史条件驱动。当条件改变时，移民迁移的速度就会发生改变。

对国际移民来说，社区融合不仅是生活环境和生活方式上的融合，本质上还是文化上的融合。然而，国际移民与社区当地居民在语言、行为、习俗、生活习惯、婚姻规范、社会联系，乃至价值观上存在差异，这使社区原居民难以对国际移民产生认同感。国际移民在面对新环境和文化隔阂的时候容易出现畏惧心理和逃避情绪，产生心理隔阂。

三、有关移民动力机制的理论述评

（一）推—拉理论

最早阐述移民动力机制的理论是"推—拉理论"（Push-pull Theory），它是20世纪的学者在莱文斯坦研究的基础上提出来的。莱文斯坦试图寻找移民的动力机制，认为人口迁移并非无序的流动，而是有着特定的规律。莱文斯坦的研究开创了移民规律"一般性研究"的先河，因此莱文斯坦被公认为现代移民研究的奠基人。1938 年，学者赫伯尔（R. Herberle）指出，人口迁移是来自迁出地和迁入地的同作用力作用的结果[1]，将莱文斯坦提出的影响人口流动的吸引力（拉力）扩展为"拉力"（Pull Factors）和"推力"（Push Factors）两大类。推力指的是人才输出国中存在的促使人们离开原居地的一些驱动因素，通常包括政治因素、经济因素、自然灾害和其他特殊因素；拉力指的是存在于人才接收国中吸引人才流动的一些拉动因素，如更多的谋生和发展的机会，能获得某些方面的自由（如政治自由、免受宗教迫害）等。推力表现的是不利的一面，是落后的一面；而拉力则是吸引力，是"先进"的一面。

20 世纪 60 年代，美国学者李（E. S. Lee）提出了与迁入地和迁出地相关的正负因素，指出迁入地和迁出地实际上都既有拉力又有推力，同时补充了第三个因素：中间障碍因素。人口流动是这三个因素综合作用的结果。随着对"推—拉理论"研究的深入，博格（D. J. Bogue）将这一理论更加系统化，认为迁移行为的实际发生并不局限于单独的某一个推力和拉力，而应归因于推力和拉力的共同作用。他概括了 12 个推力因素和 6 个拉力因素[2]。

移民选择来中国工作而不是在国内发展，选择到中国工作而不是到墨西哥或者中东地区工作，选择来义乌而不是到广州、深圳等城市，这个抉择的过程就是一个"推拉"的过程。综观"推—拉理论"，大多数前人的研究关注的是移民的动因，即迁出地的负面因素和迁入地的正向因素对移民的影响，认为原居地有各种各样负面因素形成的"推力"，把移民"推出"原居地；而迁入地则一定有各种正向的因素所合成的"拉力"，吸引移民来到异国他乡。"推—拉理论"既可以解释群体行为，又可以解释个体在某个特定时间里的行为。"推—拉理论"作为一种移民动力机制理论，是研究者对移民原因进行社会学分析常用的理论基础，但存在较大缺陷。虽然概括的推力和拉力因素很多，却只能解释移民的一般性现象，不能解释移民的全部动因，"推—拉理论"因此受到了许多批评和质疑。

（二）新古典主义经济理论

新古典主义经济理论（Neoclassical Economics）最早由拉里·萨斯塔（Larry Sasta）于 1962 年提出，由迈克尔·托达罗（Michael Todaro）进一步构

---

① 张志良，张涛，张潜.移民推拉力机制理论及其应用 [J].中国人口科学 .1997(2): 36–42.
② TODARO M P A model of labor migration and urban unemployment in less developed countries[J]. American economic review, 1969, 59(1): 138–148.

建。这一理论来源于发展经济学家阿瑟·刘易斯 1954 年提出的"利用无限劳动力资源促进经济发展"的模型，从地区间收入和就业的差别寻找移民行为产生的动因。该理论认为，国际移民是个人希望通过迁移使自己的利益最大化的国际界的人口迁移。也就是说，移民行为是一种人力资本的投资行为，个人将自己的处境与预期进行比较，估算成本和收益，权衡选择，并自然而然地前往回报最高的地方。

新古典主义经济理论简洁合理，以更具体的数据统计为基础，引起了学术界的极大关注。在这一理论提出后的至少 20 年里，新古典主义经济理论一直主导着社会科学中的移民理论，是迄今最有影响的移民理论。但它忽视了非经济因素，特别是政治因素对移民迁移问题的重大影响。因而，新古典主义经济理论不足以揭示当代国际移民的真实状况和预测其发展。

（三）新经济移民理论

新经济移民理论（New Economics of Migration）是在新古典主义经济理论的基础上发展起来的，代表人物是奥迪·斯塔克（Oded Stark）和爱德华·泰勒（Edward Taylor）。新经济移民理论把家庭看作追求收益最大化的主体，认为迁移行为不仅要使移民个体收益最大化，还要成为其家庭扩大资金来源和控制风险的重要途径。新经济移民理论被许多发展中国家的情况所证实。

新经济移民理论没有将移徙归因于国家间的收入差距，但认为收入差距不是国际移徙的唯一动因。新经济移民理论强调家庭的作用，注重移民与周围环境的复杂互动。新经济移民理论或多或少弥补了新古典主义经济理论忽视政治因素的不足，但新移民经济理论只关注了移民输出国一方，不能从根本上解决新古典主义经济理论存在的问题。

（四）劳动力市场分割理论

1979 年，迈克尔·皮奥里（Michael Piore）提出了劳动力市场分割理论（Segmented Labor Market Theory），此理论又被称作"双重劳动力市场理论"（Dual Labor Market Theory）。皮奥里从分析发达国家的内在机制的角度探讨了国际移民的起源问题。他认为，发达国家已形成高回报、高安全、高福利、工作环境优越的高级劳动力市场和低工资、不稳定、缺乏晋升机会、工作环境恶劣的低水平劳动力市场的双重劳动力需求市场。高级劳动力市场很容易招募到当地人员；低水平劳动力市场则吸引力较小，当地工人也不感兴趣，因此需要外来移民填补这一缺口。劳动力市场分割理论解释了发达国家对外来劳动力的结构性需求，认为这种需求促进了现代人口的跨境流动。

与新经济移民理论相反，劳动力市场分割理论只考虑了移民的接收国，过多强调市场需求，忽略了引发国际迁移的其他因素的作用。

（五）世界体系理论

世界体系理论（World Systems Theory）是建立在历史社会学家伊曼纽尔·沃勒斯坦（Immanuel Wallerstein）1974年提出的"现代世界体系"理论基础上的。沃勒斯坦认为，16世纪以来，世界体系由"核心—半边缘（semi-periphery）—边缘"国家这三个同心圆组成。世界体系理论强调世界政治、经济的不平衡发展规律促进了国际迁移行为，认为国际移民的实质是资本主义生产方式由核心国家向边缘国家扩展、渗透，核心国家的发展依赖对边缘国家的压榨和剥削，这导致了国际秩序的不平等。

根据世界体系理论，从落后国家向发达国家的移民过程应该是连续的，而事实上，这一过程往往会受到发达国家移民政策调整等因素的干扰。因此，世界体系理论无法解释当代国际人口迁移这一复杂现象。

上述"推—拉理论"、新古典主义经济理论、新经济移民理论、劳动力市场分割理论和世界体系理论主要是从人口迁移的动因建构理论模型。"推—拉理论"和新古典主义经济理论提出的是理想化的自由移民的状况，这显然不适用于当今限制移民的状况；新经济移民理论和劳动力市场分割理论完全基于经济论点，在充满政治因素和政府干预的国际移民问题面前也往往失效；世界体系理论所描述的移民进程也常常被发达国家对移民政策的调整所打断。同时，移民政策凸显了移民网络的重要性，在一定程度上促进了移民延伸、衍生理论的发展。因此，对移民政策和移民政治层面的研究应成为移民理论研究最重要的内容。

四、国外关于国际移民延续、衍生的理论

20世纪七八十年代，随着许多工业国家的经济衰退，对劳动力的需求减少，移民的结构发生了变化。大部分前往工业化国家的移民由个人迁移转为基于家庭、朋友等社会关系网络的迁移。这种趋势反映出移民流动的成熟化，移民基于家庭、朋友等社会关系网络，保持着国际迁移的持续性。这些新趋势向旧的理论框架提出了挑战，国际移民理论有了更新的发展，其中最具代表性的是移民网络理论、累积因果关系说和移民系统理论。

（一）移民网络理论

移民网络理论（Migration Network Theory）又被称为移民网络社会资本理论（Migration Network Social Capital Theory），是美国普林斯顿大学著名的人口社会学家道格拉斯·梅西（Douglas Massey）等人于1987年在皮埃尔·布迪厄（Pierre

Bourdieu）和詹姆斯·科尔曼（James Coleman）的"社会资本论"的基础上提出来的。移民网络是指移民和仍然居住在原居地的亲友乡邻之间建立在亲属关系和友谊基础上的联系。他们认为，当大量移民在迁入国定居时，可能形成移民网络，并发挥国际移民的惯性，即促进移民规模的不断扩大，除非原有移民环境发生显著变化。移民网络的形成有助于在国外获得就业机会，降低移民的风险和成本，提高移民对回报的期望值，从而增加迁移的概率，引发更大规模的迁移，这反过来进一步扩张了移民网络①。在一些发达国家，某些种族群体的存在大大增加了相同族裔移居到该区域的可能性。随着时间的推移，向国外特定区域定向移民不再与经济和政治条件直接相关，而是更多的由诸如与移民网络的联系程度、在移民网络中积累的社会资本等因素决定。

在当代国际移民研究中，最具时代特点的当属移民网络理论。移民网络理论虽然无法解释移民的初始发生，但可以运用它解释大量的移民现象，特别是连续迁移现象的原因，并且有助于预测未来的移民迁移趋势。但过去的经验表明，移民雪球不会永远地滚下去。在某一时刻，它将达到饱和点，然后迁移速度将放缓。移徙网络的增长和停滞应成为今后研究的一个主题。

（二）累积因果关系说

瑞典经济学家冈纳·米尔达尔（Gunnar Myrdal）最早提出了累积因果关系说，以此研究欠发达国家发展不平衡造成的"反弹效应"。后来，道格拉斯·梅西对这一理论进行了补充，对导致移民现象持续的因素和机制进行了进一步的研究。累积因果关系说与法国学者皮埃尔·布尔迪厄（Pierre Bourdieu）的"惯习说"（Habitus）相一致，因此也被称为"惯习说"。该理论认为，移民行为有其固有的自我永存性（self-perpetuation），当移民行为被内化为一种意识无法控制的"习惯"并带有衍生性时，即便最初导致移民的客观环境发生改变，移民行为也会持续存在。

（三）移民系统理论

移民系统理论是由克里茨（M. Kritz）、利姆（L. Lim）、兹洛特尼克（H. Zlotnik）等学者提出的。该理论认为，由于政治、经济、文化和外交等因素的影响，移民在移入国与移出国之间形成了紧密而稳定的纽带，从而导致了随后的大规模移民。移民系统理论是目前对移民的发生、生存和发展问题的一个较

---

① MASSEY D S, DURAND J, GONZALEZ H.Returrz to aztlarz: The social process of international migration from Western Mexico. Berkeley: University of california press, 1987, 237.

令人信服的解释，是一个重要的突破。然而，目前的移民系统理论尚不完善，其研究潜力还有待挖掘①。

总的来说，这些理论侧重于移民延续、社会融入层面的探讨，从宏观和微观层面、从移民迁入国与迁出国两个层面探讨了国际移民产生和可持续发展的原因，是对国际迁移现象的综合诠释，基本概括了国际移民发展演变的全过程。但是，上述理论仍有许多不足之处，只能解释某些环境中的某类移民而不能推及其他。而且，国际迁移受到移民迁出国和迁入国，特别是迁入国政策的影响，任何忽视移民政策的理论都是不现实的。国际移民实际上更多的是依从市场的力量，任何与"移民市场"相背离的政策干预，都可能违背统治者的主观意愿②。有学者提出，随着全球化的日益深入，不同国家之间相互依存性不断增强，不同移民类型之间的差异减少，对专业技术人员的需求增加，加之移民政策区域合作转型，最终可能形成将各类移民融为一体的"国际移民体制"（International Migration Regime），这就是全球化时代国际移民的时代意义③。

由于全球化时代跨国主义理论的影响，联合国等国际组织正努力地尝试影响和规范各国的移民政策，从每年12月18日"国际移民日"的确立，到每年一度"国际移民全球论坛"的定期召开，联合国一再强调正确认识国际移民的历史意义。因为移民行为与人类历史是共存的，移民行为不仅是为了改善个人境遇所做的努力，还是改善全人类命运的追求。尽管尚不可能希望任何一个国家为了造福他人而制定本国的移民政策，但是在迁出国、迁入国及移民三方之间达成一个三赢的局面，应当是所有国家应对国际移民的指导原则。

纵观当代西方国际移民学界具有一定影响的理论模型，如"推—拉理论"、新古典主义经济理论、劳动力市场分割理论和世界体系理论等，主要是从人口迁移的驱动力建构理论模型，而移民网络、连锁因果、迁移文化及多元文化论等，则着眼于移民生存质量、文化融合角度等进行探讨。

五、国内相关研究

迁移自古就是中国社会的一个重要主题，中国移民的历史可以追溯到夏

---

① 华金·阿朗戈.移民研究的评析 [J].国际社会科学杂志（中文版），2001(3)：35-46.

② WIDGREN J, MARTIN P. Managing migration: the role of economic instrument[J]. International migration, 2002, 40(5): 213-229.

③ APPLEYARD R. International migration policies: 1950-2000[J].International Migration, 2001, 39(6): 7-20.

禹时期。中国关于移民的记载数不胜数，也正是成千上万次的大大小小的迁移促进了中国各民族的交流与融合，形成了今天多元一体的格局。中国移民史研究一直是人口学家、历史学家和地理学家的研究热点。这些研究集中从历史角度研究移民发生的原因，移民的类型，移民搬迁对迁出地和迁入地的政治、经济、文化等各个方面的影响，移民所产生的文化融合等。例如，池子华从民俗的传承方面研究了移民对文化融合的影响；葛剑雄通过研究我国移民历史，分析了我国古代的移民对现在移民构成的影响。改革开放以来，中国的跨国移民日渐引起学术界的关注，部分学者尝试用移民网络理论解析中国的跨境迁移现象，但尚处于起步阶段。

国内移民研究的焦点主要体现在三个方面：移居海外、农民工的流动和非自愿性移民。非自愿性移民，即由于重大工程建设需要占用大量的土地和房屋而被迫迁移的移民；农民工移民是主动从农村迁移到城市的农民工的流动。对于中国的移民研究，从人类学、社会学的角度展开的研究主要有对农民工的迁移和水库移民的研究。

（一）农民工

马威、罗婷（2014）从移民文化融合角度发现，从农村迁移到城市的移民子女难以融入城市生活的原因是移民和本地居民之间横亘着文化屏障，社会工作应当强化移民对于城市的归属感和群体的认同感，内化习得当地文化，最终破除心理层面上的乡—城二元壁垒。周大鸣长期专注于研究珠江三角洲的流动人口问题，他的系列论文《珠江三角洲的人口移动》（1990）、《外来务工与农民现代性的获得》（1996）等以及出版的专著《渴望生存——农民工流动的人类学考察》（2005）和《"自由"的都市边缘人——中国东南沿海散工研究》（2007），通过对珠江三角洲外来农民工的调查，呈现了农民工的流动规律和二元社区生存状态，这对于研究我国流动人口的生活状态和社区文化融合等提供了直接的、有益的参考。李培林在论文《流动农民工的社会网络和社会地位》（1996）、靳薇在《生活在城市的边缘——流动农民的生态状态》（2001）一文中也呈现了珠江三角洲流动的农民工的生存状态；蔡昉的《中国人口流动方式与途径（1990—1999年）》（2001），柯兰君和李汉林的《都市里的村民——中国大城市的流动人口》（2001）以及李培林的《农民工：中国进城农民工的经济社会分析》（2003）中，也从社会分层与流动、冲突与失范、人的现代性与农村现代性、社会网络以及国家与社会的关系等视角深入探讨了农民工的流动问题。另外，也有学者关注少数民族农民工的问题，如郑信哲开展了对朝鲜族流动人口城市融入问题的研究，张继焦关注贵州民族地区农民工的流动问题，汪宁生开展了对昆明市迁入的少数民族融入城市的研究，杨圣敏、庄孔韶开展了对北京"新疆村"的研究。

项飙在《跨越边界的社区——北京"浙江村"的生活史》（2000）一书中描述了北京城乡结合部"浙江村"的形成和社区策略；周晓虹在著作《传统与变迁——江浙农民的社会心理及其近代以来的嬗变》（1998）中从迁出地和目的地居民的社会心理异同出发，分析了农民工不断调整行为方式，努力融入城市和社区的历程；澳大利亚女性人类学者杰华在《都市里的农家女——性别、流动与社会变迁》（2006，吴小英译）一书中，描述了外来女性流动人口在北京的生活经历和故事，深刻揭示了外来人口与主流群体的关系。

（二）水库移民

国内从人类学和社会学方面出发对以三峡移民为代表的水库移民进行了研究，但成果并不十分丰富，通常对非自愿移民的研究重点是其在强制性迁移过程中所经历的分离和痛苦，以及对移民过程的模型进行概括和抽象，从而使其具有理论性。景军在其著作 *Temple of Memories: History Powerand Morrality in a Chinese Village*（1996）中，通过分析大川水库移民对一座孔庙进行修复，从社会记忆的角度对水库移民进行了研究；应星在《大河移民上访的故事》（2001）一书中描述了移民和基层政权组织互动构成的社会结构。

（三）海外移民

1. 美国唐人街

我国学者对海外移民的研究成果较丰富，主要集中在美国唐人街和东南亚华人社区的研究。吴景超在其出版的著作《唐人街：共生与同化》（1991）中采用"同化论"的基调，从城市社会生态学的角度揭示了华人移民社会的现象、问题和特点；周敏则在其著作《唐人街：深具社会经济潜质的华人社区》（1995）中，以积极乐观的态度看待唐人街，认为唐人街活力四射，这使这个民族经济聚居区充满生机，有助于进一步提高华人的社会地位。

2. 东南亚华人研究

李亦园在著作《一个移殖的市镇：马来亚华人市镇生活的调查研究》（1970）中，通过在马来西亚马坡镇的一个华人社区的民族志考察，指出华人社区文化移殖保留和发展本民族的文化是移民文化融合的一种策略。崔贵强研究了居住在新加坡和马来西亚的华人的国家认同问题，在其著作《新马华人国家认同的转向（1945—1959）》（1989）中，他将华人的国家认同分为三个阶段：从坚持中国的民族身份过渡到转变国家认同，加入东道国国籍，成为当地公民。曾少聪在著作《漂泊与根植——当代东南亚华人族群关系研究》（2004）

中，将海外华人视为中国本土华人向外延伸的框架，阐述了华人群体作为东南亚国家多元族群中的一个成员，与当地居民的关系。文峰在论文《融合抑或排斥——从文化视角分析印尼华人困境》（2001）中，从中国文化和印尼文化的冲突的视角，分析了印尼华人移居者文化融合的困境。这些关于东南亚华人的研究视角宽泛，涉及移民构成的社会群体内部构建、移民群体与其他族群的关系探讨、迁入国文化对移民的融入造成的影响等问题，为探讨迁移者在迁入地的生活提供了参考的依据。

3. 其他国家的华人社区

王春光在著作《巴黎的温州人——一个移民群体的跨社会构建行动》（2001）中，解释了生活在巴黎的温州人在融入当地社会的过程中，利用社会网络，突破自身和周围社会环境障碍，重新建构适合他们生存与发展的新的社会经济空间的"温州现象"；李明欢在《"侨乡社会资本"解读：以当代福建跨境移民潮为例》（2005）一文中指出，中国移民的研究有一个普遍的关注点——侨乡传统。因此，侨乡——原籍的研究也被纳入学术研究的关注点。当今移民问题研究有一个共同趋势，那就是既聚焦移民在迁入地的融合，又关注移民同原籍的纽带关系，更加立体化。

中国关于移民的研究表现出这样一个特点：学者更为关注移民群体内部组织结构和他们如何建立所谓的移民社区，而在移民群体与主流群体关系的研究上则集中在对族群关系的探讨上。

大多数关于移民生活满意度的研究表明，移民在新国家的生活满意度普遍较低。中国的一些学者在对来华移民的研究中，也普遍反映出来华外籍人士难以融入中国社会的问题。例如，包文姝（2016）对居住在苏南地区的外籍人士进行了一项调查，发现外籍人士与当地居民之间的沟通与交流并不顺畅，甚至有些困难。张明海（2009）对在沪外籍人士开展的一项生活和工作的调查发现，外籍人士反映上海存在"国际化水平"较低、公共服务欠完善、语言交流障碍、文化娱乐活动缺乏、生活成本高、环境污染、当地人文明素质不足、商务及相关的支持服务欠缺等问题。上海大学课题研究组（2011）对在沪外籍人士的工作和生活状况进行了调查，发现上海对外籍人士的公共服务不足，外籍人士认为，上海存在食品、交通、生态等公共安全问题。罗偲（2017）在对居住在重庆的外籍人士城市融合的研究中发现，外籍人士与当地居民群体之间存在文化冲突和交流互动障碍，缺乏相关的社会支持。

第二节 国际化社区

一、社区相关理论及其概念界定

（一）社区的定义

社区（community）是理论社会学的重要概念，并迅速传播到政治学、公共管理学等学科，成为普及度高的术语。从词源看，"社区"一词起源于拉丁语的 Fellowship，本意为"共同的东西和亲密的伙伴关系"。最早使用"社区"这一概念的是英国学者 H.S. 梅因。他在 1871 年出版的《东西方村落社区》一书中首次使用了"社区"一词①。将"社区"作为一个社会学学术研究范畴的讨论始于德国社会学家斐迪南·滕尼斯（Ferdinand Tonnis，1859—1936）。1871 年，斐迪南·滕尼斯出版了他的成名作 Gemeinschaft and Gesellschaft。后来，美国社会学家罗密斯将这部社会学名著翻译成英文版，书名为 Community and Society《社区与社会》②。书中，他划分了 "Gemeinschaft"（社区）与 "Gesellschaft"（社会）的概念，认为两者是有区别的。滕尼斯认为，gemeinschaft（社区）是自生的，由同质人口组成的，在前工业化和城市化的农业村落基础上形成的一种社会类型，是传统乡村地域的代表，是一个在地缘基础上结成的关系密切、互助合作、疾病相抚的社会联合群体，此群体的形成是由同质人口组成的人际关系的总和，加入这个群体不是出于自愿，而是因为他们生长在这个群体中，连接人们纽带的是血缘、感情、信仰、伦理等因素，人们自然的、情感的、共同的意志占有优势。而 "gesellschaft（社会）"是结合的，由异质人口组成，具有不同价值观，建立在个人意志、理性契约和法律基础上的重理智、轻人情的群体，具有明确的专业化的分工，是工业化和城市化的产物。人们加入这个群体是根据自己的意愿选择做出的决定。滕尼斯认为，社会变迁的总体趋势是社区向社会的转变，社区是社会的浓缩。

在滕尼斯研究的基础上，学者对社区的内涵和外延进行了更为广泛的讨论。美国学者查尔斯·罗密斯（C.P.Loomis）认为，社区不仅包括社会生活共同体，还包括地域生活共同体。1917 年，英国社会学家麦基文（McKeeman）

---

① 袁秉达，孟临．社区论 [M]．北京：中国纺织大学出版社，2005．
② 也有译本名为《共同体与社会》《共同体与联合体》。

发表了著作《社区：一种社会学的研究》。在书中，他把社区界定为"人类在其中共同生活的区域：村庄、城镇或地区、国家，甚至更广大的任何区域"[①]。他提出，与其用"社会"的理性法则改造"社区"，不如让"社区"的人文法则改造"社会"。社区必须建立在其成员共同利益的基础上，以实现群体共同利益或一系列公共利益[②]。20 世纪后，美国芝加哥大学学者帕克（Park）定义社区的概念时增加了地域的属性，明确了社区的内涵包括区域人口、土地、互动关系三个方面[③]。他从功能主义角度概括了社区的基本特征：它有一定规模按地域组织起来的人口，这些人口不同程度地与他们生活的地域有着密切的联系，生活在社区中的每一个人都处于相互依存和互动的关系中。

美国社会学家罗吉斯和伯德格在《农村社会变迁》中认为，社区是具有共同地域的一个群体，即由相互联系、有着共同利益或纽带的一群人所组成。英国工党主席巴克雷（Barclay）在 1980 年的工作报告《社会工作的作用与任务》中指出：社区是指生活在特定地区的人们与周围的人建立起某种社会关系，这些地方关系网及其动员周围群众参与活动的能力，构成了社区最重要的内容。

在中国，"社区"概念是在 1932 年从西方引入的[④]。在现代汉语中，"社区"一词的译名应归功于社会学家费孝通先生。1948 年 10 月，费孝通在学术刊物《社区研究》上发表了《二十年来之中国社区研究》一文，文中谈到了中文"社区"一词的起源：当初，一些燕京大学的学生在系统介绍和引入西方社会学经典著作时，Community 这个词被引入中国，那时的译法是"地方社会"，而不是社区。当我们翻译 F·滕尼斯的 Community 和 Society 两个不同概念时，感到 Community 和 Society 成了相互矛盾的术语。因此，我们认为"地方社会"这个译法是不合适的，想要找到一个更加贴切的概念。无意中，我们想到了"社区"这两个字，大家也逐渐接受了这个译法，于是"社区"成为通用术语。自此，社区研究逐渐成为我国社会学、政治学、经济学等学科的一个通用范畴和研究领域。

阿兰·芬利森（Alan Finlayson）曾指出，"对社区或共同体进行理论化分

[①] ROBERT MORRISON MACIVER. Community, a sociological study: being an attempt to set out the nature and fundamental laws of social life [J]. Hibbert Journal 1917(16): 175.

[②] 奚从清，沈赓方. 城市社区服务[M]. 杭州：浙江大学出版社，1989.

[③] HILLERY G A. Definitions of community: areas of agreement [J]. Rural Sociology, 1955,20(2):111-123.

[④] 1932 年末，美国社会学家罗伯特·帕克接受燕京大学邀请来华讲学，把"社区"一词带入了中国。

析的难点在于，它本身就是理解社会关系的一种社会理论，是想象我们如何彼此相关，塑造我们对社会世界理解的方式，也是将其包装起来，并赋予它意义的方式"[1]。

长期以来，学者从不同的研究视角、不同的切入点出发，对"社区"的概念进行了定义。1995年，美国社会学家希勒里（George Hillary）对其收集的94个社区概念进行了统计分析。他指出，"'社区'中除了人包含于'共同体'这一概念之外，有关共同体的性质，并没有完全相同的解释"。虽然国外对于社区概念的定义不尽相同，但都强调了社区的社会属性和地域属性。1981年，美籍华裔社会学家杨庆堃教授整理发现，"社区"一词在学术界共有过140余种不同的界定，对社区概念的理解"表述不同，实质相近"。费孝通把社区定义为"若干社会群体或社会组织聚集在某一地域里形成的一个在生活上相互关联的大集体"。陆学艺在《社会学》一书中，将社区定义为"聚集在一个地域范围内的社会生活共同体"。夏国忠在《社区简论》中，将社区定义为"在一定地域范围内，发生特定的社会关系和社会活动，形成特定的生活方式和文化心理，并具有成员归属感的人群所组成的相对独立、相对稳定的社会实体"。可以看出，人们对社区的概念和定义有不同的理解，但是对社区的地域性却是基本认同的，即不否认社区的地域性特点。1986年，国家民政部首次提出社区建设的概念，提出在城市中开展社区服务工作，倡导社区服务，社区问题开始在我国受到重视。2000年11月，在中办发〔2000〕23号文件中，社区被界定为"聚居在一定地域范围内的群体，在利益相关的基础上不断互动从而形成共同意识的社会生活共同体"[2]。民政部门开始倡导社区建设和社区服务工作，社区自治日益成为社区建设的目标取向。

尽管中外理论界对社区的解释不尽相同，但仍有一些共同之处，即都是基于一定的地域、共同关系和社会互动。1958年，美国社区学者桑德斯（Irwin T.Sanders）将国外对社区的定义概括为三种：社区是特定地区范围内居住的地方；社区是以地域为界并具有整合功能的空间单位；社区是具有地方性的、社会互助、自治自决的行动单位。在《社区论》中，他将社区定义为"一个互动的体系、一个行动的场域"，为社区发展提供了过程、运动、方案和方法模式，极大丰富了社区治理的理论。

---

① 凯特·纳什，阿兰·斯科特.布莱克威尔政治社会学指南[M].李雪，吴玉鑫，赵蔚，译.杭州：浙江人民出版社，2007.

② 李中水.打造北京国际化社区[J].社区，2005(1)：62.

综上所述，为了更好地体现社区的本质和特征，笔者参照已有研究成果，并结合我国具体情况，认为社区是由一定地域范围内人们组成的、具有文化维系力和内在互动关系的区域性社会生活共同体。

（二）城市社区

社区可以划分为两种类型：乡村社区和城市社区。城市社区是学术界多学科研究的对象，但如何界定城市社区一直是社区发展研究探讨的问题。

过去，街道办事处和居委会（未调整）所辖范围往往被视为城市社区。有的学者提出，"街道办事处所辖的范围大致就是社区的地域空间，称为街区"[①]。有的学者认为，在很大程度上，社区已经成为街道办事处和居委会这些基层管理机构的代名词[②]。实践证明，这样的划分不够科学。街道办事处成立于1954年，是市或区人民政府的派出机关，发挥着准政府职能。所以，将社区界定在街道办事处，不符合社区自治原则，是不科学的。从法律的定性上讲，居委会与街道办事处同期成立，是城市基层群众的自治组织。然而，在其发展的过程中，带着强烈的承接政府社会管理职能的行政色彩，自治的性质被削弱，它成为对上不对下的行政组织，失去了政府与居民的桥梁纽带作用。因此，把社区界定在未调整的居委会，是不合理的。

城市社区可以定义为"在城市的地理区域内，以一定数量的人口为主体，在居住生活过程中形成的具有特定的地缘感、组织制度、生活方式、社会文化，以及空间环境和服务系统的社会生活实体"[③]。

事实上，街道社区是我国城市社区建设的主要依托之一。因此，本书所研究的城市社区是指我国城市街道办事处辖区共同体和居民委员会辖区共同体。这是一个主要侧重于法定性的、真实的、具有行政职能的社区概念。同时，参与街道社会事务的虚拟社区因素也是本书力图要研究的对象。

（三）"未来的社区"

关于"未来的社区"，代表人物是现代管理大师彼得·德鲁克（Peter F. Drucker）等。1998年，美国德鲁克基金会意识到建设未来社区这项课题的重大意义，于是，他们组织出版了《未来丛书》，将18位享誉全球的管理大师的思想汇集成册，便有了《未来的社区》（*The Community of the Future*）一书。

---

① 中国城市社区党建课题组编. 中国城市社区党建 [M]. 上海：上海人民出版社，2000.

② 桂勇，崔之余. 行政化进程中的城市居委会体制变迁——对上海市的个案研究 [J]. 华中理工大学学报（社会科学版），2000(3)：1-5.

③ 鲍宗豪，胡以申. 文化：国际大都市的灵魂 [M]. 上海：上海社会科学院出版社，2004.

德鲁克在《未来的社区》一书中指出，"在未来，我们的任务将是创造一个前所未有的城市社区。与传统社区不同，城市社区应该是自由和自愿的，应该是能为居民提供发展机会，让他们去获得成绩，贡献力量，乃至脱颖而出"[①]。"新社区论"强调，随着工业化、市场化、信息化进程的加快，传统社区逐渐衰落，由自主性的社会组织组成的新社区不断壮大，社区中群体出现分化，社区朝着多元化方向发展，而且将成为重建公民身份的中心。德鲁克预见，非政府、非商业、非营利性组织的出现会有助于重建人类生活共同体，满足市民的需要。其中，书中也描述到"在成功社区要素中，最重要的一点是基于社区主体的共同认同和积极参与的多元管理模式下的社区问题决策机制"[②]。这种理念为现代社区建设的发展注入了新的活力。

（四）国际化社区

1. 国际化社区的概念及特征

学术界关于"国际化社区"尚无非常权威和明确的定义，但从"社区"一词进行考虑，并加入"国际化"一词，则"国际化社区"大致应包括以下几个方面：第一，从社区成员的构成来看，在"国际化社区"的地域范围内不仅有自己国家的居民，还有来自其他国家的居民。不同国籍、不同文化背景的人们在这里共同居住、共同生活，形成了社会共同体。第二，从生活环境的角度来看，国际化社区的各种生活设施、配套服务和物业管理等方面都应与国际接轨，以满足外籍居民和当地社区居民的生活需求。第三，从社区文化构成的角度来看，国际化社区内的文化应是多元立体的，追求文化的融合与共生，中外社区居民都能在社区里找到自己的文化归属，并理解和接纳他国的文化传统及风俗习惯。

总之，真正意义上的国际化社区应该有足够的张力和开放度，足以包容不同肤色、不同民族、不同语言、不同文化、不同风俗和宗教信仰的社区居民，为他们提供住所，让居民产生认同感、归属感与自豪感。

我国是一个非移民国家，来华外国人的数量却在逐年快速增长。随着全球化的推进，中国社会经济对全球的影响力不断增加，中国与其他国家的交流与合作越来越密切。在多重因素的影响下，我国目前已成为国际移民理想的移入

---

① 德鲁克基金会，弗朗西斯·赫塞尔本，马歇尔·戈德史密斯，等. 未来的社区 [M]. 魏青江，译. 北京：中国人民大学出版社，2006: 3.

② 德鲁克基金会，弗朗西斯·赫塞尔本，马歇尔·戈德史密斯，等. 未来的社区 [M]. 魏青江，译. 北京：中国人民大学出版社，2006: 18.

国之一。在北京、上海、广州、杭州、义乌等一些热门城市已经形成了一些外国人聚居集中的国际化社区，这是城市国际化带来的移民国际化的必然结果。

对于一个城市来说，外籍居民占城市总人口的比例高低是衡量该城市国际化程度和国际竞争力的一项重要指标，这一指标也被用来衡量社区的国际化水平。改革开放以来，随着经济体制改革的不断深化和城镇化的快速发展，我国新型社区不断扩大，社区的规模各异、类型不一。"国际化社区"作为我国全球化背景下一种特别的居住社区类型在中国逐渐扩大蔓延。

国际化社区是由来自不同国家、血统、民族、文化背景的人群聚居在一定地理范围内生活、工作、交流、休闲所形成的精神上、物质上互为依存的社会生活共同体。国际化社区既是中外居民生活和发展的地理空间，也是一个复杂的社会治理空间。上海早在数年前发布的《浦东新区国际化社区的建设目标和发展规划》中就提出，国际化社区外籍人士占总人口的比例应该大于30%[①]。但现阶段，在中国大部分城市，外籍居民的户数比例仅大于20%或者更低的社区都被视为"国际化社区"[②]。

2. 国际化社区在中国的发展

（1）中国城市国际化的背景

由中国与全球化智库（CCG）编撰的《中国国际移民报告（2018）》蓝皮书援引相关统计数据指出，中国经济快速发展，国际地位不断提高，中国逐渐从国际移民来源国成为国际移民目的国，外国人来华数量激增[③]。移民不仅会带来经济社会发展的影响，还将成为实现可持续发展目标的主要因素。近年来，中国的综合国力和国际威望逐渐增强，国际形象进一步提升，在中国渴望了解世界的同时，世界也想了解中国，外国人"来华逐梦"前景向好。蓝皮书援引汇丰2017年10月发布的《移居国外工作者全球报告》（*Expat Explorer: Broadening perspectives Global Report*）的数据显示，中国作为世界经济强国，目前处于汇丰全球职业发展排行的世界第二，在此背景下，外籍人士来华追逐"中国梦"已成为国际移民潮的新趋势。蓝皮书认为，亚洲是最受外籍人士欢

① 德鲁克基金会，弗朗西斯·赫塞尔本，马歇尔·戈德史密斯，等. 未来的社区 [M]. 魏青江，译. 北京：中国人民大学出版社，2006.:4.

② 牛仲君. 从文化角度看北京市的国际化社区建设——以麦子店、望京社区的发展为例 [C]// 段霞. 2011城市国际化论坛——全球化进程中的大都市治理. 北京：北京市社会科学界联合会，2012:9.

③ 王辉耀，苗绿. 国际人才蓝皮书：中国国际移民报告（2018）[M]. 北京：社会科学文献出版社，2018.

迎的地区，而中国是亚洲地区最受外籍人士青睐的国家，中国对国际移民的吸引力呈增长趋势。

（2）国际化社区的建设进程

在普通人眼中，国际化社区不仅是外国人比例高的社区，还是具有世界一流公共服务和治理水平的社区。在不同的历史阶段，国际化社区在中国的发展经历了三种基本模式和形态。

第一种模式是晚清至民国阶段的"例外主义"导向"国际化社区"，主要存在于帝国主义列强在北京、天津、上海、广州、汉口等地的殖民地和租界。这些地区大部分都有外国人的专属居住社区，租界内的社区实行自卫自治，完全不受中国的法律和行政管辖的约束。

第二种模式是中华人民共和国成立之后的外交型"国际化社区"。在这一阶段，国际化社区的主要居民是外事人员，如国外使领馆人员、国外专家等。在此期间，国际化社区实行"优先主义"管理导向，享受优先保障和特殊待遇，社区的管理和服务在一定程度上实施计划供给。

第三种模式是改革开放后形成的早期国际化社区。此时，"例外主义"管理理念已经淡出，取而代之的是基于"发展主义"（经济功利主义）导向的国际化社区。自中国改革开放以来，为了振兴地方经济、吸引投资、吸引高端产业和人才，形成了由地方政府推动的高端要素导向和精英化导向的高标准国际化社区，典型的例子包括上海碧云国际化社区、北京后沙峪国际化社区、天津梅江国际化社区等。这些社区具有强烈的政府主导干预的色彩。为吸引高端产业和人才，政府积极布局、开发建设高端国际化社区。这些早期的国际化社区的后续管理现已转移到物业公司，国际化社区居民通过购买方式从市场中获得高端服务。

随着中国国际交流的扩大和经济社会的发展，越来越多的普通外国人来到中国工作和生活，中国国际化社区的类型呈现出大规模、多样化的趋势。中国国际化社区类型除由外交人员或国外高端人群构成的外交型社区和为促进投资而建立的服务境外高端人群的社区外，还有新外交元素型（如北京朝阳麦子店社区）、产业集聚型（如杭州高新开发区）、教育辐射型（如杭州西湖区"环浙大"国际化社区）、商业生态型（如杭州江干区钱江街道钱塘CBD商区）、族群杂居型（如深圳南山蛇口街道汇集了上百个国家的外籍居民集居社区）、族群聚居型（如广州三元里非洲裔聚居社区）、中外融合混居型（如杭州西湖区文鼎苑中外居民融情共建社区）等。

当前，我国国际化社区不断增多，国际化社区建设已成为中国城市建设与发展的重要组成部分，这些新型的国际化社区不再是"特例"，而是中国主要城市和核心地区发展的方向，是城市经济社会发展的窗口和缩影。总体而言，国际化社区形成的动因已逐渐由政治因素转向经济因素，进而转向社会发展动力和文化的辐射。社区类型和动力机制的演变是中国对外关系变化和对外交往不断扩大的结果，也是城市国际化元素加强与升级的体现。

二、国际化社区构成要素

外籍居民进入城市后，常常以血统、文化背景或经济利益为纽带聚居在一起，由此形成了精神上、物质上互为依存的共同体——国际化社区。国际化社区的主要构成要素有以下五个方面。

（一）人口

国际化社区是中外居民共同生活的社会实体，主要涉及人口的数量、类型、组成和分布等因素。同时，社区中的人不是孤立的、无联系的个体，而是相互之间形成一定社会关系并共同进行社会活动的群体。

（二）地域

社区始终处于一个特定的地域范围内，社区居民的活动以这一区域为中心。这一地区的自然条件和人文环境会影响所在社区居民活动的性质与特征，而且在一定程度上影响或制约社区的发展。

（三）环境

每一社区都有其特定的外部环境和社区硬件设施，包括住房、交通、超市、文化中心、医院、娱乐设施等，这些都是居民日常工作生活所必需的。这些物质基础构成了国际化社区的总体环境。

（四）文化

社区是一个利益相关的共同体，社区居民有着共同的利益和需求，面临着同样的问题，往往容易形成相似的生活方式、行为准则和价值取向，从而形成共同的兴趣和目标。这就是社区文化，它既是连接社区成员的"黏合剂"，也是社区生存和发展的重要内在因素。社区的风俗习惯、行为方式和价值观等都反映了社区文化，并且是不同社区之间可以彼此区分的重要标志。

（五）制度

社区是居民相互联系和相互制约的有机体，是有组织、有秩序的社会共同体。社区的发展在很大程度上取决于管理体系的形成和实施。因此，国际化社区必须形成规范的管理体系和规章制度，使社区的所有居民都能遵守，以更好地管理社区的公共事务，确保社区的正常运转，并使社区成为居民生活、创业、发展的乐土。

三、国际化社区主要特征

（一）社区成员多国化

国际化社区是许多不同国籍的人生活在一起的地方，即一定数量的当地居民和外籍人士居住在同一社区里，在文化背景上，呈现多元化；在人口结构上，呈现多国籍；在生活方式上，呈现多样态。

与美国的"唐人街"明显不同的是，居住在中国国际社区的外籍居民人员更加多样化，他们来自多个国家，具有不同的文化背景、生活方式和宗教信仰，而不是单一国家的移民聚居生活，或是某一个国家的移民占绝大多数。也就是说，在中国的国际化社区中本地居民占大多数，在此基础之上，国际化社区容纳了更多来自不同国家的居民，形成了以中国文化为基础、多样文化共存的社区生活氛围。

社区成员是国际化社区经济生活、政治生活、精神文化生活的创造者。一般来说，收入的高低决定了对经济资源控制力的不同。高收入阶层的外籍居民对经济资源的控制力较强，故有些国际化社区的人口密度不高，甚至可能较低。同时，由于不同的教育背景、职业、宗教信仰等方面对社区成员的影响，国际社区居民的异质性更加突出，不同国家、不同文化背景影响下的生活方式差异更为显著。目前，义乌市外籍居民主要以产业、就学和居住环境为纽带，自然聚集状态已初步形成。像江东街道鸡鸣山社区、后宅金城社区等一批试点较早、基础较好的社区在国际社区标识、多元文化交流、国际特色服务等方面已进行了有益探索。

（二）社区文化多元化

境外人士在社区中占有一定比例，国家、种族、民族背景、宗教信仰不同的成员在这里共生共存，使国际化社区成为"多元共处，和而不同"的家园。他们将本国特有的民族习惯和风俗带到社区，文化在社区中碰撞与交流，在磨合中融合，形成了多国融合的社区文化风貌。共建共享的社会参与机制、对多元文化的包容、温馨稳定的文化氛围是国际化社区的特色和亮点。社区人口的文化构成反映了社区人口的受教育水平和科学文化水平，是衡量社区人口素质的重要标志。

（三）社区基础设施国际化

与本土社区相比，在社区生活设施方面，国际化社区总体上都是按照国际标准建设和管理的，规划建设良好，公共服务设施完善，生活环境优越，物业管理先进，社区治理模式完善，服务体系多元化；社区的环境、公共设施和配套设施等都应是世界级的，并且能体现东西方居住文化理念的融合。

（四）社区治理人性化

国际化社区在关注境外居民个性需求，推动社区居民共处、共享、共融的同时，更加强调开放性的社区建设理念，关注社区民众对美好生活的向往，不断提升社区服务质量和环境，营造开放、包容、友善的社区"软环境"。国际化社区居民在宗教、教育甚至是日常生活上，都有较大的差异。在社区文化融合的过程中，如果一些合理要求得不到社区管理部门的响应和关注，就容易出现冲突和争端，因而，国际化社区的治理模式不能简单复制普通社区的治理模式。国际化社区的管理制度和服务体系应符合国际标准，能够为多元文化背景的居民提供专业的社区服务。与本土社区相比，在服务方面，国际化社区服务更加规范化，制度日益完善，服务透明度更高，服务手段推陈出新，普惠性、便捷性、多样性更加明显；在管理方面，国际化社区管理制度与社区建设同步发展、日趋规范，管理的规范性、可控性、灵活性更加突出（表2-1）。

表2-1 国际化社区与本土社区的比较

特征指标	国际化社区	本土社区
社区成员	多国化，外籍居民与本国公民混居	以本国居民为主
社区文化	多元共处	以本土主流文化为主
社区管理	人性化，关注个性需求	传统管理方式

第三节 文化融合

在全球化背景下，国家间、民族间的政治、经济、文化交流日益密切。除了国际移民外，伴随着工业化和城市化的快速发展，各社会内部不同民族、文化群体和其他亚文化间的流动也越来越频繁。不同文化之间频繁进行交流和碰撞容易使跨文化交流的个人或群体在适应社会环境的过程中产生焦虑情绪，对文化身份和文化信仰感到困惑等，继而对社会文化和群体文化产生影响。社区文化融合的研究以社区文化作为研究背景，包含社区文化的制度、物质和精神三个层面的融合与趋同。

一、文化融合研究的发展历程、研究对象和研究层面

在多元文化的国度里，各文化群体在接触和交流的过程中大都面临着文化融合的问题，主流文化背景下的外来民族或弱势群体的文化融合和认同问题尤为突出。有关文化融合问题的研究主要包括这几种取向：文化适应理论（acculturation）、多元文化主义（multiculturalism）和文化同化理论（cultural assimilation theory）[1]。文化适应理论认为，通过学习迁入国的文化习俗、价值观和思想、语言等，移民可以逐步适应当地的传统，熟悉这个国家的行为规范。多元文化主义把移民文化融合看作一个双向凝聚结合的过程，重视移民文化和迁入国文化的相互影响、相互作用[2]。文化同化认为移民应随着居住时长和身份认同感的增加逐步融入主流文化，即正式的和非正式的社会组织和社会制度[3]。

（一）文化融合研究的发展历程

1.文化融合研究的起源

文化融合（acculturation）的研究兴起于20世纪初的美国，早期研究者主要从整体层面上研究如何帮助土著和移民更好地融入主流文化，探讨其文化模式的变化。文化融合的早期研究大多集中在对移民从一种熟悉的环境来到另一种陌生的多元文化中而产生的抑郁、思乡、心理压力等心理健康问题方面的研究，立足于满足当时的政治需要[4]。20世纪中叶以后，国际移民不断涌入美国。由于从一种熟悉的环境突然来到另一种陌生的多元文化环境中，这些移民产生

[1] ALGAN Y, BLSLN A, MANNING A, et al.Cultural integration of immigrants in Europe[M]. Oxford: Oxford University Press, 2012.

[2] BORRIE W D. The cultural integration of immigrants: a survey based upon the papers and proceedings of the UNESCO Conference held in Havana[J].American journal of socidogy,1960,66(2):208.

[3] Frijters P,SHIELDS M A,PRICE S W. Job search methods and their success: a comparison of immigrants and natives in the UK[J].The economic journal,2010,115(507):359.

[4] TARTAKOVSKY E. A longitudinal study of acculturative stress and homesickness: high-school adolescents immigrating from Russia and Ukraine to Israel without parents[J]. Social psychiatry and psychiatric epidemiology,2007,42(6):485-494.

了大量的心理健康问题和疾病，从而导致了较高的住院率和患病率。这就激发了研究者对移民开展研究的兴趣，随后研究者启动了一项历时 30 年的移民问题调查，英国、澳大利亚、加拿大、德国和南非等拥有大量移民的国家参与了调查。研究者以移民为研究对象，调查移民从自身文化迁移到他文化时，由于遇到文化融合问题所出现的各种精神和身体上的疾病。调查结果发现移民存在较大的心理健康问题。因而早期的文化融合研究被用于帮助解决移民潮所带来的融合问题和移民在文化融合跨文化接触过程中出现的心理问题[①]，这与当时的社会环境息息相关。因此，文化融合的研究起初与其说是出于科学上的好奇，不如说是出于政治上的需要。另外，主流文化中的少数民族和其他弱势群体也都是文化融合研究关注的内容。虽然文化融合的传统研究对象多为国际移民，但实际上，国内移民也同样面临着文化融合问题[②]。这个阶段的研究更偏向于理论研究，而缺乏实证研究。

2. 文化融合研究的发展

20 世纪 70 年代，文化融合研究进入发展阶段，学者逐渐将研究重点从移民住院患者的病历和异常心理症状转移到移民的心理压力，包括焦虑、抑郁等引起的心理问题，以及对个体层面的跨文化交际及导致这些问题产生的相关影响因素及异常心理压力源的探讨。本阶段的研究侧重于跨文化接触产生的负面影响，强调他们经历的失落、焦虑、抑郁和敌对等负面影响。研究的方法与 20 世纪的研究相比有了新的变化，当时的研究者开始寻找问题的根源，并试图解释各种负面现象。因此主流研究从社会整体层面慢慢转到了个体心理层面，但这一阶段的研究也存在不足，即研究的焦点主要是理论上的描述，缺乏实用性，研究的方法也不够详尽，缺少实验研究。由于移民的个人情况（如国家、民族和性别）不同，文化融合的样本比较不易采集，因此采用"方便取样"法进行取样，缺乏代表性。

3. 文化融合研究的黄金时期

自 20 世纪 80 年代中期开始，随着国际交流日益频繁，跨文化主体数量也日益增多，且呈现多样化的特征，文化融合研究已积累了大量资料，进入了发展的黄金时期。这一阶段取得了丰硕的研究成果，拓宽了研究对象，丰富了研

---

① 余伟，郑钢.跨文化心理学中的文化适应研究[J].心理科学进展,2005,13(6):836-846.

② BERRY J W, SABATIERB C.Acculturation, discrimination, and adaptation among second generation immigrant youth in Montreal and Paris[J].International journal of intercultural relations,2010,34(3):191-207.

究方法。研究的重点从个体的文化融合转向个体的跨文化交流与交际中出现问题的原因。研究对象范围不断扩大，除移民以外，还包括难民、留学生、旅居的技术专家、少数民族群体、短期交流学者、商人和游客等更广泛的人群；在研究层面上，从群体层面的文化变迁和文化融合研究转向对个体层面的跨文化交际及各种影响因素的探讨，提出多种文化融合理论和模型。研究技术有了很大的发展，研究方法日趋成熟和丰富，呈现多样化趋势，如问卷调查、访谈、案例研究和社会学统计分类等，调查方式也变得更科学。研究者根据调查数据对各种问题进行了统计分析，极大地丰富了研究成果。由于文化融合问题具有复杂性，研究者的学科背景也日趋多样化，因此相互交叉的多学科、多视角相互借鉴，共同探索丰富的内涵和多元构架。过去，文化融合问题研究主要是从人类学和社会学的角度来考虑移民的融合问题；而这一时期的研究还从社会心理学、社会语言学、传播学、管理学等方面综合考虑文化融合问题。

4. 文化融合研究的成熟时期

20 世纪 90 年代，文化融合研究进一步发展成熟。在这个阶段，Ward 及其同事（1990）将文化融合分为社会文化融合和心理融合两个维度①，认为文化融合将同时引起移民心理层面和社会文化层面的变化。他们认为，心理融合主要指个体在与新文化接触中的身心健康状况或生活满意度的情感层面，受个体性格特征（personality）、生活变化（life changes）、压力应对方式（coping styles）和社会支持（social support）等因素的影响，并且这些因素可能给移民带来压抑、孤独等情感。而社会文化融合则主要是指在新的文化背景下移民的行为能力和对日常生活的有效管理程度，主要关注的是个体是否能与迁入国的人群有效进行接触以及个体在新文化环境中遇到的与日常生活相关的困难，如与理解当地语言、结交朋友、参加社交活动以及处理与学习或工作有关的问题。社会文化融合受旅居时间的长短（length of residence）、文化距离（culture distance）、文化学习基础的稳固程度（cultural knowledge）及与迁入国群体交往的频次（the quantity of contact with host nationals）等因素影响。例如，在主流文化环境中的居留时间、文化知识、与主流文化中个体的互动频率、文化距离、语言掌握程度、融合策略等因素（Searle and Ward，1990；Berry，1997）。

---

① SEARLE W, WARD C. The prediction of psychological and sociocultural adjustment during cross-cultural transitions[J]. International journal of intercultural relations, 1990,14(4):449-464.

Ward 和 Kennedy（1993，1996）[①]认为，心理融合及社会文化融合之间存在以下三种关系。①心理融合和社会文化融合相互关联，但受到不同因素的影响。②这两个层面是基于不同的模式发展起来的，但是由于目标群体和情况的不同，相互关系也在发生变化。例如，移民的社会文化融合会在到达迁入国后的前几个月迅速改善，并呈线性增长。相关研究证实，移民初到迁入国时会遇到很多困难，随着时间的流逝，心理融合情况会出现很大差异。③某些因素始终对融合情况有重要影响，少数因素会因人群和情况的不同而发生很大变化，如移民来东道国的动机和他们所居住的国家等。

马斯格特（A.Masgoret）和沃德（C.Ward）强调，社会文化融合并不需要移民接受新文化环境当中的一系列行为准则和价值观，但他们必须认识到这些价值观的差异，并做好充分准备，以有效地应对这些差异和变化。良好的心理融合可由人格变量、生活变化事件和社会支持来预测；文化知识、社会文化接触程度和积极的文化互动态度可以预示良好的社会文化融合[②]。随后，Bennett（1993）开始关注跨文化主体对不同文化的敏感度，建立了跨文化敏感度发展模式。Cullar（1995）等人认为，文化融合包括行为、感情和认知三个层面。行为层面包括言语行为、文化习俗、饮食习惯、社会交往等文化形态；情感层面包括与文化相关的情感，如个体对身份认同的感觉；认知层面是对角色和基本价值观的信念。跨文化心理学专家贝利（Berry，1997）在这个阶段提出了四种文化融合策略：同化、整合、分离、边缘。

总体而言，国外关于文化融合的研究已经取得了丰硕的成果，学者从不同角度探讨了文化融合的模式和理论研究，为进一步研究文化融合奠定了重要的基础。

（二）文化融合的研究对象、研究层面

1.文化融合的研究对象

贝利等人（1999）认为，尽管接触的两个群体在文化融合的过程中会互相影响并经历文化变迁，但在实际生活中，一个群体相对于另一个群体具有优势时则会出现"主流群体"（dominant group）和"文化融合群体"（acculturating group）的区别。当今，国内外文化融合的研究对象主要是后者。文化融合领

---

① WARD C, KENNEDY A. Acculturation and cross-cultural adaptation of Br-tish residents in Hong Kong[J]. The journal of social psychology,1993,133(3):395-397.

② WARD C, RANA-DEUBA A.Acculturation and adaptation revisited[J]. Journal of cross-cultural psychology,1999,30(4):422-442.

域最初的研究对象是那些长期居住在某一个异质社会文化中的非本文化群体中的个体，也称边缘人群（sedentary），包括移民、难民和多民族国家中的少数民族（如我国的少数民族、美国的印第安人、加拿大的原住民等），他们被称为"同一社会的成员"（members of same society），在当地长期居住。之后，随着人类学、社会学、教育学、文化心理学等领域将文化融合问题纳入自己的研究范畴，文化融合研究的对象也扩展到短期居留在某一个社会文化环境中的非本文化群体中的个体，他们被称为"旅居者"（sojourner）和寻求庇护者（asylum seekers），包括完成某种使命和任务的人，也叫作"不同社会的成员"（members of different societies）。旅居者人群包括商人、留学生、科技人员、海外学者、传教士、组织项目的参与人员（如和平队）、海外军事人员、外交人员和旅行者等。本研究的对象属于长期居住者，大部分外籍居民出于工作或者学习的目的在中国长期居留。

贝利（2005）认为在文化融合的研究对象上有三个侧重点：欧洲主流文化中的土著民族的文化融合；移民的文化融合；不同文化背景的族群共同生活在多元文化社会中所经历的文化融合。当前文化融合研究的这三类群体都很重要。一方面，经历新殖民主义的土著居民有抵触情绪；另一方面，新移民、旅居者和难民移居至文化差异较大的移民国家后会面临文化冲击（cultural shock）。此外，许多国家都有大量保留着自己独特的民族文化传统的群体，如何使各族群和谐共生、共荣发展也是一个重要的社会问题。

2. 文化融合的研究层面

从研究层面来看，文化融合可以分为群体层面和个体层面。群体层面的文化融合研究主要集中于人类学和社会学领域。过去，跨文化研究通常是从人类学和社会学的角度进行的，主要是为了识别不同文化之间的差异，从群体层面考察文化交往所带来的社会文化变迁。在社会学领域关于文化融合的研究主要侧重于社会结构、经济基础和政治组织方面的变化，从互动过程中权力或资源分配的视角研究群体关系；而人类学则从"他者"的角度审视文化传播过程中不同文化群体的生活方式和文化信仰/价值取向的变化。

个体层面的文化融合研究从20世纪80年代末开始进行，近几十年来，研究者一直偏重于个体层面的研究，侧重于移民在新的文化环境中的心理反应和社会整合，关注个人价值观和态度的变化以及行为的变迁，强调文化融合对各种心理过程的影响（Lee, Sobal and Frongillo, 2003）。心理学家对文化融合的研究主要基于个体层面。个体层面的文化融合研究主要关注旅居者在新文化环境中的心理调整，包括各种环境、文化、社会和心理方面的融合（Yi,

Giseala and Kishimoto，2003）。通过追踪和观察个体在新的文化环境中的自我调整和人际交往过程，理解和阐释移民的再社会化及其应对过程，心理学和传播学领域的学者主要从三个角度研究跨文化融合：从社会心理学的角度，研究移民的社会支持网络和社会互动对移民文化融合的影响；从跨文化心理学的角度，研究移民在文化融合中的心理反应和变化过程；从跨文化交际学的角度，研究影响移民融合的交际模式。

二、文化融合的内涵和表现形式

（一）文化融合的内涵

文化融合（也称涵化）是文化变迁的主要形式之一，它是社会学、语言学、跨文化心理学等学科研究中的重要领域，许多著名学者都对文化融合理论的发展做出了贡献。文化融合的定义经历了从群体到个体，从单向到双向，从单维到二维乃至多维的变化。随着学术界在文化融合领域研究的不断深入，这一概念逐渐清晰，但是由于不同学科学者的研究观点和研究焦点不同，直到今天，文化融合的概念也尚未达成统一共识。

文献研究表明，文化融合的研究可以追溯到柏拉图，尽管当时还没有出现"acculturation"一词。柏拉图主张减少文化之间的相互接触，保护社会免受外来文化糟粕的影响，但同时他也反对文化间的完全隔离[①]。"文化融合"一词最初产生于 19 世纪末。最早使用"acculturation"这个词的是美国民族事务局的 J. W. Powell。他在 1883 年第一次真正使用到这个词汇，他把"文化融合"定义为"来自外文化者对新文化环境中的行为模仿所引起的心理变化"，这与现在人们所说的文化融合有较大的不同，也较少引起其他学者的关注。

阿诺德·罗斯（Arnold M. Rose）将"文化融合"定义为"个人或群体接受另一个社会群体的文化，或导致这种接受采纳行为的过程"[②]。即个体放弃保持原有的文化身份，而与其他文化群体保持密切的日常接触与来往。现在普遍认可的经典定义是由美国人类学家罗伯特·雷德菲尔德（Robert Redfield）、拉尔夫·林顿（Ralf Linton）和梅尔维尔·赫斯科维茨（Melville Herskovits）在 1936 年提出的，他们认为文化融合是"由具有不同文化教育背景的个体组

---

① RUDMIN F W. Catalogue of acculturation constructs: descriptions of 126 taxonomies, 1918–2003[J].Online readings in psychology and culture,2009,8(1):8.

② MORRIS R E,ROSE A M. Sociology: the study of human relation[J].The American catholic socioligical review,1957,18(1):79.

成的两个群体之间持续而直接的文化接触；导致一方或双方原有文化特征发生变化的现象"①。从这个定义来看，文化融合对相互进行文化接触的两个群体都会产生影响。从理论上来说，这种文化模式的变化现象是双向的，即接触的两个群体的文化模式都要发生变化。但是对于进入东道国文化中的个体来说，东道国文化环境对他的影响是广泛而深远的，而个体对东道国群体的影响却是微乎其微的。在群体接触的过程中，弱势群体往往会发生更多的变化，他们需要融入新的文化模式中去。从长远来看，移民群体相对来说会经历更大的文化变迁，所以文化融合研究侧重于对进入东道国文化环境中的移民的研究。1954年，西格尔（Siegel）和沃格特（Voget）等人类学家对文化融合作了相对宽泛而简洁的定义："两个或两个以上独立的文化系统相互联系时发生的文化变迁"②。上述这几个定义无一例外都着眼于群体层面，从互动的角度突出文化融合过程的双向性。总的来说，人类学领域的文化融合研究主要偏重从群体层面对文化进行广泛和整体的考量，侧重于关注文化融合对文化传承、文化变迁的影响。

随着世界各国之间跨文化交流的日益广泛，跨文化心理学领域有关文化融合的研究也逐渐增加。早在 1904 年，美国心理学家霍尔（Hall）就对文化融合进行过研究，他认为第二文化的学习（second-culture learning）类似于源文化的学习（first-culture learning）。1967 年，格雷夫斯（Graves）首次提出了心理学范畴的文化融合定义，认为文化融合是个体在文化接触中发生的变化，包括行为、态度和心理状况等。Ashford 和 Taylor 将"文化融合"的概念概括为"人们通过学习、改进使自己的行为适合于某一个新的文化环境的过程"。跨文化心理学视角下的文化融合研究更多地关注个体层面，包括个体的适应过程、态度和策略，以及文化融合过程中身份、价值观和行为的变化。

近年，美国著名跨文化心理学家贝利在总结前人研究成果的基础上进一步完善了文化融合的概念。贝利认为，文化融合是个体在两种或两种以上不同文化环境中持续生活、接触、学习中所产生的文化和心理两方面的变化过程。他提出并区分了两个层面的文化融合：一是群体层面（group level）或文化层面（cultural level）的文化融合，即文化接触之后群体在社会结构、经济基础、

---

① REDFIELD R,LINTON R,HERSKOVITS M J.Memorandum on the study of acculturation[J]. American anthropologist,1936,38(1):149-152.

② RUDMIN F W.Critical history of the acculturation psychology of assimilation, separation, integration, and marginalization[J].Review of general psychology, 2003(7):3-37.

政治组织和文化习惯等方面的变化；二是个体层面（individual level）或心理层面（psychological level）的文化融合，即个体行为模式、价值观、态度和身份认同上的变化。贝利认为，虽然整体的文化融合发生在群体层面，但个体的参与程度互不相同，在接触情境中想要达到的目标也不尽相同。在个人层面上，它涉及个人的行为习惯的变化。在文化融合的过程中，个体的因素加上融合过程中的调节因素（如融合策略、应对方式、社会支持、社会态度等）将对融合过程产生持久的影响①。贝利认为，在文化融合的过程中，移民群体发生的变化包括物质环境的变化、个人身体上的变化、政治环境的变化、文化背景的变化以及社会关系的变化。贝利认为，与"文化冲击"（Culture Shock）相比，文化融合一词更是"两种文化相互作用的过程，伴随着压力、焦虑、压抑等现象"的代表，文化融合的压力会对个体的心理和身体健康产生影响。

在贝利研究的基础上，布尔里等人（Bourhis et al，1997）提出了交互式文化融合模式，认为文化融合是在国家政策影响下，双方文化融合策略和取向共同作用的结果。主流文化群体与移民的文化融合取向相同时，他们之间的关系是最和谐的②。Laroche 等人（1997）强调个体对外围主流文化的学习和对本民族文化遗产的保持在文化融合中的重要作用，他们认为文化融合是获得新的文化特征和保存文化遗产，或者是个体获得主流文化的过程。

个体层面的行为与群体层面的文化背景是相互作用的，生活在相同文化背景中的个体在文化融合过程中存在差异。沃德（Ward，1996）也主张关于文化融合的研究应该在两个层面上进行：群体层面和个体层面。群体层面的文化融合研究主要探讨一个较为边缘化的文化群体在与主流文化群体接触后，其习俗、传统、情绪表达、价值观、规范等文化特征的改变过程。沃德认为，文化融合可以分为两种类型：心理融合和社会文化融合。心理融合主要指心理或情感上的快乐和满足感，而社会文化融合指的是获得可以成功应对或融入特定社会文化或环境的技能。

马里诺等人（Marino et al，2000）把文化融合分为行为融合和心理融合，认为行为文化融合是个体对主流文化以及与当地主流群体互动的程度和生活方式的融合，而心理文化融合是较边缘化群体与主流群体在人际行为、人文观

① BERRY J W. Acculturation: living successfully in two cultures[J].International journal of intercultural relations,2005,29(6):697-712.

② BOERHIS R Y,MOISE L C,PERREAULT S,et al.Towards an interactive acculturation model:a social psychological approach[J]. International journal of psychology,1997,32(6):369-386.

念、人类活动、人与自然关系和时间观念等方面的一致程度。

以上主要是国外学者对于文化融合的一些概念界定。中国学者近几十年开始涉足文化融合领域的研究。他们常常将文化融合视为一个群体过程，从人类学的视角关注文化融合、文化变迁、文化消亡和文化保护。例如，刘毅（1993）认为文化融合两个过去独立存在的文化系统进行持续的联系和接触，导致一种或两种原始文化模式发生大的变迁。冯瑞（2002）认为，文化融合是两个或多个不同文化体系之间发生持续的联系与接触而导致一方或双方原有文化模式变化。杨菊华（2009）提出，"融合"意味着移民与移居地原住民之间的互相协调和适应，移民带来的文化与本地文化之间相互融汇、相互渗透，最终形成一种"具有新意的文化体系"①。李晓东（2003）在《全球化与文化整合》一书中写道："文化的融合首先是实践的产物，是人类不同的地域文化形式在与异质文化的交流与互动中，实现在改变对象的同时也使得自身发生改变。"②也就是说，文化融合是不同文化接触、碰撞和认可的过程，对各自的文化有着重要的影响。陈平认为："文化融合不是整合形成另一种文化，而是赋予原有文化生命力和发展动力的有层次的互动过程。"③

随着国际移民数量的迅速增长，越来越多的学者开始关注文化融合的问题。在超星数据库中查找发现，2002—2020年，以文化融合为主题的文献由最初的2篇攀升到4 320篇，然而其中对于文化融合这一概念的界定仍然存在很大争议。

在文化融合概念提出后相当长的一段时期内，学者对"文化融合"的理解带有同化主义的色彩，有的学者④甚至将"融合"（acculturation）等同于"同化"（assimilation），即"向迁入国学习其文化的元素并逐渐成为其文化群体的一员的过程"。Brubaker将"同化"表述为从一种同质形式向另一种同质形式的转化⑤。芝加哥学派颇具影响力的人物罗伯特·艾兹拉·帕克（Robert E. Park）和欧内斯特·W.伯吉斯（Ernest W. Burgess）指出："同化是相互渗透

---

① 杨菊华.从隔离、选择融入到融合：流动人口社会融入问题的理论思考[J].人口研究,2009,33(1):17-29.

② 李晓东.全球化与文化整合[M].长沙：湖南人民出版社,2003.

③ 陈平.多元文化的冲突与融合[J].东北师大学报,2004(1):35-40.

④ KIM Y Y. Cross-cultural adaptation: An Integrative theory [M]. CA: Sage,1995.

⑤ BRUBAKER R. The return of assimilation? Changing perspectives on immigration and its sequels in France, Germany, and the United States[J] Ethnic and racial studies,2001,24(4):531-548.

和融合的过程。在此过程中，个人和群体获得了其他个体或群体的记忆、情感和态度，通过分享他们的经历与历史而与他们整合进入到一种共同的文化生活中。移民在进入一个陌生的国家和环境后，必须融入当地的主流社会，必须掌握他们的语言、了解当地社会状况、寻找就业机会。也就是说，只有与目的国社会文化同化才能增加这方面的机会。"人类学家趋向于使用"文化融合"来关注源文化与新文明进行文化接触之后的变迁；社会学家则更倾向于用"同化"来解释移民在与主流社会接触后对主流社会生活方式的逐渐顺从。有的学者认为"同化"和"文化融合"彼此是对方的一个阶段或形式。例如，戈登（Gordon，1964）把文化融合看作同化的一个阶段，提出了文化融合的同化阶段模式，如表2-2所示。

表2-2　戈登同化阶段模式

同化类型	具体表现
文化或行为同化 结构性同化 身份同化 联姻性同化 态度接受性同化 行为接受性同化 公民性同化	学习并接受主流文化的典型特征 与主流社会成员及组织建立正式联系 对主流文化产生归属感 与客居地成员通婚 对主流文化与主流群体再无偏见 再无歧视性意识 与主流社会再无价值观与权力的争斗

资料来源：Gordon，1971

在这个同化模型中，戈登认为，文化或行为同化可能会首先发生，但其他类型的同化可能不会紧随其后。因此，相比之下，结构化同化可能会带来其他类型的同化。他认为文化融合与身份融合是单向的，移民会融入新环境中的文化，逐渐认同自己为迁入地的一员。贝瑞则把同化看成个体在文化融合过程中所使用的四种策略中的一种。特斯克（Teske）和纳尔逊（Nelson）把文化融合和同化看作在许多维度方面存在差异的两种不同的过程，认为文化融合应是双向互动的概念，即融入者和被融入者通过互相交融、互相渗透实现融合，形成在一定程度上具有包含性的新的文化体系；而同化是单向的影响，即主流群体单方面对移民群体施加影响，是移民群体在语言、行为、饮食习惯、着装、文化习俗及价值观念上融入主流群体的过程。

1954 年，美国社会科学研究委员会（Social Science Research Council，

SSRC）^① 在罗伯特·雷德菲尔德等人所提出的文化融合的定义中增加了一些描述，将文化融合定义为："当两个或两个以上独立的文化体系在合并时所产生的文化变迁，是一种动态的变化，是对价值体系、整合与分化、代际发展顺序、角色决定因素和个性因素的操作的选择性融合所产生的结果，也可以是个体对传统生活方式的反向融合。"这一定义更好地区分了文化融合及同化。Searle 和 Ward 认为，文化融合是一种技能，可从心理融合和社会文化融合两个维度进行考察。心理融合主要基于情感反应，考察旅居者对新的文化环境与生活的满意度以及他们的心理健康状况；社会文化融合主要是指旅居者融入当地的社会文化环境的能力，包括与迁入国群体建立和保持关系的能力，有效互动的能力等^②。他们提出的文化融合的分类方式得到了大部分研究者的认同。

文化在发展演进的过程中必然融合，并且融合也在互惠和互补中不断寻求一种平衡。文化融合是指具有不同特质的文化相互接触、相互交流、彼此接纳、和谐相处，不断创新和融会贯通，并以此构建良性的互动交往的过程。文化融合不是消灭文化差别，而是向着一个更高的发展目标，形成一种相互认可、趋向统一、相互"渗透、交融、互惠、互补"的新的文化发展架构，如图 2-1 所示。

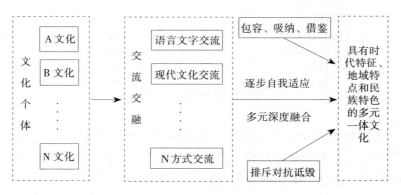

图 2-1 多元文化融合框架图

文化融合探究人们在与他人的交流中所发生的"变化"（change）以及这

---

① BARNETT H G,SIEGEL B J,VOGT E Z,et al. Acculturation: An exploratory formulation [J]. American anthropologist,1954(56):973-1002.

② SEARLE W, WARD C. The prediction of psychological and socio-cultural adjustment during cross-cultural transitions [J]. International journal of intercultural relations, 1990,14(4):449-464.

些变化的原因和结果。它不是一成不变的单维度概念，而是以渗透、交融、接纳、互补为特征的动态的、渐进式的、双向互动的状态和过程，是一个"求同存异"和"兼容并包"的过程。这种过程不是线性的，而是循环的，表现为压力—调整—前进的动态过程。这个过程就像一个螺旋弹簧，在压力作用下前进两步，后退一步，再前进一步，逐步向前推进。文化融合既包含对新文化的深层文化因素的吸收，也包含对本源文化的维护。文化融合是移民社会融合的某一具体阶段，是移民实现社会融合的第一步。这一阶段中的个体既重视保持本民族的传统文化，也注重与其他群体进行日常的交往，通过群体间的相互交流、相互接纳、和谐相处形成一种相互认可、趋向统一的新的文化发展架构。文化融合的结果包括文化和社会技能的提高、对新文化中的价值观和行为准则的敏感性以及跨文化交际技能的获得等[①]。如果移民在文化上和社交上都做好了充分的准备，就能够在新的社区文化环境中保持积极、健康的社会关系，获得事业上的成功[②]。

人类文明的发展史就是一部民族交融、民族性格互补的历史。每个民族都有自己独特的民族文化，移民群体对其民族属性的坚守是一种客观存在的文化现象。文化融合包含两个方面：一是对新文化的价值观与行为准则的理解和吸收；二是对本源文化的维护。文化融合并不要求移民一定要接受新文化中的行为准则和价值观，但要求他们必须意识到这些差异的存在，并能做好有效应对这些差异和变化的准备[③]。通过文化融合，人们可以消除不同文化群体之间的"文化误解"，扩大"文化共识"，实现不同文化群体之间的和谐共处。

不过，赋予源文化生命力和发展动力不是将源文化简单地整合到另一种文化中去。当不同文化相互接触时，人们往往都会坚持自己的文化"灵魂"而排斥其他文化。长期以来，人们就习惯于按照自己的思维方式和行为模式行事。跳出自己的文化巢穴，以平等的心态去理解他文化的陌生话语并不是一件容易的事情。然而，在文化融合的过程中，各种文化要素的组合取舍加上各种矛盾的运动与调适使文化更加丰富多彩、更加充满活力。

目前，国内学界通常使用"融合"一词描述移民在迁入国的互动状况。

① CASTRO V S. Acculturation and psychological adaptation[M].westport, CT:Greenwood Press, 2003.
② LAFROMBOISE T,COLEMAN H L,GERTON J.Psychological impact of biculturalism: evidence and theory[J].Psychological bulletin,1993,114(3):395-412.
③ MASGORET A,WARD C.Culture learning approach to acculturation[M].New York: Cambridge University Press,2006.

"融合"与"融入"虽然只有一字之差，但含义却"失之毫厘，差之千里"。"融合"是一个双向的过程，即源文化和迁入地的文化互相渗透，最终融汇到一起，某种程度上形成了一种新的文化体系；而"融入"则是一个单向的过程，通常指的是移民在经济、文化、行为、价值取向这几个方面融入迁入地的主流文化体系中去。融入是前提与基础，是融合的第一阶段，但这其中实际上蕴含着一种不平等的关系。通常情况下以流入地文化为主、移民自身的文化传统或者习俗为辅；迁入地的文化处于主导地位，而移民的源文化则处于弱势地位。然而，融合的最终目标是使不同文化可以相互协调共存，融合反映出的是一种相互渗透、平等交融、互利共赢、优势互补的关系，一旦实现了融合，移民就真正成了主体社会中的一部分。

文化融合的概念与跨文化适应（cross-cultural adjustment/ adaptation）紧密地关联在一起，文化融合是指个体与其他文化群体成员持续不断接触后所经历的心理和行为变化。跨文化适应主要涉及跨文化接触交往者的行为与心理的变化，强调个体可以积极地运用各种技巧加强个体内部与外部环境之间的和谐关系的过程，较多用于短期、浅层的调整；而文化融合则主要涉及认知、态度和价值观的变化。

各国学者尝试用不同的模型和理论阐述文化融合理论。在文化交际过程中，文化融合过程中的要素有：刻板印象、跨文化意识、文化休克、濡化模式和生产性双语。例如，Brown（1986）提出移民人群在接受东道国文化之前对其有一个刻板印象（stereotype），这种固有的文化习惯和思维习惯会导致他们对其他文化产生排斥，从而阻碍他们融入东道国文化①。

文化融合有两个维度，一是维护自身本土文化（native culture）的身份；二是维护与当地社会群体的关系。这两个维度合在一起，可以形成四种文化融合的态度。人们认为维护本土文化和维护与主流群体的关系同等重要，即在保留本族文化特征的同时努力融入新的文化，这是一种整合（integration）的态度；只维护本土文化，不重视与主流文化群体的关系，即坚持本族文化，刻意减少与新文化的接触，这是一种隔绝（separation）的态度；重视与主流文化群体的关系而不注重维护自身文化，即抛弃原来的本族文化，完全融入新的文化的人的态度是同化（assimilation）；最后，那些既不维护自己的文化，也不重视与其他文化群体接触的人的态度是边缘策略（marginalization），他们处于新的文化环境中，既丢失了原有文化，又没有接收到新的文化。

---

① BROWN R. Social psychology(2nd edition)[M].BiRkshire: Newbury,1987.

一些学者认为，在不同的社会文化空间中，个体会选择不同的文化融合策略和态度。西班牙心理学家纳瓦斯（Navas）区分了政治和政府系统、劳动和工作、经济、家庭、社会、宗教信仰和风俗、思维方式和价值观7个文化领域。个体可以选择在某些领域保持源文化，在另一些领域融入主流群体。纳瓦斯认为，在文化融合过程中，人们往往在物质和技术文化领域表现得更为现实，而在意识形态领域相对保守[①]。Arends-Tóth 和 Van de Vijver 通过对荷兰的土耳其移民进行实证研究发现，移民通常会在公共领域和私人领域使用不同的文化融合策略：他们在公共领域采用文化融合策略，因为这样会有助于其得到社会认可和更多机遇；而在私人领域（如家里），他们更喜欢保持自己原有的文化传统习惯[②]。

本研究综合各国学者的观点，认为文化融合是指具有不同文化背景与不同文化特质的两个群体之间发生持续的、直接的文化接触与联系，从而导致移民的源文化与流入地文化互相渗透，给一方或者双方带来文化模式和原有价值体系改变的过程，这一过程中的文化既包括有形文化元素，也包括无形文化及象征符号。从个体角度来说，这种变化的过程有两个目的：一是维持自身正常的生存和发展模式；二是维持自身和迁入环境之间的平衡状态。文化融合是文化间相互影响、相互改变的过程。文化融合的结果并不意味着一种文化的消失或另一种文化的全面胜利，而是不同的文化在接触、碰撞和交流的过程中既保留了源文化的闪光点，又能在文化交流中创造出新的文化。因此，文化融合的过程就是新文化产生、创造的过程，促进了多元文化的共同发展和繁荣。

文化融合不是消灭文化差别，而是通过群体间的相互交流、相互接纳、和谐相处，向着一个更高的发展目标，形成一种相互认可、趋向统一的新的文化发展架构。文化融合不是一成不变的单维度概念，而是以渗透、交融、接纳、互补为特征的动态的、渐进式的、双向互动的状态和过程。文化融合对相互接触的双方的文化群体都有影响。但是，对于进入异文化的个体来说，新文化环境对他的影响是广泛而深远的，而个体对整个异文化环境群体的影响是很小的。因此，文化融合问题研究的重点是进入新文化环境的移民或短期居民的融合研究。

---

① NAVAS M, GARCA M C, SANCHEZ J,et al.Relative acculturation extended model (RAEM): new contributions with regard to the study of acculturation[J].International journal of intercultural relations,2005,29(1):21-37.

② ARENDS-TÓTH J, VAN DE VIJVER F .Multiculturalism and acculturation: views of dutch and turkish-dutch[J].European journal of social psychology,2003,33(2):249-266.

（二）文化融合的表现形式

1.语言的融合

在交际过程中，不同的语言体系会主动或被动地融合。日语体系是主动融合的典型代表之一。从1000年前的汉语对日本平假名与片假名的创立d影响，到现代日语中的外来词汇（如英语、德语、法语等形成的片假名词汇）都表明日语积极吸收外来词汇，扩大并形成了自己的语言体系。被动融合现象的典型代表是英语被融入其他语言系统的过程。随着互联网、信息技术和经济全球化的发展，英语的被动融合现象日益突出，该现象也反映了经济、技术和文化的融合。语言在融合的过程中不仅丰富了自身的语言体系，而且提高了语言工具使用者的信息素养，从而促进了整个语言群体的技术、经济和文化的交流与发展。

2.民族与习俗的融合

不同的族群有着不同的风俗习惯和生活习惯。随着国际交往范围的扩大，各民族之间的交往越来越密切，生活习俗和生活习惯也逐渐融合。例如，西方节日（如情人节、圣诞节）在世界范围内流行，中国的春节、端午节和中秋节在世界范围内的影响也有所扩大。民族风俗的融合是人们交流增加和信息来源扩大的结果。

3.价值观的融合

价值观是风向标，是决策系统的基础，不同的价值观会形成不同的决策选择。信息意识和价值观决定了决策中的信息来源、信息场、决策方法和评估体系等。博弈论和换位思维的广泛应用是价值观融合的结果和表现。

4.综合形式

文化融合通常涉及复杂多样的主体和客体，因此在实践中融合的方式和表现也不尽相同。它不仅涉及上述语言、民族习俗、价值观领域，还涉及创新和延伸的领域。

三、文化融合研究的基本理论和模型

（一）文化融合研究的基本理论

1.学习过程模式

学习过程模式认为文化融合的过程是移民持续学习迁入国社会文化习俗（包括认知和行为规则）和获得跨文化沟通能力（intercultural communication competence）的过程。社会学领域和心理学领域的学者更注重新环境下对认知和行为规则的习得，而传播学者更强调必要的语言和非语言沟通技能的习得，以便有效和适当地与当地人互动①。

该模式的著名理论有古迪昆斯特（Gudykunst）的避免不确定性和焦虑理论。随着个体的成长，熟悉的语言、手势、表情、行为规范逐渐成为他们文化的一部分，人们依靠这些线索来保持思想的平静。当个体接触新的文化环境时，这些通常被忽略的线索大多会丢失或具有不同的含义，从而导致"方向迷失"。它令人困惑，感受到不确定和压力，甚至产生焦虑、抑郁和敌意。正如理查德·布理斯林（Richard W. Brislin）②所说："人类神经系统的运作方式是所有行为和感知模式都在不知不觉中得到了处理。"长期以来，我们早已习惯了自己的文化，对自己的文化视而不见，而一旦脱离它来到另一种文化中，就像一条鱼离开了熟悉的池塘一样。文化就像我们呼吸的空气一样，我们赖以生存，但我们看不到它，只有当我们"偏离我们所熟悉的东西"时才会注意到它③。移民必须通过学习来习得交往的技巧，以适应新的文化环境，减少焦虑感。

根据古迪昆斯特（Gudykunst）和海默（Hammer，1988）的理论，有八个变量决定了新文化环境下移民的"不确定性和焦虑"程度。这八个变量是迁入国的社会支持、共享的社会网络、迁入国成员对自己的态度、双方偏好的交际方式、刻板印象、文化认同、文化的相似之处、第二语言能力。

2. 认知知觉模式

这一模式源自系统论。认知知觉模式理论认为，在没有外界刺激和干扰的情况下，个体处于稳定的精神状态。当个体暴露于不同的文化中时，人们"惯常"的生活方式、行为方式、思维模式和价值观念都会受到影响，从而导致人们的认知、行为和情绪发生变化，这些变化所引起的压力将导致机体内部的认知系统做出调整。一些研究者称之为"压力—应对模式"。这一模式的著名理论是本内特（Benett）的跨文化敏感性模式和金荣渊的压力适应成长理论。

本内特（1984）将对新文化的敏感性培养作为获得文化融合能力的途径，

① WISEMAN R L. Intercultural communication competence[M]//GUDYKUNST W B.Cross-cultural and intercultural communication. Thousand Oaks, CA:Sage,2003:191-208.

② DINGEG N G, LIELXRMAN D A. Intercultural communication coping with stressful working situations[J]. International journal of relations,1989,13(3):371-385.

③ EI-KHAWAS E. The many dimensions of student diversity[A]//KOMIVES S R,WOODARD D B.Stmient services: a handbook for the profession.San Francisco: John Wiiey &Sons,2003(4):45-52.

提出了跨文化敏感模式。该模式包括六个分析步骤：否定，否定人与人之间文化差异的存在；防御，保护个人的核心世界观不受威胁；最小化，通过隐藏文化共性中的差异来保护世界观；接受，逐渐接受行为差异和潜在文化差异的存在；适应，逐渐适应文化差异，成为双文化者或多元文化者；融合，接受和融入异文化。

　　韩裔美籍跨文化传播学者金咏芸（1995）的文化融合理论从动态的角度解析不同文化中个体的行为方式。他认为，文化融合是一个长期的积累过程。刚到不同文化环境的人可能会经历文化冲击、焦虑和逃避，这些经历会促进他们融入新国家的文化。在融合的过程中，个体如果感到有压力，就会进行调整，退回到压力减轻、更加放松的状态，以应对旧认知模式的失败。在这个调整阶段中，个体重新组织他们的认知模式和情绪，聚集力量，进一步尝试新模式，如此螺旋式前进，像弹簧一样退一进二，在压力下逐步螺旋推进，不断融入异文化（图2-2）。文化融合的过程一定伴有不同程度的原有观念或行为的丢失。文化融合的速度取决于个体在不同文化中的人际交往沟通能力、交流的亲密程度、对源文化的维护程度以及异文化对外来文化的包容度，还与个体的年龄、性格、动机、自我形象以及个体融入异文化的意愿、素质、开放性和心理韧性等因素有关。

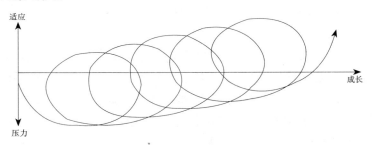

图2-2　文化融合阶段中的压力应对—成长动力图

（资料来源：Young，1980）

　　这个模式中另一个重要的理论是社会认同理论（Colleen Ward，Stephen Bochner and Adrian Farnham，2001）。社会认同理论发源于现代社会心理学，并受到认知研究的影响。它关注的不是外来移民的外部行为和内部情绪，而是外来移民的社会认知变化，包括移民的感知、归因、期望、态度及价值观。在与他文化长期接触的过程中，移民会思考自我定位，思考自己的母文化、价值观与当前居住国的文化、价值观之间的关系；思考是丢弃对源文化的认同，吸纳主流文化的价值观、态度和行为，还是坚持源文化的价值观和思维模式，不接受主流文化（Olmeda，1979）。这些内在的认知将影响移民的文化融合。

3. 复原模式

复原模式更侧重于移民的学习过程，包括"从异质文化的边缘到中心，从否定到理解和同理心的渐进式心理之旅"。复原模式的著名理论是利兹格德（Lysgaard，1955）提出的U型曲线理论及在该理论基础上发展而来的W型曲线理论。U型曲线理论和W型曲线理论认为，文化融合是一个从兴奋（蜜月期）开始，逐渐进入危机期，最终在新的文化环境中逐渐融合的动态过程。这个曲线图的具体表现形式因个体和文化环境的不同而相异，融合中受到的文化冲击的轻重程度也各不相同。

利兹格德的文化融合动态过程U型曲线图代表了移民的融合在初步融合阶段、危机阶段和再次融合阶段的渐进过程中的情绪变化，它非常典型地表现了接触—冲突—融合三个阶段的轨迹（图2-3）。

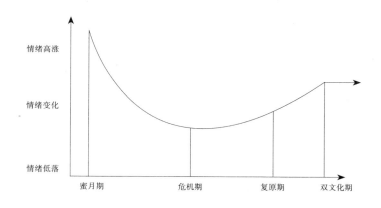

图2-3 U型模式图（U-curve model）

（资料来源：Oberg，1960）

起初，移民刚刚来到一种新文化环境中，由于新鲜感而情绪高昂，享受新文化带来的新颖感觉，会感到容易融入；接着，逐渐进入危机四伏的曲折阶段，与当地居民的联系增多，个体开始出现语言障碍等各种问题，文化冲击所引起的挫折感和焦虑感使情绪逐渐低落；再接着，对新的文化环境逐渐熟悉起来，个体试图走出困境；最后，个体慢慢与新群体融合，情绪重新回升。其融合过程根据移民满意度的变化从高到低再到高呈现为一个U型曲线。

1960年，美国人类学家卡尔维罗·奥伯格（Kalvero Oberg）对移民的文化融合问题进行了追踪与调查，首次提出了"文化冲击"[①]的概念，亦称"文化休克"（culture shock）。他将其定义为"个体初次进入不同于母语文化的全新文化环境之后，由于突然失去熟悉的、常见的社交互动符号和象征，对于对方的社会符号不熟悉，而产生的一种生理和心理上无所适从的深度精神焦虑"，进而开始对新文化中的各种方式表示不满意，将旧的方式理想化，并用偏见和刻板印象对东道国文化进行负面评价。很多学者赋予了文化冲击消极的意义。他们认为文化冲击是一种病态，在遭受冲击时，因为缺失归属感、想家或感到不适，人们通常容易生气或沮丧。但是，文化冲击对移民也有正面的影响。"文化冲击"的实质是文化主体之间价值观的冲突，因为双方所处的社会地位和经济利益不同，人们对同一问题持有不同的价值判断和评价，保持不同的立场和态度，所以采取各种措施以改变某种社会现象时，就会出现文化碰撞。

　　文化冲击是每一个移民个体都必须面对的一道坎，是不可避免的过程。当个体进入新的文化环境时，他必须与具有不同文化背景的人们交往互动，而交往成功与否取决于他的跨文化交际能力。只有具备跨文化交际能力，移民才能更好地融入新环境。奥伯格将文化融合的过程分成四个阶段。第一阶段为蜜月期，个体初踏入异文化的环境，对新环境充满新鲜感，陶醉在新奇的感受中；第二阶段是危机期，个体在新环境中的交流出现障碍，产生不愉快、挫折、沮丧、焦虑等情绪；第三阶段是复原期，个体着手解决新文化情境中的危机，逐渐融入新的文化，并对此感到些许满足；第四阶段是双文化期，个体感知到了新环境中存在的正向和负面的因素，可能对新环境产生一种归属感。考虑到经历过这几个阶段的移民若重新回到原来的文化中，则不得不再一次经历一个类似的 U 型曲线融合过程，体验"二次休克"，Gullahorn（1963）将此 U 型曲线扩展为双 U 型曲线模型，又称 W 型曲线（W-curve）模型。在 W 型曲线中，Gullahorn 添加了返回到原文化环境中的融合阶段，并认为，当移民返回自己的祖国时，往往需要重新融入祖国的文化，经历"回归文化冲击"（reverse culture shock），而此融合过程是新一轮的 U 型融合过程。这个新一轮的 U 型融合过程同先前在迁入国的 U 型曲线相连，形成 W 型融合模型。

　　这三种研究模式都从不同侧面揭示了文化融合的本质，即个体在接触异文化时异文化引起的情感影响和认知不一致以及由此导致的行为改变。学习过程模式强调移民与所处环境之间的互动，以及社会技能和社交互动的重要性；

---

① OBERG K.Cultural shock: adjustment to new cultural environments[J].Practical anthropology,1960(3):142.

认知知觉模式强调陌生环境带来的压力和由此产生的一系列问题，以及如何应对这些问题；复原模式强调文化融合的过程和动态。

（二）文化融合的理论模型

文化融合的相关理论类型众多，世界各国学者都提出了他们自己的理论框架和模型。文化融合模型即文化融合中移民对新文化和源文化的认同和行为倾向上的态度和融合策略或方式。文化融合的模型从最早的一维线性模型发展到贝利经典的二维融合模型，最后发展为一些研究者在贝利模型基础上发展的补充模型。沃德等人从文化认同的角度提出了文化融合模型，提出了跨文化心理学 ABC 理论。这些理论模型的构建、验证和比较促进了文化融合理论的发展。学者们主要提出了三种文化融合模型。

1. 一维线性模型

一维线性模型最早由 Parks 和 Miller 在 1921 年提出，戈登等人（2001）进一步发展了该模型（Flannery et al.，2001）。该模型体现了美国社会所倡导的"熔炉"概念和对美国移民"美国化"的期望（图 2-4）。

戈登（1964）认为一维线性模型解释的是个体从源文化逐渐被完全同化入迁入国文化的过程是一个单向的、不可避免的过程；个体总是位于一个连续体的某一点上，一端是保持源文化的传统、观念和思想等，而另一端是接受主流新文化，位于这一连续体中间的为双元文化状态（biculturalism），其表现为个体在接受主流群体文化的同时又维护着他们自己的传统文化。

图 2-4　一维线性模型

也有一些研究者将移民在融合过程中遇到的困难归因于个体缺乏同化迁入国文化的能力。戈登认为，双元文化状态是文化融合的短暂阶段，因为他相信，个体受主流文化影响越大，受源文化影响就越小。换句话说，个体会在接受迁入国文化的同时逐渐丢失其源文化的属性特征。文化融合的最终结果是个体完全丧失源文化中的价值观、态度和行为，最终成为主流文化的一员，并完全被主流文化所同化，完全采取主流文化的行为模式。该理论认为，移民在文化融合过程中的压力体验是由于他们未能成功地被主流文化所同化（Bourhis，1997）。

该理论提出后的几十年中，该模型一直被用来解释移民的融合问题。早期美国社会的"熔炉论"（melting pot）便是一维线性模型理论的具体体现，其认为所有移民文化都会融合成一个文化。但是，这种一维模型具有局限性，即没有对源文化进行深入的考究，无法进行文化融合的全面研究。实际上，这种模型与实际情况不符，无法解释文化融合过程中出现的各种现象和问题，也无法解释个体对两种文化都能接受的情况。在现实中，个体在接受新文化的同时，并不会放弃对源文化的维护，而且接触的文化群体双方都将经历文化融合的过程。特别是在多元文化社会中，个体接受主流群体文化并不意味着源文化的减弱和丢失，个体可以同时接受两种文化，在两种文化之间取得平衡，文化融合的结果不一定是被主流文化同化。因此，一维模型不能体现真正的双重文化融合，即同时接受和保留源文化及新文化的现象（Mendoza，1984，1989；Padilla，2003；Ramirez，1984；Szapocznik & Kurtines，1980）。20世纪70年代，各国学者就针对此一维模型的局限性提出了质疑和挑战，纷纷提出了更为合理的理论模型。

2. 二维模型

尽管一维线性模型理论在很长一段时间内占统治地位，但存在着理论上缺少一致性、不够全面，且研究范本单一等问题。20世纪70年代后续的研究逐渐表明融合并非线性的。加拿大跨文化心理学家贝利（1984）提出了二维模型，解释了个体在文化融合中对源文化和主流群体文化的态度。他主张，应将个体对自身传统文化的维持程度和对主流群体文化的认同程度作为两个独立的维度来描述和测量，而不是作为一个连续体的两端。他认为，高度认同一种文化并不意味着完全排斥另一种文化或者对另一种文化的认同度降低。贝利的文化融合模型围绕着心理融合（psychological acculturation）过程的研究主要集中在三个方面：文化融合的态度、在新环境下的行为或生活方式的改变、文化融合的压力（2005）。他认为，在文化融合过程中，移民面临着两个基本问题。第一，移民是否倾向于维护自己民族的文化传统和身份；第二，移民是否倾向于接触并参与主流群体活动，寻求与主流社会中他人或群体建立关系。

Birman（1994）在传统二维模型的基础上做了进一步的区分。在Birman看来，必须注意两个方面：一是身份上的文化融合（identity acculturation）；二是行为上的文化融合（behavioral acculturation）。移民对主流文化和非主流的文化的认同体现为高、低两个类别，因此身份上的文化融合可以分为四种：双文化、同化、传统化和边缘化。个体对主流文化和非主流文化的行为融合表现为高、低两个层次，行为上的文化融合也分为四种类型：双文化、同化、传统化和边缘化。Birman 的模型在二维文化融合模型上把个体对主流群体文化和源文化的认同以及行为进行了区分，并进一步根据个体对主流群体文化和源文化的倾向性对文化融合模式的类型进行了细分。

关于边缘化问题，布尔里（1997）认为，一些移民把自己从源文化和异文化区分开来，因为他们倾向于把自己看作独立的个体，拒绝归属于某个群体，认为自己既不是移民群体中的一员，也不是主流群体中的一员。但是他认为，在美国社会中，这样的个体可能更多地出现在重视个人主义的价值观取向的文化中。因此，这些人所采取的文化融合策略是边缘化或个人主义态度（individualism）。

3. 多维模型

随着对文化融合问题研究的不断深入，一些学者提出基于二维模型的多个维度来研究文化融合。例如，贝利（1980）在最初的二维模型基础上增加了第三个维度：主流群体对非主流群体成员文化融合的影响。多维模型是对一维线性模型和二维模型的发展，但目前尚无实证研究的检验。

布尔里等人（1997）也认为，二维模型的缺陷在于忽视了主流群体对外来移民文化融合的态度。实际上，国家或主流群体所采取的融合政策对外来移民的文化融合取向有着重要的影响。基于这一认识，他们提出了文化融合的多维模型，即"交互式文化融合模型"（interactive acculturation model）。该模型不仅考虑了移民的文化融合取向、文化群体之间的人际关系和群体间关系，还考虑了主流群体对于移民群体文化融合取向的态度和期望。融合是主流群体文化和异文化之间相互作用的过程，一方面，主流文化群体根据移民的来源、国家的政治、人口学的和社会经济特征决定不同的融合策略和倾向；另一方面，移民群体也会根据其出生地、社会阶层、年龄、性别或群体中的身份等不同因素选择不同的融合策略。移民和主流社会之间不同类型的融合将导致两个群体之间关系的不同，并可能导致矛盾甚至冲突。因此，在纳入第三个维度之后，从主流群体的角度来看，采取各种策略促进主流文化和少数族裔文化的融合即为熔炉政策（melting pot）；当主流群体对少数族裔强加分离策略时，分离策略对应的是种族隔离（segregation）；主流文化群体将少数族裔边缘化即为排斥政策（exclusion）；主流文化群体承认多元文化的重要性，推行文化整合即为多元文化政策（multiculturalism）。

布尔里的模型对贝利的模型进行了补充，将主流群体文化融合策略纳入移民文化融合的研究中，关注主流文化群体对非少数族裔文化融合取向的影响。由于多维模型变量较多、研究更加复杂，该领域开展的实证研究明显比二维模型少。然而，多维模型的理论和研究意义不容小觑，其可以更好地解释复杂的融合过程。

学者Rarmirez（1984）也提出了一种多维线性模型。该模型强调了不同语境下的文化融合。他认为，文化融合还应包括人们接触的不同文化生活领域中的变化。此外，纳瓦斯（2005）等人在前人研究成果的基础上提出了相对文化融合扩展模型（relative acculturation extended model，RAEM）。

从最初社会学对文化融合的定义中我们可以清楚地知道，参与文化接触的两个群体都会参与到文化融合的过程中来，即主流文化群体也不可避免地要经历文化融合的过程，也会遇到相应的问题。然而，在现实中，主流文化群体经历的变化通常要小于非主流群体，而移民经历的文化融合问题更加显著。

在这三种文化融合模型中，一维文化融合模型将文化融合视为单向线性过程，不能有效地解释移民文化融合过程中的各种现象，如个体接受主流群体文化但不抛弃自身本土文化的现象。二维文化融合模型和多维文化融合模型则可以更好地解释这一问题。然而，多维模型中影响文化融合的变量太多，所以研究更为复杂，以致于关于多维文化融合模型的研究仍处于探索阶段。因此，二维模型是当前文化融合研究中应用最广泛的模型，是多维文化融合模型的基础。另外，二维模型在理论研究和实证研究方面更加成熟。特别是贝利的二维模型，它是很多文化融合研究的理论基础。

四、国内外文化融合研究总结

（一）国外文化融合研究成果简述

作为早期文化融合研究的先驱，社会学家帕克提出边缘人（marginal man）概念，以此描述移民和跨文化冲突的现象。他把边缘人界定为存在于两种文化或多种文化的边缘的一种新型人格类型（Park，1928）。他的学生Everett Stonequist对边缘人理论进行了深化，指出移民、教育、婚姻等都是产生边缘性的方式，边缘人往往处于多种心理冲突中，其激烈程度因个体情况而异（Stonequist，1935）。后来，美国人类学家在总结前人研究成果的基础上对文化融合的概念进行了系统的探索。这些为文化融合研究奠定了基础。在早期的研究中，人类学家和社会学家主要关注土著居民和移民，讨论他们如何在与发达群体的接触中学习新的文化并融入新的社会环境。研究一般以集体层面为基础，关注文化融合对象的心理问题。第二次世界大战后，随着国际交流的发展，学者开始聚焦以外派工作者、留学生、海外游客为主体的移民群体，全面展开文化融合的研究进程。研究领域从人类学、社会学延伸到心理学、语言学、传播学、教育学、管理学等多个领域，形成了多学科、多视角的交叉研究方向。研究重点从群体层面转向个体层面的文化融合。

这一领域的跨文化心理学研究更多地关注个体层面，强调文化融合对移民心理过程的影响，尤其是其与心理健康的关系。文化融合为跨文化心理学的主要研究领域，许多跨文化心理学家也提出了相关研究的理论框架（Kang，2006），其研究领域包括文化融合周期、融合策略、身份认同和社会关系等（Ward，2001）。在文化融合的维度上，戈登（1964）的一维线性模型认为，在文化融合过程中，个体总是在逐渐摆脱原有文化，并最终完全融入主流文化，个体总是处于这一连续体的某个点上。这也被称为线性发展，因为它只强调同化的结果。后来，戈登等人进一步丰富了一维线性模型，认为同化过程发生在很多层面和阶段（语言、社会、经济等领域）（Flannery，Reise and Yu，2001）。贝利（1986）的二维模型将文化融合分为四种策略：整合、同化、分离和边缘化。这种观点得到了众多研究者的认可。在跨文化融合周期方面，利兹·格德（1955）提出了 U 型曲线假说，将文化融合分为调整、危机和再调整三个阶段，认为文化融合的过程中个体满意度呈 U 型曲线发展变化；奥伯格（1960）提出了"文化冲击"模型，将文化融合分为蜜月期、危机期、复原期、双文化期四个阶段；Gullahorn（1963）在 U 型曲线模型基础上发展了 W 曲线模型，考虑到了个体在重新回到原有文化中后需要经历的类似的文化融合过程。在文化融合与身份认同方面，Kim（2001，2008）将文化融合定义为个体在一个文化中完成最初的社会化过程之后，与新的陌生文化进行持续不断、长期直接的接触而发生变化的过程，强调文化融合是个体在交际能力、心理健康、文化认同与种族认同建构等方面能否成功地把自己转化为跨文化人的过程。在研究对象上过去对移民在新文化环境中的融合过程关注较多，现在对主流群体的关注也逐渐增多，原住民群体在多元文化冲击下努力维护自身本土文化，同时接受多元文化，主流文化对外来文化的接纳程度也被纳入文化融合的研究视角中（Berry，2005）。

国外文化融合研究主要产生了以下五种理论。

1. U 型曲线假说

1955 年，利兹格德提出了"U 型曲线假说"。他认为文化融合是一个动态的过程。它大致经历三个阶段：初始调整阶段、危机期和重新调整阶段，即以兴奋开始（蜜月期），逐渐出现危机，最后逐渐适应新的文化环境[①]。文化融

---

① LYSGAARD S. Adjustment in a foreign society: Norwegian Fulbright grantees visiting the United States[J]. International social science bulletin, 1955(7):45-51.

合过程根据移民满意度的变化呈现 U 型曲线模式。

2. 文化冲击 / 休克理论

1960 年，奥伯格提出了"文化休克理论"，指出一个人第一次进入一个不同的文化时会出现身体和心理的不适。他将初到异环境的人感受到的文化冲击描绘为一个包括蜜月期、敌视期、回避期和调整期四个情感阶段的过程[1]。他认为，文化休克是"突然失去了熟悉的社会交往符号和象征，对另一方的社交符号不熟悉，而产生的一种突然的担忧和无能感的深层焦虑症"，就像"突然离开自己生长的文化茧壳的一种不适感"。受到文化冲击的人们会开始对新文化中的各种方式感到不满，将旧的方式理想化，并怀有偏见和定势地对迁入国文化做出负面评价。然而，早期关于文化冲击的研究存在一定的局限性。学者主要以主观感受的方式来描述文化冲击，这种描述既缺乏实践依据，又不能充分表达旅居者的整体生活状况。

3. 五阶段假说

1975 年，美国著名心理学家阿德勒（Adler）提出了文化融合过程的五阶段假说，将文化融合分为五个时期：接触阶段（contact）、不统一阶段（disintegration）、重新整合阶段（reintegration）、自治阶段（autonomy）和独立阶段（independence）。

第一，接触阶段。个体刚进入异文化环境时，新环境的各种新颖特征激发了个体的好奇心，使个体产生了强烈的兴趣。

第二，不统一阶段。个体开始察觉到文化差异，经历文化压力，并感到困惑和沮丧。在这个阶段中，个体常常缺乏对新文化的了解，无法找到融入新文化的线索，很难预测到他在新环境中的地位和作用。

第三，重新整合阶段。个体否认文化差异，并可能有抵触、攻击的倾向，开始质疑和否定异文化中的行为，坚持己见，维护自尊心。

第四，自治阶段。开始承认文化差异，消除个人心理防御，在人际关系上、语言上与环境相协调，对新环境更加满意。在这个阶段，个体开始变得冷静、自信、有控制力。

第五，独立阶段。个体对文化差异有了更深刻的认识和理解，可以体验丰富的情感生活，可以采取行动以实现自我价值，可以承担社会责任，逐渐顺利地开展日常生活。

---

[1] OBERG, K. Cultural shock: adjustment to new cultural environments[J]. Practical anthropology,1960,7(4):177-182.

但上述五个融合阶段因人而异，会因与异文化环境的接触形式不同、个体生活背景不同而出现不同的状况。

4. 四类型模型

国际跨文化心理学会创始人之一约翰·贝利（John W. Berry）提出了整合、同化、分离和边缘化四种类型的文化融合模型。第一，整合。如果个体既重视维护自己原有的文化身份和价值观，也接受新文化的价值观和行为准则，并同主流群体保持日常的交往，那么他／她采用的就是整合的策略。第二，当非主流群体中的绝大多数人放弃对自己原有的文化的认同，完全采纳新文化的价值观和行为准则，频繁地参与到与主流文化群体的日常交往中时，他们将完全融入主流文化，这是同化的策略。第三，当个体非常重视维护自己的原有文化，希望保持自己的母国文化，拒绝接纳新文化的思想和行为方式，限制和避免与新文化交流时，他们会将自己封闭在原有文化中，而避免与主流文化群体往来，采取分离的策略。第四，当个体既不重视维护自身的原有文化，也不认同和接纳主流文化，无意与主流文化群体交往，处于两种文化的边缘地区时，个体采取的文化融合策略就是边缘化。在贝利的跨文化融合模型中，移民可以选择接受或拒绝迁入国文化，也可以选择保留或放弃其原有的文化身份。

除了上述四种不同类型的文化融合外，贝利还提出了移民在文化融合过程中会产生文化融合压力（acculturative stress，也称涵化压力），即移民在文化融合过程中会出现心理健康状况下降的现象，包括抑郁、焦虑、疏离感、身份困惑等（Berry，1990）[①]。贝利认为，引发文化融合的生活变化（如移民行为）有时会给移民带来新的发展机会，但也有时会给移民带来压力，并使移民出现心理健康问题。贝利认为，个体对文化融合策略的选择对他们文化融合的结果有重要影响。在上述四种模式中，边缘化的态度往往会导致文化融合失败；采取整合策略的个体在文化融合过程中承受的压力最小，所以此策略通常是最佳的；而采取同化和分离策略的个体在文化融合中承受的压力中等。在一项对来自不同国家的年轻移民的跨文化融合的比较研究中发现，倾向于采用整合策略的移民具有最佳的心理和社会文化融合状况，而那些对其文化取向持模糊态度的移民、对自己的人生目标感到迷惑的年轻移民的文化融合最差[②]。贝利把移

---

① BERRY J W. Psychology of Acculturation: Understanding individuals moving between cultures [M]. Thousand Oaks:Sage Publications Inc., 1990: 232-53.

② BERRY J W, PHINNEY, J S SAM D L,et al.Immigrat youth: acculturation, identity, and Adaptation[J]. Applied psychology, 2006,55(3):303-332.

民和迁入国社会看作两个独立的维度来解析，移民可以自行选择接受或拒绝迁入国文化，也可以维护或放弃自己原有的文化身份。

5. 文化融合过程模型

新西兰心理学家 Colleen Ward 提出了文化融合过程模型，该模型集中概括了文化融合的过程以及影响文化融合的各个层面的因素。这是对现有的文化融合问题进行研究的一个较为全面和系统的整合。这一模型将个体层面和社会层面的影响因素系统地结合在一起，不仅有助于推动文化融合研究理论的构建和文化融合研究的进一步发展，还为以提高移民的文化融入能力为目的的跨文化培训提供了一系列有价值的切入点。

（二）国内文化融合研究概况

国内文化融合研究起步较晚，且研究对象主要是留学生、商人及对外汉语教师。20 世纪 90 年代之后，越来越多的中国学者开始关注文化融合的研究，关于外籍居民文化融合的研究也逐步增多。纵观以往国内文化融合研究成果，根据相关研究资料，主要可将其归纳为以下几个方面。

1. 交际学视角的跨文化研究

陈向明（1998）在论文《旅居者和"外国人"——留美中国学生跨文化人际交往研究》中通过开放式访谈、参与式观察等方法，从横向和纵向两个维度研究了在美国学习的中国学生的社会互动与文化融合问题。横向研究着重考察中国学生在跨文化交际中的感知、态度、价值观、行为规范、交往方式、交际特征等；纵向研究侧重于中国学生在抵达美国后八个月内与当地居民交往互动的过程，以及他们的价值观和互动方式上的变化。胡文仲（1992）《文化与交际》、关世杰（1990）《跨文化交流学》、贾玉新（1997）《跨文化交际学》、许力生（2004）《跨文化交流入门》等著作以交际为主要视角，综合讨论了交际与文化以及跨文化交际之间的内在联系。姜鹏（2007）《文化维度下的文化差异性与文化休克研究》、金秀芳（2001）《论跨文化交流中的"文化休克"现象》、陈平（2004）《多元文化的冲突与融合》等文章也分别探讨了交际及其影响因素与跨文化融合之间的相互关系。

2. 心理学视角的跨文化研究

华东师范大学基础心理学 Ismail Hussein Hashim 的博士论文（2003）《应激源感知和应对技巧的文化、性别差异：对留学生中国的非洲学生、日本学生和西方学生的跨文化研究》从应激感知的心理学角度探讨了来自世界各国的留学生来到中国后所面临的融合问题。另外，杨军红（2005）《在沪外国留学生来华留学心态调查》从心理学角度做了重要研究，而王晖（2009）在《跨文化心理学研究述评》中总结了目前跨文化心理学的研究现状和存在的问题，具有重要的参考价值。

3. 比较教育学视角的跨文化研究

林参天在《美国学生来华学习情况与分析》中对美国学者和学生来华学习和交流的情况做了实证研究，归纳出了影响文化融合的三个主要因素：语言障碍、学科设置的差异以及校外调研活动难以开展。

4. 社区文化融合研究

一些学者还研究了少数民族群体在主流群体文化中的文化融合以及在城市化过程中流动人口的文化融合问题。我国一些学者还开展了社区文化融合模式研究。侯玉兰（2005）描述了东西方文化差异在社区中的体现。王佩军（2003）在《关于社区开放与国际性社区发展的思考》中指出，在国际化社区中，不同语言、不同文化广泛交会共生。李慧玲（2008）在《跨文化的互动与认同——义乌"国际社区"多元文化的考察与思考》中提出了关于社区成员对社区服务需求的讨论。张华金在《跨国社区文化建设刍议》中指出"在现在的国际化社区中，社区居民仍基本保持着自己的文化传统、价值观念。因此，国际化社区居民之间难免会出现大大小小的矛盾，这就需要在相互尊重、相互理解的基础上开展交流"。另外还有建立"四位一体"的社区文化融合模式（张宏亮，2012）、搭建一站式社区公共服务平台（陈宇鹏，2012）等。

（三）简要述评

通过对既有文献的系统梳理，我们发现国外文化融合问题的理论研究已较深入和全面，研究视角众多。例如，从个体的角度研究移民心理状态、文化融合和生活满意度等；从社会关系的角度研究个体的人际关系和社会支持等；从行为角度考察个体在不同文化中的沟通技巧的习得等。研究对象主要是国际学生、移民或外派人士，并且较多使用问卷调查表等方式对访问对象进行横向或纵向研究。同时，文化融合研究也较多与人口统计学变量（时间、性别、年龄等）、人格、文化距离、社会支持等联系在一起。文化融合问题的研究背景主要是西方国家，尤其是美国。而西方国家的国情和社会文化环境与中国有很大的不同，因此，西方的研究理论和成果并不能完全解释外籍居民在中国国际化社区中面临的文化融合问题，我们应结合中国的国情来探究国际化社区的文化融合状况。

国内对文化融合的研究呈上升、多样化趋势，但总的来说，起步较晚，在许多层面上仍有深入、细化研究的空间。早期研究主要聚焦于民族文化融合、企业文化融合问题，对社区文化融合问题研究涉及者极少。因此，分析影响国际化社区居民文化融合的各种因素，并从政策、机制、制度层面对促进国际化社区居民文化融合提出可行的建议和举措已成为亟待深入研究的课题。

五、文化融合的研究路径和研究方法

（一）文化融合的研究路径

1. 文化融合研究的心理学路径

20世纪初，心理学家开始关注土著和移民的心理健康和犯罪状况，研究处于两个或两个以上跨文化场合中的人的心理问题。在他们眼里，土著和移民群体文化程度低、卫生和健康状况较差，通过心理进化，他们的疾病可以得到缓解，并被主流社会所吸收。但是，在心理学的实际研究和测量中，学者（Chief，1940; Campisi，1947；etc.）较早地发现，文化融合的结果并非只有同化这一种，而是有接受（acceptance）、融合（integration）、反作用（reaction）这三个可能的后果[1]。1967年，格拉夫斯首先在心理学领域提出了"心理文化融合"的概念，他也认为文化融合并非总是单向同化的，这一过程会产生反作用力，导致交际双方行为的改变[2]。

贝利（Berry，1980）根据移民群体在维护传统文化和身份的倾向以及与主流文化群体互动的倾向这两个维度上的取向区分出四种文化融合策略：整合（integration）、同化（assimilation）、隔绝（separation）和边缘化（marginalization）。根据贝利的研究，布尔里（Bourhis，1997）等人提出了交互式文化融合模型（interactive acculturation model）。他们认为，文化融合是双方在国家政策导向指引下共同努力的结果。东道国的主流群体与移民群体并不总是具有相同的文化融合方向和策略，当他们的文化融合取向一致时，相互之间的关系最为和谐[3]。

2005年，纳瓦斯（Navas）等人提出了"相对文化融合扩展模型"（relative acculturation extended model）。他们认为，个体在不同的社会和文化领域会采取不同的文化融合策略，应区分文化的"硬核"（如价值观、社会和家庭规范、

① RUDMIN F W.Field notes from the quest for the first use of acculturation[J]. Cross-cultural psychology bulletin ,2003,37(4)：24-31.

② GRAVES T D. Psychological acculturation in a tri-ethnic community[J].. South western journal of anthropology ,1967,23(4)：337-350.

③ BERRY J W. Acculturation as varieties as adaptation[M]//PADILLA A M.Acculturation: theory, models and findings. Boulder: Westview,1980:9-25.

荣誉观、两性关系等）和"外围"（如工作或消费理念等），在这种情况下，文化融合是切实可行的选择，个体可能在一些领域采用分离的策略，而在另一些领域采用不同的融合策略，如同化等①。

此后，学者们逐渐确立了心理学领域文化融合研究的对象、维度和影响因素，构建了研究的框架，既关注社会文化因素对人的心理发展的影响，也不忽视生态环境与遗传因素的作用。2006 年，山姆和贝利（Sam and Berry）出版了《剑桥文化融合心理学手册》，标志着心理学领域文化融合学术地位和研究方向的确立。心理学领域的文化融合研究主要注重个体层次，强调文化融合对个体情感（affective）、行为（behavioral）和认知（cognitive）的影响。贝利（Berry，2006）把这些影响和变化概括成行为变化、文化融合压力（又称文化休克，culture shock）以及心理病理状况②。文化融合心理学研究的基本框架包含了群体变量（迁出地社会环境的影响、文化融合经历和迁入地社会环境的影响）和个体变量（融入前的影响因素、融入过程中的影响因素）。这些因素会影响个体的认知和对问题的评估，进而影响他们心理上的文化融合状况。

美国心理学家 Geertz 将文化融合的过程分为四个阶段。第一阶段，快乐的时期。此阶段持续时间很短，个体对周围所有的变化都很新奇，就像新婚夫妇在度蜜月一样。第二阶段，文化冲击阶段。个体开始生活在一个新的环境中，同时，他们也开始意识到新文化与源文化之间的差异，并经历了文化冲击。第三阶段，文化变迁阶段。在这个阶段中，个体对新的环境更加了解，并接受了一些新的价值观，变得更加自信，并开始融入新的文化环境，对异文化的态度比对源文化的态度更为积极。第四阶段，心理稳定阶段。

心理学家从跨文化视角对人类的心理及行为进行了宽泛而系统的研究，在文化融合领域进行了大量的实证研究。心理学家认为，人类有着相同的心理过程和能力，他们想探求人类的心理共性，并试图比较不同文化背景下的人类行为。例如，诸如记忆和知觉之类的心理过程是人类共有的心理活动，但这些过程的行为表现，如记忆内容和记忆方式倾向于视觉还是听觉，不同的文化背景也有差异。跨文化心理学研究的成就不仅在于它对世界范围内具有异质文化的地区和种族进行了系统研究，扩大了心理学的研究范围，更在于它的许多研

---

① NAVAS M,GARCIA M,SANCHEZ J,et al. Relative acculturation extended model: new contribution with regard to the study of acculturation[J]. International journal of intercultural relations,2005, 29(1):21-37.

② BERRY J W. Stress perspective on acculturation[M]//SAM D L,BERRY J W. The cambridge handbook of acculturation psychology. Cambridge: Cambridge University Press,2006,43-44.

究成果使心理学家们重新审视了心理学理论，为人们提供了一种新的方法论。

心理学领域的文化融合研究倡导科学的、实证的研究方法。然而，有许多变量会影响文化融合的过程，并且存在复杂的相互作用，这些都会影响融合的结果，使得量化研究在操作上异常复杂。此外，心理学领域的文化融合研究一直被测量问题困扰，新的量表不断涌现，设计方案也不断变化。而且，文化融合量表必须考察文化，但是如何测量文化以及是否存在普遍适用的文化融合量表等问题尚未解决。文化融合心理学所使用的定量比较方法被一些学者质疑和批评。这些学者认为，并不存在普遍的文化融合过程，在政治、经济、文化差异性的影响下，文化融合是脆弱的。

2. 文化融合研究的传播学路径

文化差异并未改变交际的普遍性质，但文化因素的介入增加了人际传播的复杂性和难度。心理学研究人员发现，要测量个体在文化融合的过程中所感受到的压力并尝试找出引起这些心理变化的原因和结果，单单从个体层面进行是很难实现的，于是传播学者们试图从交流互动关系中寻找对策。因为文化融合是二次的社会化过程，而交流是社会生活的基本形式。在这个二次的社会化过程中，个体认知、情感、态度、行为的变化同个体的人际互动密切相关，而沟通是建立和发展人际关系的机制。从这个角度来看，文化融合是个体进入陌生的异文化环境，与迁入地主流群体进行互动的过程，也是他们的传播网络重建的过程。因此，传播学者们通过研究移民和迁入国文化之间的交流与传播，为研究文化融合现象开辟了另一条途径。

跨文化传播学是一门以"实用"为主的学科。它的创始人爱德华·霍尔（Edward Hall）将文化的概念从人类学的宏观视角转移到对文化表征的微观分析和比较上，把人类学研究的视角从单一文化延伸到比较文化研究，并将文化概念扩展到传播领域。这种扩展使得跨文化传播学与人类学分家并转向了以定量为主的研究方法，开始关注来自不同文化背景的群体之间的交往和产生的融合问题，把宏观层面的文化研究转向微观的文化分析。霍尔认为，文化是由文化元素、集合与模式构成的层级系统，可以成为被分析的变量，并且培训、学习可以促进跨文化交流。古迪昆斯特（William B Gudykunst）和金洋咏（Young Yun Kim）遵循霍尔的"文化学习"哲学，试图通过有效的交流来学习新文化，以应对文化融合压力造成的文化冲击。

古迪昆斯特和金洋咏发展了社会学家西美尔（Simmel）的"陌生人"概念，认为陌生人指的是进入一个相对陌生环境的人，他来自不同的文化群体，完全不了解系统内的人，同时也不为系统内的人所了解。也就是说，这些跨文化交际者彼此互为"陌生人"，并且都会遇到文化融合的问题。然而，在实际研究中，他们侧重于对跨国移民的考查，这也是跨文化传播学研究的重点。他们将跨文化传播视为同陌生人交流的过程。尽管人际交往是人类的共同需求，但身处不同文化环境中的个体"受到教育所选择的文化的影响"，却被赋予了独特的"文化遗传基因"。当他们进入新的文化环境并与来自其他文化群体的人们互动时，不可避免地会受到这种"文化遗传基因"的影响。他们会发现，他们所遵循的人际交往的规范和准则是不同的，而且双方的许多行为是不相同的，甚至是冲突的。在新的环境中，旅居者和移民与他人交流的学习适应，其融合程度取决于同迁入国文化社会的互动，个人文化融合的状况取决于同迁入国居民交流的数量和特性。

古迪昆斯特认为，当进入异文化的个体对迁入国群体的态度、情感、信仰和价值观缺乏了解时，他们在与迁入国群体交流时会受到认知不确定性的影响，从而引起紧张和焦虑，导致文化休克。为了融入迁入国文化，陌生人必须有效地沟通，管理他们的焦虑和不确定性。古迪昆斯特认为，有八个变量会影响焦虑和不确定管理：自我概念（self-concept）、同迁入国群体互动的动机（motivation to interact with hosts）、对迁入国群体的回应（reactions to hosts）、对迁入国群体的社会分类（social categorization of hosts）、情境过程（situational process）、与迁入国群体的联系（connections with hosts）、伦理上的互动（ethical interactions）、迁入国的文化条件（conditions in host culture）[1]。这些变量会对不确定性和焦虑产生直接的影响，而认知不确定性和情绪焦虑直接影响文化融合的结果。

在古迪昆斯特的理论体系中，焦虑和不确定性的心理因素被放在第一位，并试图从传播关系的研究中去管理这种影响因素。他认为，所有的跨文化交流者都是陌生人，都存在文化融合问题；如果能够处理和解决不确定性和焦虑，就能实现有效的沟通，文化融合问题也会得到解决。但是实际上，文化融合不仅要解决焦虑和不确定性的问题，还要解决其他问题，因此古迪昆斯特的文化融合的理论框架值得商榷。

金洋咏则认为文化融合包括文化学习（acculturation）和去文化化（deculturation）两种形式，而人际交往和大众媒体消费是新环境中文化学习过

① GUDYKUNST W B.An anxiety/uncertainty management (AUM) theory of strangers' intercultural adjustment[M]//GUDYKUNST W B. Theorizing about intercultural communication. Thousand Oaks: Sage Publications Inc,2004:149-156.

程最重要的形式，为个体认识和了解新环境提供了一个基本的途径①。在她看来，移民与迁入国群体之间的人际交流以及对迁入国大众媒体的大量使用都可以促进文化融合。

陌生人的文化融合是一个动态的过程，是通过个人和社会传播实现的。在这一过程中，个体心理层面的变化反映在认知、情感和行为三个方面，金洋咏称之为文化融合中的个人传播（personal communication）；而社会传播（social communication）包括人际传播（interpersonal communication）和大众传播（mass communication）两种方式。金洋咏认为，人际传播的核心是沟通交往能力，随着沟通交往能力的提升，个体可以更准确和有效地参与迁入国的文化，改善文化融合状况；缺乏这种能力会导致沟通失误和交际障碍。通过个人传播和社会传播，沟通交流逐渐深化，移民开始变得更加宽容和开放，最后形成了双元文化主义或多元文化主义的观念，实现了跨文化的转变。这种转变的快慢速度取决于个人在异文化中交流的能力、沟通的频率、与主流文化的密切程度、主流文化对外来文化的包容性和个体融入异文化的态度、开放性和精神恢复能力。新的双元文化主义者和多元文化主义者融合了不同的文化视角，超越了种族中心主义，成为人类发展的一种可行的模式。

在金洋咏的理论体系中，影响文化融合的因素有六个维度（环境、个人特质、与迁入国的交流、与族裔的交流、与迁入国的交流能力以及跨文化转型）。所有因素相互制约、相互影响，直接或间接地促进或阻碍文化融合的过程，而各个层面以及相关因素之间的相互作用构成了文化融合理论的结构模型。金洋咏的理论以开放系统的原理，全面地分析了陌生人在新文化环境中所经历的外在和内在的变化。但是她忽略了一个事实：文化融合状况极大程度地受到政治、经济、社会文化等因素的裹挟，已扩展到社会矛盾与权力分配之中，这不是传播行为本身能解决的问题。

3.文化融合研究的人类学路径

跨文化交际领域的研究者（包括心理学家和传播学者）主要采用了定量分析的方法来研究个体、族群和社会文化因素对文化融合的影响。而人类学家则将自己作为"陌生人"深入异文化，通过参与式的观察，获取特殊的文化交流感受，了解日常生活中的文化感知和冲突；通过"深描"（thick description）获取对文化结构与历史的深层了解，并与人们的态度、兴趣、气质、移情等心

---

① KIM Y Y. Becoming intercultural: an integrative theory of communication and cross-cultural adaptation[M]. Thousand Oaks: Sage Publications Inc,2001:72-79.

理因素相结合，生成对文化和传播行为关系的整体掌握①。人类学典型的研究方法是田野调查（fieldwork）和民族志访谈，通过细致深入的参与性观察、访谈、日常互动和交流来掌握文化的现实，详细地展示文化和社会环境下的文化融合现象。虽然跨文化传播学研究和人类学似乎相距甚远，但它们之间的学术渊源（尤其是文化融合的理论渊源）却不能忽略。

文化融合的经典定义来自人类学家雷德菲尔德（Redfield）等人，至今仍在使用。最早研究文化融合的人类学家认为，文化变迁包括创新、交流、文化遗失和文化融合。人类学家感兴趣的问题是：两个或两个以上相互接触、相互作用的群体是如何经历变化的，其社会和生态后果如何？他们想研究文化互动所引起的群体文化价值观的变化，以及社会文化和社会结构、政治经济制度、宗教制度等一系列变化②。

最初的人类学家致力于让殖民地管理者更好地了解土著文化，并研究所谓的未开化民族。接着，人类学家试图帮助土著民族保留他们自己的文化，抵御外来侵蚀。后来，人类学家将注意力转向对"农民社会"的研究。他们发现，农民也被深深卷入世界市场经济和现代国家的政治，正在失去半自治的地位，农民的土地被高速公路和机场分割。城市向农村扩展，农村居民也进入了城市。20世纪40年代以后，人类学家开始关注城市中的农村移民以及城市与农村的关系。

长期以来，人类学家对文化融合研究的意图和兴趣更多的是关于研究现代化和西方文化对土著人群、少数民族、农民社会、非西方民族的影响，重点是边缘化的、生存受威胁的文化族群，记录和保护文化多样性。在全球化的今天，跨国移民作为20世纪60年代末出现的种族研究和身份政治学研究的一部分，越来越成为人类学家关注的焦点。

对于人类学家来说，他们关注文化变迁的过程而非特定的文化，以探索文化融合的边界。他们研究了文化规则在语境中的模糊性，认为"文化"是个体在当地社会的生活经验（lived experience），而不是群体的所属物。人类学家还将族群（ethnic groups）和族群性（ethnicity）置于社会政治、经济和文化背景当中，对其进行了大量、深入的研究。族群或族裔身份认同是激励族群成员关注与其社会经济地位相关问题的手段之一③。

---

① 单波.跨文化传播研究的心理学路径[J].湖北大学学报（哲学社会科学版），2008,35(3):9-11.
② 罗伯特·F.墨菲.文化与社会人类学引论[M].王卓君，译.北京：商务印书馆,2009:260-262.
③ COHEN A. The symbolic construction of community[M]. London: Routledge,1985:51-55.

人类学家的文化融合研究有其自身的道德考量。他们习惯于进行边缘化社会调查，并利用这种边缘性向权力中心发出诘问。他们认为，跨文化交际的兴起是冷战带来的"民族文化"研究的结果。社会学家乌尔夫·汉内兹（Ulf Hannerz）甚至幽默地把跨文化传播学称为"文化休克预防产业"（culture shock prevention industry）。跨文化传播研究者撰写了内容丰富的文化手册，他们需要扩展市场，并为从事跨国贸易、市场开发和教育的客户提供培训和建议。这种务实研究的意义在于，人们了解另一种文化的目的是对该文化群体进行贸易或政治、意识形态控制。虽然跨文化传播学者编写的文化手册可以为文化融合者提供一些有用的信息，但是一旦一个跨国集团代表一个新的权力精英，这些书就成了其新的控制手段的象征①。

（二）文化融合的研究方法

文献研究发现，对文化融合的研究，尤其是对文化融合的测量，主要是通过问卷或量表进行的。问卷的理论基础是文化融合的一维线性模型、二维模型或三维模型。基于这一观点，Kim 和 Laroche 等人（2001）将用于测量文化融合的问卷（量表）分为两类：单线性模型（unilinear model）和双线性模型（bilinear model）。单线性模型适用于相同的文化，量表的一端是这种文化的低融入，另一端是这种文化的高融入；双线性模型是针对两种不同的文化，也就是说，量表的一端是对源文化的高度维护，另一端是与新文化的高度融入，中间部分代表既维护和保持源文化，又认可和融入新文化，也就是双文化现象。这些测量主要衡量行为、文化认同和语言，其中大部分主要从文化认同和行为两个方面来测量文化融合。然而，应该指出的是，语言也是文化融合的一个重要因素。一些研究表明，语言维度尤其是语言偏好，是个体在文化融合过程中的一个判断指标。

随着研究的不断深入，一些学者提出了文化融合的三个或更多研究维度（Berry，2003；Flannery，Reise and Yu，2001）。例如，贝利（Berry）认为，在许多情况下，文化融合中的民族文化群体无法自由选择其文化融合策略。他在原有理论的两个维度的基础上增加了一个维度，即第三个维度：文化融合的期望和占主导地位的主流文化群体在文化融合过程中的作用。

在以上三个维度中，虽然二维模型的测量方法是主流，但仍使用一些单线性量表，也就是忽略文化融合的历史、文化和社会环境等，并将其植入一

---

① 迈克尔·赫兹菲尔德.人类学：文化和社会领域中的理论实践[M].刘珩,石毅,李昌银,译.北京：华夏出版社,2009:167.

种语境的真空中，仅研究表面行为，如语言和食物等。此外，因为没有使用统一量表，所以无法对研究结果进行比较，这也是当前文化融合研究中的一个难题。Berry认为，文化融合的概念本身就为令人困惑的事物所包围，因此许多问题都围绕着文化融合的测量。他建议研究者从多角度综合考虑，在研究中除了收集文化融合群体一般融合模型信息外，还要关注个体"文化抵触→文化接触→文化融合"过程的体验（Bernal，2003）。

在文化融合的心理学研究中，仍以单一测量研究为主。杨宝琰和万明钢（2010）认为，文化融合的研究应将定量研究和定性研究结合起来，使两者形成互补。近年来，一些学者开始尝试突破心理学实证研究的局限，进行定性研究，如通过种族志方法、参与性观察和叙事分析等方法开展文化融合现象的深入研究。例如，巴迪亚（Bhatia，2007）运用人类学中的种族志和参与性观察的方法研究了在美国生活的印度移民，记录了他们的日常生活、礼节和仪式的变化，再通过深入的半结构化访谈来探究文化融合中的变化过程。

随着跨文化交流的日益增加和研究者对文化现象的逐渐关注，许多学者提出了新的研究方法。例如，Hong等人（2000）从动态建构主义的角度提出了新的文化认知实验的方法，采用一系列认知启动的实验范式，为人们未来的方向发展提供了一种良好的研究范例。Christopher Early和Soon Ang（2003）提出了文化智力的概念，以此作为文化融合评估新方法。梁觉和周帆（2010）认为，在跨文化研究中，新的文化维度结构不断涌现，研究者将更多地使用多个变量、多种研究方法来加强研究结果的解释力。

简而言之，跨文化研究中将会呈现多种方法综合使用的趋势。多种方法的汇聚使用有利于多层次和多维度探讨文化融合的内容和特征。在过去的文化融合研究中，不同学科侧重于各自领域的一个方面，而各学科之间却缺乏互动。未来，文化融合领域的研究应加强各个学科之间的交流、沟通和统整。

六、文化融合的影响因素研究

文化融合是一个复杂的、动态的、渐进式的、多维度的、多步骤的过程，受众多的因素影响。移民融入新的社区文化环境有哪些影响因素，这是文化融合研究的重点问题。由于文化融合问题本身所涉及的范围广泛，不同学科、不同专业背景的研究者从不同的研究视角和研究方法出发，得出的文化融合影响因素各不相同，目前学术界尚无统一的分类。在研究思路和研究方法上，大部分研究以量化研究为主、质性研究为辅，主要采用统计软件测量移民文化融合水平与影响因素之间的关系。为了衡量移民的文化融合水平，研究人员开发了许多量表。随后，研究者根据可能影响移民文化融合程度的影响因素（如移民动机、人口统计学变量、语言能力、文化距离等）或测量因素（如人格等）对样本进行分组测量，然后使用统计软件验证移民文化融合水平与影响因素之间的关系。最后，通过观察或访谈法来解释或补充定量研究结果，以获得完整的结论。

文化融合本身就是文化传播的过程。在这一过程中，通过学习彼此文化的精髓，原本属于某一民族的文化成为各方共同的文化瑰宝。与来自不同文化群体的居民接触后，个体将经历习俗、生活方式等方面的一系列变化，这些变化将引起个体的压力，并影响其在新文化环境中的融合状况。通过文献分析，综合国内外诸多学者的观点，影响文化融合的因素大致分为外部因素和内部因素两大类。

（一）影响文化融合的外部因素

1.生活变化

在跨文化接触中，从熟悉的环境进入陌生的环境，会经历诸如居住环境、饮食文化、生活方式、天气特点等生活上的变化，这一变化均会引发人的压力。Gudykunst 和 Kim（2007）研究发现，这些系列变化使移民生活出现混乱，导致文化融合困难。Lustig 和 Koester（2007）认为，生活变化可分为物理变化（如饮食文化和气候的变化）、生物变化（如出现新的病毒）和社会变化（如与陌生人和陌生语言的接触）这三种类型。除了这三种基本类型的变化外，Berry（1979）还补充了更详细的内容。第一，文化方面的变化，包括政治、经济和宗教等。第二，社会关系的变化，即社会圈子的变化。第三，心理状态的变化。Furnham 和 Bochner（1986）在对记录负面生活事件文献的批判性回顾中，提到生活变化同身体状况之间存在着一定的关系，生活变化和精神障碍显著相关[①]。也就是说，移民所体验的生活变化在一定程度上影响他们的身心健康，即跨文化接触带来的生活的变化是影响文化融合的一个重要因素。但是，这并不意味着生活变化对个体的影响只有消极的一面[②]。

2.社会支持

社会支持是指一定范围内一种或者多种人际关系相联系的个体之间相

---

① FURNHAM A, BOCHNER S. Culture shock: psychological relations to unfamiliar environments[M]. London: Methuen, 198:109-112.

② INESON E M, LYONS A, BRANSTON C. Cross cultural change, adjustment and culture shock: UK to USA[J]. Toursim, 2006, 54(4):355-365.

对稳定的社会关系集合（Hall and Wellman，1985；Wasserman and Faust，1994），属于社会资本的范畴，它是影响外籍居民文化融合的一个多维度、多因素的重要的社会环境因素。社会支持对于任何人的工作、学习和生活来说都是必不可少的，它能够给个体提供情感支持、有用的帮助信息或建议。特别是对于生活在国外的外籍居民来说，当他们离开熟悉的地方来到一个新的文化环境开始新的生活时，通常将失去其原有的社会资本或社会关系网络，来自同胞以及当地居民的社会支持程度将对其文化融合产生巨大影响（Adelman，1988）。因为社会支持可以使人们感受到关心、照顾，可以让外籍居民感到来自社会网络中成员（包括父母、邻居、同事或朋友等）的尊重、喜欢和关爱，更容易融入这个国家的文化。

社会支持的来源十分广泛，包括家庭成员、亲友、朋友、熟人，还有来自社区和其他社会组织的能够对外籍居民提供情感、生活和工作上的支持和帮助的资源。不同的资源提供不同类型和水平的支持，心理学家普遍认为婚姻是社会支持的主要来源。例如，Naidoo（1985）在报告中提到，在加拿大的亚洲移民女性认为，当她们的丈夫对她们表达和提供更多的支持时，她们感受到的压力更少[1]。研究表明，良好的家庭和情感支持可以减少抑郁、焦虑等负面情绪，两者之间存在很大的相关性（Hovery and King，1996）。阿德尔曼（Adelman M B）认为，从心理支持和情感支持的角度来看，同胞提供的支持系统是最有力的。特别是有相似旅居经历的同胞，可以为外籍居民提供情感和信息方面的帮助，从而增强他们的心理安全感、自尊感和归属感，并减少诸如抑郁、焦虑、孤独和无助等消极状态。

先前的研究发现，社会支持能够促进个体的身心健康，是一个重要的社会环境因素。社会支持对人们的身心健康有两方面的影响：一是充当心理刺激的缓冲剂，间接保护人们的健康；二是可以保持个体健康情感体验和心理平衡。这种情绪平衡对个体能否完成文化融合起着关键作用（董燕萍，2010）。借助社会支持，人们可以解决日常生活中的问题和危机，维持日常生活的正常运转，并能促进合作、提高社会的效率。良好的社会支持有利于减轻生活压力，有益于移民在新的居住环境中保持身心健康，实现与东道国社会的有效、直接、良性的互动交往。缺乏社会支持将导致身体和精神疾病，并使个人难以

---

[1] NAIDOO J. A cultural perspective on the adjustment of south Asian women in Canada[M]//LANGUNES POORTINGA. From a different perspective: Studies of behavior across cultures. Netherlands: Swets & Zeitlinger, 1985:76—92.

维持其日常生活。但也有研究表明，这些社会支持也可能会妨碍外籍居民对东道国文化的积极参与和学习。例如，Ward 等人（1993）对在美国学习的非洲学生进行了研究，发现融合程度较差的群体是那些与自己的族裔群体保持密切联系并长期待在一起的人。如果和本国同胞接触过于频繁，其生活交往、工作学习等往往拘泥于旧有的血缘、亲缘、地缘关系，从而忽视或避免与当地人交朋友或日常交往，这将不利于其社会资本的改善，导致外籍居民在社区的文化融合程度不高。社会支持在很大程度上取决于当地居民与社区外籍居民的接纳程度，与本国同胞的过多接触会打击当地居民对社区外籍居民双方交流的积极性，影响外国居民对新的文化环境的认同。如果社区本地居民对外国居民所属的文化群体有积极的评价，那么外国居民在社区中就会得到更多的支持和欢迎。反之，外国居民在社区得到的支持就少，甚至受到排斥和歧视。但是，这种社会支持也可能会妨碍移民融入当地文化环境。一项针对在澳大利亚的英国移民的研究发现，拥有同胞朋友多而当地朋友少的移民对生活的满意度较低。因此，拥有同胞的社会支持可能是有益的，也可能产生不良影响。

许多关于移民社会支持的研究也证实了社会支持会对移民在迁入地的工作和生活起到重要的影响作用。例如，周敏等人对于美国华人中文学校的研究[①]、王春光等人对于巴黎"温州城"的研究[②]以及对国内一些大城市中的移民聚集地（如"浙江村"等地）的研究[③]，都揭示出族裔群体所带来的社会关系网络及资源对于移民在迁入地的融入有着较强的促进作用，为移民融入当地主流群体文化提供了良好的路径。Ward 和 Rana-Deuba（2000）调查了来自当地居民及本国同胞的社会支持对移民文化融合的影响。结果表明，来自当地居民及其同胞的社会支持对移民文化融合有较大的影响，特别是来自当地居民的社会支持对移民文化融合的影响更为显著，可以有效地帮助移民实现更好的文化融合。许多研究者都支持这种观点。

但是，如果移民互相之间过于密切的交往，使得移民社会关系网络内部的成员与主流群体脱节，那么对于移民的文化融入反而有害，甚至有可能与主流群体发生对立，出现群体性的摩擦，不利于社会的稳定。

---

① 周敏,黎熙元.族裔特性、社会资本与美国华人中文学校——从美国华人中文学校和华裔辅助性教育体系的发展看美国华人移民的社会适应 [J].世界民族,2005(4):30-40.

② 王春光,JEAN PHILIPPE BEJA.温州人在巴黎一种独特的社会融入模式 [J].中国社会科学,1996(6):106-119.

③ 王汉生,刘世定,孙立平,等.“浙江村”：中国农民进入城市的一种独特方式 [J].社会学研究,1997(1):58-69.

3. 时间

在关于文化融合的影响因素中，最早对时间因素进行探索的学者是利兹格德（Lysgard，1955）。他对200名赴美访学的挪威学者的文化融合过程进行了实证研究后提出，文化融合是一个U型曲线，在美国生活时间介于6～18个月的学者比那些在美国居住时间不到6个月或超过18个月的人融合程度低。利兹格德发现，移民刚刚进入一种新的文化，会处于"最初的兴奋"阶段（initial euphoria），享受新文化带来的新奇。在这个阶段，移民与迁入国居民之间的接触仍然很浅。一段时间以后，移民与移居国群体建立起更深厚的人际关系，语言问题和随之而来的挫折、迷惑、误解和孤独感便开始出现。"新奇劲"逐渐消失，取而代之的是由于文化冲击及其他原因引起的焦虑感和挫折感。再过一段时间，移民尝试结交朋友，慢慢熟悉当地环境，情绪逐渐回升。

U型曲线假说对文化融合过程的研究具有启发意义。不过，U型曲线假说也遭到很多质疑。沃德（Ward，1996）及同事追踪研究了许多新西兰的留学生，他们在来到新西兰的第一、六和十二个月的时候接受了采访和测试，结果发现这些学生的抑郁水平在到新西兰第一个月和十二个月的时候最高，在六个月的时候相对较低。也就是说，在第一个月和十二个月的时候，生活变化最大，身边资源最少，心理融合的水平最差。他们指出，在文化融合的初始阶段，生活变化的次数最多，而适应资源最少，这个时候的融合水平最差[1]。

作为移民到了一个新的环境，面对周围的陌生事物，都会感到新奇和富有挑战性。但在这一领域还缺乏令人信服的研究来支持或反对U型曲线理论。因此，时间对文化融合产生的影响还有待进一步的研究。对时间与文化融合的研究，还有葛兹的文化变化曲线、路易斯的理性寻求模式、韩国心理学家Kim提出的融合阶段动力说等。

4. 文化距离

"文化距离"（cultural distance）这一概念是由巴贝克（Babiker I E）、考克斯（Cox J L）和米勒（Miller P）于1980年提出的。他们认为，文化距离即互相接触的两种或两种以上文化中物理（如气候）和社会（如语言、宗教、教育等）方面的差异或相似程度，是地理空间的距离造成文化共同点少而产生的陌生感和距离感。人们生活在不同的地理位置和空间，每个人都属于不同的文

---

[1] WARD C, KENNEDY A. Crossing cultures: the relationship between psychological and sociocultural dimensions of cross-cultural adjustment[M]//PANDEY J,SINHA D,BHAWUK D. Asian contributions to cross-cultural psychology. New Delhi: Sage, 1996:89-95.

化圈，文化共同点较少，因此在交流中产生距离感和陌生感[1]。他们认为，文化距离是移民所经受的压力与文化融合问题的调节变量，当生活变化给移民带来压力时，源文化与迁入国文化的差异性能起到调节作用。Furnham（1987）[2]曾提出，文化距离不仅是物理距离，还是一个受许多因素影响的概念，包括两个国家的固有差异，如价值观、社会风俗、行为习惯、消费观念等。文化距离被定义为一个国家的文化规范同另一个国家的文化规范之间的差异程度（Kogut and Singh，1988）[3]。贾玉新（1997）认为，不同的个体具有不同的文化背景和生活方式，不同的政治信仰和宗教，不同的性别、年龄和受教育程度以及经济状况、爱好和个性，这些因素会影响人们在交流过程中对彼此信息的理解程度，由此产生误解，甚至冲突[4]。

文化距离的假说是假定移民的母文化与迁入国文化之间距离越大，其文化融合就越困难。Turnham（1987）认为，文化距离可以帮助解释外籍居民在异国他乡生活的压力。Redmond 和 Bunya 的研究也证实并支持了这一说法，在研究留学美国的学生群体时，他们发现与来自亚洲国家的学生相比，来自欧洲国家的学生与美国学生的关系更为密切。然而，在文化距离相对较近的情况下，也可能发生文化之间的疏远和陌生感，这也是人们不能忽视的。

大量的研究[5]表明，移民与东道国之间的文化距离越远，文化共同点越少，文化差异的程度就越大，文化融合的过程就越困难，负面影响也就越大，如产生距离感和陌生感等。原因是当不同文化之间的差异增加时，个体在文化融合的过程中需要更多的文化遗弃和文化获取，文化冲突也将更加频繁。另

---

[1] BABIKER I E, COX J L, MILLER P.The measurement of cultural distance and its relationship to medical consultations, symptomatology and examination performance of overseas students at Edinburgh University[J].Social psychiatry and psychiatric epidemiology, 1980,15(3):109–116.

[2] FURNHAM A F, BOCHNER S. Social difficulty in a foreign culture: an empirical analysis of culture shock[M]// BOCHNER S. Cultures in contact-studies in cross-cultural interactions. Oxford: Pergamon,1982:161–198.

[3] BRUCE K, SINGH H. The effect of national culture on the choice of entry mode [J]. Journal of international business studies, 1988, 19(19):411–432.

[4] 贾玉新 . 跨文化交际学 [M]. 上海 : 上海外语教育出版社 ,1997:24.

[5] FARNHAM A, BOCHNER S. Culture shock: psychological reactions to unfamiliar environment[M]. London: Routledge, 1989:172–189; MALCOLM CHAPMAN, HANNA GAJEWSKA-DE MATTOS, JEREMY CLEGG,et al.Close neighbours and distant friends: perceptions of cultural distance[J]. International business review, 2008,17(3):217–234.

外，在文化整合的过程中，个体会对文化差异进行评价和判断，从而将其定义为困难的或良性的。在此过程中，他们将根据自身和外部条件选择不同的文化融合模式和应对策略。基于对 IBM 全球员工的大规模调查，霍夫斯泰德（Hofstede，1980，2001）[1]提出了文化五维度理论（个体主义／集体主义；权力距离；不确定性规避；男性向导／女性向导；长期／短期取向）[2]，文化五维度说被视为衡量文化距离的有效参考。特里安迪斯（Triandis H C）提出，个人主义和集体主义是文化中的综合体，而非两极化的维度。换句话说，个体偏于个人主义还是集体主义，取决于个体权衡成本和后果之后的选择。这些观点有助于进一步揭示特定文化之间的差距。

文化距离通常从民族渊源、人文传统、宗教信仰和地域范围等维度进行考察。文化距离的测量方法有三种：根据不同文化维度指数来计量文化距离、聚类划分文化群来计算文化距离以及感知文化距离。"感知的文化距离"（perceived cultural distance）又称文化新颖性（cultural novelty），即从认知的角度来理解文化距离，指移民对原籍国和迁入国之间文化差异程度的主观感知。一般认为，移民感受到的差异程度越大，则融合难度越大。当移民面临异文化与原籍国文化差异很大，对异文化缺乏了解的情况时，他们更容易感到难以融入当地文化环境，从而产生心理上的巨大的失落感。个体对异文化了解、融入的程度各不相同，因而运用感知文化距离直接测量更能反映个体间层次的差异。

有学者开发了文化距离问卷（cultural distance inventory），用来测量移民自身文化环境与迁入国文化环境之间的差异[3]。由于不同的人对其他国家／地区的文化有不同的理解，直接测量感知到的文化距离可以更好地反映个体层面的差异。根据每种文化的社会文化特征，文化可以划分为近或远的连续体。例如，印度和孟加拉在文化上比较接近，文化距离较小，印度和英国之间的文化距离则较大。文化距离的假说推测，当移民的原籍国文化与迁入国文化距离越

---

① HOFSTEDE G H. Culture's consequences: comparing values, behaviors institutions and organizations across nations [M]. Thousand Oaks: Sage Publications, 2001:115-127.

② HOFSTEDE G H. Culture's consequences: international differences in work-related values[M].Beverly Hills:Sage Publication,1980:67-82.

③ BABIKER I E,COX J L,MILLER P.The measurement of cultural distance and its relationship to medical consultations, symptomatology and examination performance of overseas students at Edinburgh University[J]. Social psychiatry and psychatric epidemiolopy,1980, 15(3):109-116.

大，文化融合就越困难。根据上述假设，印度商人在孟加拉生活比在英国生活更容易融入，这个结论得到了学者实证研究的证实。因此，大家普遍认为移民的原籍国文化与移居国文化的差异越大，文化距离越大，融入的难度越大。

王泽宇、王国锋、井润田对我国派往国外的访问学者开展了大规模抽样调查，得出文化新颖性与文化融合的三个维度（总体融合、互动融合、工作融合）都呈正相关关系，即文化新颖性大，文化融合较容易。外派学者通常都具有好奇的本性，对他们而言，文化越新，越会激发他们的兴趣和对知识的渴望，反而会促进文化融合①。由此可以推论，文化新颖性感知对文化融合具有显著的影响。鲁丽娟的研究发现，文化新颖性与社会文化融合呈负相关（文化新颖性量表得分越高，文化差异越大），与心理融合呈正相关②。

5.歧视与偏见

歧视与偏见，主要是指当地社会成员对外籍居民的看法和态度。歧视和偏见对文化融合的影响特别大。Padilla等人（2003）的研究也发现，如果移民感到新文化群体中的成员抱有歧视和偏见的态度，那么他们参加社会活动的积极性就会减弱，从而影响其文化融合的状况。在文化适应中，歧视和偏见这些负面因素的减少会为文化适应中产生冲突的个体提供更加良好的生活环境、社会支持和文化氛围。

（1）民族中心主义

人们总是为自己的文化感到骄傲，自觉或不自觉地认为自己民族的文化是正统而优秀的，优越于其他的文化，并认为外国人的行为很荒谬。但是这些看似奇怪的行为和价值观是当地人的天性。人类学家通过对人种学的研究，揭示了民族中心主义（ethnocentrism，又译为民族优越感）这一普遍存在的社会现象和心理倾向。

世界上任何民族都有民族中心主义。民族中心主义是一种意识形态，在这种意识形态中，特定文化的成员往往认为自己国家的文化比其他国家的文化优秀，认为自己国家的文化是唯一的正统文化，将自己的价值观强加于他人。在民族中心主义的作用下，人们习惯性地甚至潜意识地以自己的文化价值观来判断其他文化及其成员的行为方式和思维模式，以自己的群体为一切的中心。

---

① 王泽宇，王国锋，井润田.基于外派学者的文化智力、文化新颖性与跨文化适应研究 [J].管理学报,2013,10(3):384-389.

② 鲁丽娟.外国留学生在浙江的跨文化适应实证研究——基于文化距离和社会支持理论 [D].杭州:浙江大学.

所有人都以此作为衡量和判断的依据，根据自己的价值观、信仰、社会规范和判断形成评判标准和期望，去看待其他文化的成员以及解释不同文化的符号和行为。民族中心主义是每个民族所特有的，用于区别其他民族，是一种有意识的自我认同。但是，极端的民族中心主义很容易导致宗教狂热和种族歧视。在历史上，极端的民族中心主义造成了无数的伤害：法西斯主义引发的两次世界大战；美洲的奴隶贸易、印第安人被迫害等。即使是来自同一文化和民族，人们也会倾向于用自己的价值观或标准来评判其他文化人群的行为方式，从而在跨文化交流中引起矛盾和冲突。

美国著名社会学家威廉·格雷厄姆·萨姆纳（William Graham Sumner）首次将这一名词引入文化研究中，他指出，"人们习惯于从自己的群体的角度来看事物，他们在对待不同的文化时会不知不觉地带着有色眼镜看待不同的文化和社会习俗，根据自己的标准来衡量事物"。因此，一个人很难拥有文化自觉意识。改变这种习惯，超越自己的文化价值观，用一种客观、平等的态度去理解其他文化，感受其他文化与自身文化截然不同的价值观念、人际关系、日常交往和行为方式，并从其他文化群体的角度研究"我们的种族"，不仅会加深和丰富对母文化的理解，意识到母文化的独特性，还会了解潜意识行为背后的文化因素，从而获得对母文化的高度自觉意识。跳出自己的文化窠臼，了解他人的文化，通过他人的眼光来了解自己文化中缺失的东西，对自己文化的局限进行深刻的反思，并且进一步了解自身文化的特质，其实是一件非常难得且有意义的事情。

在跨文化交流中，由于各种原因，人们具有潜意识的自我防御，倾向于坚持和维护自己的民族文化，认为自己的民族生活方式、信仰和价值观是最好的，不但本国文化是世界的核心文化，而且本国人民也是最优秀的。在与移民打交道时，人们使用自己的文化标准来评判对方的行为，常常下意识地提高自己的文化而贬低其他文化。这种民族中心主义严重阻碍了双方的相互理解和沟通，对心理与文化的融合有很大的影响。

（2）刻板印象

刻板印象（或叫定势思维、定型观念）指的是人们对他文化群体的成员进行评价时，通常使用一些先入为主的"定型观念"，认为该群体的每个成员都具有整个群体的文化特征，这是一种泛化和过度的概括[1]。这种刻板印象常常基于自己的有限经验，并通过间接渠道获得的信息而形成。因此，在跨文化

---

[1] LIPPMANN W. Public opinion[M].New York: Harcourt Brace, 1922:173-178.

交流中，人们便无意识地用这些准则来评判来自不同文化背景的群体的行为举止。这种刻板印象的形成是由于个人的信息处理能力有限，偏爱自己熟悉的文化，当他人的行为不符合自己的规范时，便对他人的行为给予负面的评价。这种基于本民族文化模式评价另一文化的心理倾向常常会对另一文化产生偏见。对文化间的差异进行概括与总结，可以帮助人们理解和把握一个文化群体的整体特征。这种思考可以得到尽可能多的准确的文化信息，但也很容易影响人们对其他文化的期望和预期。如果这种预期没有得到证实，文化冲击往往就会更剧烈。

总体而言，布里斯林（Brislin R）认为，感知的刻板印象主要表现在六个方面：①以自己所在群体的评价标准来看待其他群体，并认为其他群体低下；②对不同群体成员不友好，认为他们的存在威胁到自己的群体利益；③对不同群体抱有敌意或攻击性态度，但不承认自己的偏见；④在某些情况下，某一群体对其他群体持积极态度，但与他们保持一定距离；⑤对来自不同群体的人持反感的态度；⑥与不同群体的人相处时会感到"不舒服"，不想接触。许多研究发现，种族歧视与移民的心理健康之间存在强烈的负相关关系。移民感知到来自迁入国的敌对和歧视，会延迟他们对迁入国文化的认同。例如，对加拿大塔基人的研究表明，他们感知到的歧视与其较低程度的心理融合有关。又如，从文化距离的角度来看，中国人应该比较容易融入日本的环境，但是很多研究发现，中国人在日本的融入程度不如西方人，主要原因之一是中国人在日本受到歧视。由此可见，歧视和偏见是影响文化融合的重要因素。

（二）影响文化融合的个体内部因素

1. 认知评价

生活的改变只是文化融合问题的一部分，影响移民文化融合的还有人们对文化接触的认知及期望，以及对生活变化的认知评价。有时，生活变化是一种挑战，是一种压力，对生活变化的不同看法和评估方法，也会影响移民的文化融合。Haslberger（2005）认为，对生活变化的认识和评价方式的不同对文化融合会造成不同的影响。在对生活变化的认知评价方面，研究较多的是移民的期望。期望是指移民在移民之前对迁入国情况的想象，符合实际体验的现实期望可以促进移民良好地融入。期望与现实体验匹配表明移民有足够的心理准备来应对潜在的生活压力与变化，合理的期望可以使人们正确地评价未来的环境压力，树立信心，避免忧虑。

研究者不仅要考虑期望的准确性，还要考虑当期望与实际体验不匹配时，不匹配的方向和广度。从方向来看，期望可以分为过高或过低的期望。期望值太低意味着实际的体验比期望要积极得多，也就是说，移民对移民生活的期望值较低，而移民的实际生活却比他们想象的要好。过高的期望意味着实际体验比预期更负面，即移民对移民生活有更高的期望，而实际上的移民生活比他们想象的更糟糕。许多研究发现，当生活在国外的人的期望值降低时，实际的生活满意度就会增加。

2.人格因素

人格似乎是应对压力最稳定的资源（Rodin and Salovey，1989）。人格的独特性和稳定性决定了其在文化融合中的重要作用。人格特质也是个体心理健康调整的重要决定因素。例如，性格外向和神经质的人格与心理调节密切相关，具有外向性人格特点的人更易于融入新的文化环境中。将人格与社会支持和应对方式进行比较，在影响力方面，人格具有更为长期的影响（Ahadi，2011；刘玉新、张建卫，2006）。Ward 和 Chang（1997）研究了性格外向因素的影响，并将在新加坡的美国人与新加坡人进行了比较，发现性格外向与心理健康关联性不大，然而性格特点跟本地人类似的美国人心理融合水平却较高。同时，具有较好内控人格特征的个体，由于他们通常具有积极的态度（如具有幽默感、灵活性等），也被认为心理上更健康。研究还发现，外控点和社会文化、生活变化以及人口统计学等因素相比，在预测心理压力方面更为重要和有效。控制点除文化变迁外，不存在情景性，它适用于任何情景并具有相同作用，此观点在相应的实证研究中也得到了验证（Ward C and Kennedy A，1992）。

人格对文化融合的影响引起了人们的广泛关注和应用。某些影响文化融合的人格因素，可以用于出国人员选拔当中，通过选拔把那些能够更好地融入新文化环境的人员筛选出来，以帮助跨国公司优选派驻海外公司的雇员和帮助政府优选留学生。有研究认为控制点和外向性会影响到文化融合。

控制点是指人们在面对一个问题时，往往会认为自己可以控制事物的发展或外部因素对事物发展的影响程度。如果人们对外部因素有很强的信念，那么他就是一个外控的人。许多研究发现，控制点是心理融合的有效预测指标。例如，Kuo、Gray 和 Lin（1976）发现，外控点是美国华裔移民心理健康问题的有效预测指标，比人口因素、社会文化因素和生活变量更为重要[1]。

外向性也是学者关注的个性因素。一些研究表明，外向性与心理融合程

---

① KUO W H, GRAY R, LIN N. Locus of control and symptoms of distress among Chinese-Americans[J]. International journal of social psychiatry, 1976, 22(3):176-187.

度之间存在正向联系，但另一些研究得出了负相关的结论，还有一些研究则得出两者无关的结论。Ward 和 Chang（1997）通过实证研究调查了人格与文化融合的关系，提出了文化匹配性（culture fit）假说来整合这些研究。他们认为，人与环境之间存在一种互动关系，在许多情况下，个体的人格与迁入国文化规范之间的"文化匹配性"是潜在的预测文化融合的因素。他们以在新加坡的美国人为样本，用艾森克人格问卷（Eysenck personality questionnaire）测试了美国人与新加坡人的外向性得分。结果发现，尽管外向性与心理健康没有内在联系，但得分接近新加坡人的美国人心理整合程度更高，这一实验研究支持了他们的观点①。用于预测文化融合的其他人格因素包括：个性的灵活性、对模糊性的容忍度、韧性、控制感、自我效能感和自我监控等。

个体的自身性格、品质等人格特质会对文化融合的策略选择产生深远影响。Schmitz 和 Rheinische（1994）对居住在德国的移民（如寻求政治庇护者、外国学生等）的实证研究发现，不同的移民由于人格特征不同会选择不同的文化融合策略或途径。同样，人格特质对个体的心理融合也有重要影响。具有伤害回避或低定向的个体倾向于采取边缘化态度，会遭受更多的心理伤害和痛苦。

3. 价值观

当人们与来自他文化的人交往互动时，除了表层的语言、衣着、饮食等方面具有明显差异外，还面临着深层文化的理念、价值观以及因此形成的处世态度和做事方式的差异。波切内尔（Bochner S）提出了影响移民文化融合的"核心价值观差异假说"（core-value hypothesis）②，认为产生文化距离的根源是价值观的差异，个体价值观的差异是造成文化冲击和文化融合困境的主要因素。核心价值观截然对立的社区居民之间的互动可能会导致冲突。例如，在一些倡导男女平等的社会中，贬低妇女地位会招致谴责；而在男性主导的社会中，妇女就业和性别上的独立被认为是令人反感的（Babiker，1980）。宗教信仰与习俗之间的冲突也是在这方面最有力的例证，这种冲突在历史上层出不穷。陈慧、朱敏、车宏生（2006）③调查发现，中国的一些价值观很难被外国留学生接受和认同，外国留学生的母国文化，如道德观念等在他们的成长中已成为行为习惯。

---

① WARD C, CHANG W C. Cultural fit: a new perspective on personality and sojourner adjustment[J]. International journal of intercultural relations, 1997, 21(6): 525-533.

② FUMHAM A, BOCHNER S.Culture shock: psychological relations to unfamiliar environments[M]. London: Methuen, 1986:109-112.

③ 陈慧，朱敏，车宏生.在北京高校的外国留学生适应因素研究[J].青年研究，2006(4):27-36.

价值观中的保守性与文化融合中对文化的采纳态度和社会文化融合结果呈负相关，与心理融合结果呈正相关。外籍居民感觉不适应的中国价值观主要是中国人公私不分、中国人交际的"情境中心"（许琅光，1954）、自我主义、人治社会四个方面，这些与西方社会的某些价值观截然相反。西方社会公私分明，而中国维持秩序时所使用的不是法律，而是人际关系，这就造成了外籍居民与中国居民在中国价值观上的冲突。

不同文化之间的价值观差异引起了众多学者的关注，他们提出了多种研究框架。例如，霍夫斯特德（Hofstede，1980）提出了文化四维度说（个人主义／集体主义；权力距离；不确定性规避；男性气质／女性气质）。再如，特里安迪斯（Triandis，1988）提出了三维度说（个人主义／集体主义；文化的复杂性；紧密或松弛的文化）。西方文化的特点是追求个人价值。"个人主义"（Individualism）是西方国家普遍接受的价值观。在这样的文化社会里，每个人都学会了表现个性化的自我：自信、自我肯定、不受外界约束地自由表达内在情感、表达不同观点。然而，中国文化把"个人主义"等同于"利己""自以为是"和"自负"，这些词都带有负面的含义。沟通观念和模式的差异也会影响中西方的跨文化沟通，西方人直截了当地表达他们的观点，而中国人含蓄委婉地表达他们的观点。

4. 期望值

移民在到达目的地国家之前，脑海中已经有了目的地国家的画面。例如，他们在目的地国家的生活将会是什么样子，他们所在的城市、社区的状况，当地人的行为举止和教育水平等都会让移民形成对迁入国的印象。但是，当移民来到迁入国时，他们会发现自己想象的迁入国的形象与真实的样子是不一样的。无论差异有多大，都会造成移民的文化冲击。一般认为，移民在体验迁入国文化时，如果情况不符合自己的心理期望，他们将遭受一定程度的文化冲击，这会影响文化融合。但是，许多学者对这一现象持有不同的看法。Weissman 和 Furnham（1987）研究了期望与文化融合之间的关系。他们认为，移民的心理健康水平有助于解释期望值与实际状况之间的差距。

Judee K Burgoon（1976）最早提出了"违背期望理论"（expectancy violation theory，EVT）。该理论关注的是由于未能达到预期而导致的现象。他们认为，移民的期望可能会对未来与当地人的交流产生积极或消极的影响。Louis（1980）认为，尽管实际水平没有达到移民的期望值，但这不一定会带来消极影响，也可以期待正面影响。

5. 文化智力

Ang 和 Earley 最早提出了文化智力（cultural intelligence，CQ）的概念并编制了量表①，以衡量人们理解与融入不同文化环境的能力。文化智力反映的是新文化环境中个体采集信息并做出一系列的判断，采取相应的有效措施应对新文化的知识和技能②。在新的社会环境中，与文化相关的知识和技能可以提高文化融合的程度。文化智力在某种程度上取决于先前的经验。人们可以从元认知、认知、动机和行为四个方面考察移民的文化智力。

文化智力概念的提出，得到了许多学者的响应。Ng 和 Earley（2006）③ 认为，文化智力在理论上是影响跨文化效能的重要因素。一般来说，具有较高文化智力的个体通常可以更迅速、更有效地融入新的文化环境中。Klaus（2006）④ 的研究发现，将性别、年龄、居住时间作为控制变量后，动机性文化智力同文化融合之间有着显著相关性，在文化融合中起着重要的作用。

多个研究发现，有过跨文化经历的移民在以后的移民生活中具有更高的文化融合度。关于跨文化经历在文化融合过程中的作用，学术界众说纷纭。一些学者认为，如果移民曾经在国外生活，那么他们再次进行文化融合时将比以前更顺利。一些学者认为，跨文化经历可能不会在未来的文化融合中发挥积极作用。当移民再次进行文化融合时，他们将不断地将自己的经历与过去进行比较。与过去相比，新环境可能并不比以前的环境更好，它会对移民的文化融合造成一些障碍。但是，大量研究发现，过去的跨文化经历有利于移民以后在迁入国的文化融合，因为移民通过跨文化经历而磨炼和积累了许多跨文化技能。一些学者也认为，移民对迁入国的深刻了解有助于他们的文化融合。（Searle and Ward，1990）。Parker 和 Mc Evoy（1993）在研究中发现，丰富的出国经历使移民具有了更多的跨文化技能，因此他们的文化融合状况

---

① ANG S, VAN DYNE L, KOH C, et al. Cultural intelligence: its measurement and effects on cultural judgment and decision making, cultural adaption and task performance[J]. Management and organization review, 2007, 3(3):335−371.

② EARLEY P C, ANG S. Cultural intelligence: individual interactions [M]. Stanford:Stanford University Press, 2003:17−37.

③ NG K—Y, EARLEY P C. Culture+intelligence: old constructs, new frontiers[J]. Group & organization management, 2006, 31(1):4−19.

④ TEMPLER K J,TAY C,CHANDRASEKAR N A. Motivational cultural intelligence, realistic job preview, realistic living conditions preview, and cross−cultural adjustment [J]. Group & organization management, 2006, 31(1):154−173.

比那些没有跨文化经历的人更好。

　　获取文化知识的另一种方式是培训和教育，如移民通过培训可以掌握当地语言。那么语言能力和文化融合之间是什么关系呢？一些研究表明，语言的流利程度和幸福感的水平有关，心理融入程度和生活满意度有关。一些研究人员发现语言技能与文化融合之间没有显著的关系。另一些研究发现语言技能和心理健康之间的关系是相反的。例如，Takai（1989）发现，在日本的外国学生日语流畅程度越高，生活满意度反而越低，原因是具有一定语言技能的外国人对与当地人交流的预期更高，但是这种期望会降低他们的满意度①。这表明，当语言为文化融合的自变量时，可能还存在认知和期望等其他调节变量。

　　在国际化社区，语言上的困难会阻碍外籍居民在社区的社会文化交流，导致他们产生消极情绪，汉语水平越差的外国居民的人际交往能力越差。这样的循环会使外国居民的心理受挫，影响他们与当地人的交流，最终导致一系列文化融合的心理问题，如强迫、人际关系敏感、焦虑等。

　　6.人口统计学因素

　　人口统计学因素与文化融合之间的一系列关系也是研究者关注的话题。人口因素包括性别、年龄、收入和教育程度等。

　　研究说明，文化适应过程中存在一定的性别差异。一般来说，研究者认为女性移民有更大的文化融合问题。例如，Ataca 等人（2002）在对加拿大的土耳其移民进行的一项研究中发现，女性的社会文化融合程度比男性差。但是也有报告说男性面临更多的文化融合问题。Zlobina 等人（2006）对西班牙移民的研究表明，北非裔女性移民的社会文化融合状况较好。但是对整个包括不同族裔移民在内的样本进行分析发现，性别和文化融合程度无关。事实上，男性和女性都存在文化融合问题，只是表现在不同的方面。Sam（1998）对居住在挪威的青少年移民进行的一项研究发现，当这些青少年移民出现文化融合问题时，女孩更多出现的是抑郁症状，而男孩更多出现的是反社会行为②。

　　年龄对文化融合的影响尚无统一的结论。一部分学者认为，年轻人对异域文化所带来的新鲜体验常常感到非常兴奋，文化融合程度比较高，这是由年轻人的心理特质所决定的。年轻人心智渐趋成熟，有较强的自我意识，在思

---

① TAKAI J. The adjustment of international students at a third culture-like academic community in Japan(1): a longitudinal study[J].Human communication studies.1989, 17(2): 113-120.

② SAM D L. Predicting life satisfaction among adolescents from immigrant families in Norway[J]. Ethnicity and health.1998,3(1-2):5-18.

想、言语和行为等方面表现出极大的独立性，能够理性看待两国之间的差异。他们渴望独立、自由、无约束的生活，充满活力和想象力，拥有理想与信念，对外界事物充满好奇心，渴望尝试和探索新事物。而另一些研究则认为，老年人的文化融合问题较多。Baiser（1991）的研究发现，个体的文化融合程度在学龄前相对平稳，原因是个体认同的发展；而当文化融合发生在个体的后期阶段（如退休后）时，个体更有可能体验更大程度的文化和心理冲突，并且在此过程中遇到的风险（如抑郁和焦虑等）也将更大，原因是接受新文化新事物很困难。也就是说，青少年和年老的人都是文化融合的高风险阶段人群[1]。青少年移民的压力源于个人阅历不够丰富、识别能力不够，他们面对陌生和复杂的环境时往往难以决断，不太善于处理情感与理智的关系；而对老年移民来说，让他们学习文化是一件相对有难度的事[2]。

教育、职业和收入也是文化融合的影响因素。受教育水平与文化融合程度成正比，因为教育与其他资源相关联，如与文化有关的知识和技能以及社会经济财富（高地位、高收入）等。因此，教育水平越高，文化融合程度越好。

七、文化融合的策略研究

俄国符号学家洛特曼（Lotman）从符号的角度，以文化文本为研究对象阐述了不同文化交流和碰撞的过程和机制[3]。洛特曼指出，文化互动是人类在共同的生产和生活中自发的交流、渗透和互补行为。它是两种或多种文化元素在相互交流的过程中互相调和、互相吸纳并融合成一个有机整体的过程。根据该理论，国际化社区文化融合过程中的文化互动须满足两个条件。第一，移民文化与中国本土文化属于不同的文化范畴，具有各自独立的、特殊的机制与取向。第二，移民文化与中国本土文化的文化结构存在共性，具备相互依存的必要性。外来移民文化与中国文化属于不同民族的文化，存在着明显的差异。然而，两者都属于世界文化的广泛范畴，移民文化与中国本土文化之间有着天然的关联，也有着进一步交流的基础。也就是说，在国际化社区，移民文化与中国本土文化的和谐共存、互动融合是完全可能的。

① BEISER M. The mental health of refugees in resettlement countries[M]// HOWARD ADELMAN. Refugee policy:Canda and the Unitsd States. Toronto: York Lanes Press,1991:425-442.

② BEISER M. Influences of time, ethnicity, and attachment on depression in southeast Asian refugees[J]. American journal of psychiatry, 1988,145(1):46-51.

③ 陈戈．论洛特曼的文化互动理论 [J]. 解放军外国语学院学报，2007(4):109-113.

　　王益康在《美国国际大学生跨文化融合》一文中研究了国际大学生的心理适应能力和文化融合程度如何随时间而变化[①]。该调查包含男女同校公立大学 169 名国际学生的样本，研究了心理适应和文化融合。心理适应是指跨文化融合期间的幸福感或满足感；文化融合指的是融入新文化的能力和程度[②]。结果表明，研究生和本科生的心理满意度与社会文化技能都会随着时间变化发生正向变化。在美国居住至少 24 个月且文化融合程度随着时间的推移稳步增长的学生心理适应变化最为显著。由此可以得出结论，随着时间的推移，移民群体将在新的国家丢掉他们的一些文化特征，并融入新的文化特质。此外，移民在迁入国生活的时间越长，就会越习惯迁入国家的文化。

八、文化融合测量维度研究

　　各国学者在文化融合的维度划分研究上也取得了丰硕的成果。而文化融合维度的划分决定了如何测量文化融合水平。新西兰学者 Ward（1999）从两个维度测量了文化融合水平，即用 Zung 氏自评抑郁量表（SDS）测量心理融合，用文化融合表测量文化融合程度。在文化融合测量方面，大多数研究者以 Ward 的 SCAS 量表作为基本参考。国内学者多采用 29 个项目的自评量表来评价移民在跨文化接触中的社会文化融合程度。若量表中报告的困难较少，则表明文化融合程度较高，该量表能反映出移民在社会文化融合中的认知和行为技能。SCAC 量表是基于 Furnham 和 Bochner（1982 年）的社会情境问卷（social situations questionnaire）转化而来，信效度得到 16 个跨地区样本、4 个纵向研究的支持。例如，雷龙云、甘怡群（2004）、朱国辉（2011）、文雯（2014）、张瑞芳（2017）等人基本沿用了 SCAS 量表的五个方面，即社会支持、服务模式、生活环境、人际交往、公德意识融合。一些学者根据各自研究的具体情况对量表中的项目进行增删重组，形成自己的文化融合模型。在心理融合方面，Zung 氏自评抑郁量表（the zung self-rating depression scale，SDS）信效度很高，被认为是评估文化心理融合的最佳量表。该量表含有 20 个项目，分为 4 级评分，原型是 W.K.Zung（1965）编制的抑郁量表。研究者多采用 Zung 氏自评抑郁量表来测量移民的抑郁水平或对生活的满意度及幸福

① WANG Y K,LI T,NOLTEMEYER A,et al.Cross-cultural adaptation of international college students in the United States[J].Journal of international students.2018,8(2):821-842.
② WARD C,BOCHNER S,FURNHAM A.The psychology of culture shock (2nd ed.)[M].East Sussex: Routledge,2001:42-49.

感，如朱国辉（2011）。也有研究者用主观幸福感和生活满意度量表来测量心理融合。

Viola Angelini 在《移民的生活满意度：文化融合的重要性》一文中论证了文化融合与移民幸福感之间的关系，提出了文化融合和移民的幸福感的测量指标[①]。根据德国社会经济研究小组的数据得出的结论是：在不考虑就业、工资等因素的情况下，文化融合与移民的生活满意度 / 幸福感之间存在正相关关系。研究还发现，越是认同迁入国文化并能讲流利的迁入国语言的移民对自己的生活越是满意。

人们的融合意愿不仅仅取决于他们要适应环境的决定，还取决于其他因素，如移民迁入国的原因等。Clare D'Souza 在《文化冲击审视、跨文化敏感性与融合意愿》一文中，用日志法分析与研究所收集的数据[②]，该研究以在国外学习的学生为样本。研究结果显示，参与者中经历过"文化冲击"的负面跨文化敏感性要大得多。经历过文化冲击的人会出现敌意、愤怒、消极、焦虑、挫折和攻击性的情绪表达和反应。此外，对于在移民之前前往该国旅行的人，他们会对该国的文化及其地位有预先确定的信念。

Greenman 和 Xie 从文化融合入手，提出用在家里使用的语言和居住时间两个指标来测量文化适应，进而评测移民的文化融合状况。

① ANGELINI V, CASI L, CORAZZINI L.Life satisfaction of immigrants: does cultural assimilation matter[J]. Journal of population economics, 2015,28 (3): 817–844.

② D'SOUZA C,SINGARAJU,HALIMI,et al.Examination of cultural shock, inter-cultural sensitivity and willingness to adapt[J]. Education and training,2016,58(9):906–925.

第三章 外籍居民在义乌

在全球化浪潮席卷世界每个角落的 21 世纪，科技革命和制度变革已极大地改变了过去的文化实力对比，增加了民族文化和民族认同在未来竞争中的可变性。世界文化的多元性与差异性是人类历史上普遍恒久的特征，多元文化的融入机制正在全世界范围内逐步形成。随着中国经济实力的增强和国际化步伐的加快，越来越多的外国人聚居的大规模的国际化社区开始涌现。

第一节 义乌：一个国际化的城市

一、义乌市的概况

义乌位于浙江省中部，金衢盆地东缘，市域面积 1 105 平方公里，下辖 6 镇 8 街道，中心城区建成区面积超过 100 平方公里，人口 200 万，其中本地户籍人口 80 万。改革开放以来，义乌坚持和深化"兴商建市"发展战略，以培育、发展、提升市场为核心，大力推进工业化、国际化，走出了一条富有特色的区域发展道路，成为全国 18 个改革开放典型地区之一。

义乌拥有全球最大的小商品批发市场，经营面积640余万平方米，商位7.5万个，经营 200 多万种商品；商品出口到 210 多个国家和地区，市场外向度达 65%；吸引了沃尔玛、麦德龙等 20 多家跨国零售集团和 30 多家国内知名连锁超市常驻采购，现有各类外资主体 7 500 多家，其中外商投资合伙企业 2 160 多家，约占全国的 75%。义乌开通了全球最长的"义新欧"国际班列，建成了国际邮件互换局和交换站、铁路临时开放口岸、空港口岸、保税物流中心等开放功能平台。义务国际贸易服务中心为外商提供"一站式"涉外管理服务。

义乌是一座锐意进取的创新城市。2011年3月，义乌经国务院批准开展国际贸易综合改革试点，是全国首个由国务院批准的县级市综合改革试点。2019年1月，浙江委、省政府印发《义乌国际贸易综合改革试验区框架方案》，决定以义乌全域联动金华义乌都市区等建设试验区。2020年2月，义乌成功获批优化营商环境国家级标准化试点。除此之外，义乌还获批开展国家农村土地制度改革试点、全国现代物流创新发展试点、电子商务大数据应用统计试点等多项国家级改革试点，近年来先后承接了20项"国字号"改革试点和28项省级改革试点，拥有优越的先行先试政策环境。义乌以"最多跑一次"撬动、深化各重点领域改革，已有10多项重要制度创新成果在全省、全国复制推广，市场采购贸易方式在全国复制，率先推进宅基地"三权分置"，在全省率先打造"无证明城市"，获批国家首批社会信用体系建设示范城市。义乌是全国首个拥有邀请外国人来华审批权限的县级市、全国首个开展个人跨境人民币业务的试点城市，成立了全国首个行政复议局、全省首个不动产统一登记中心。

义乌是一座独具魅力的和谐城市。义乌历史悠久，素有"文化之乡"的美誉，有着"勤耕好学、刚正勇为、诚信包容"的"义乌精神"，道情、婺剧、武术等特色文化赋予了义乌独特的韵味。义乌邀请外商、外来建设者参与社区管理，参与人大、政协两会，不同国家、不同地区、不同民族、不同宗教信仰的群众在义乌和谐相处，共同创业。义乌加快建设美丽义乌、平安义乌，获评"两美浙江特色体验地"、五水共治"大禹鼎"、平安"银鼎"。近年来，义乌已先后荣获国家生态市、国家森林城市、全国绿化模范市、国家卫生城市、国家环保模范城市、国家园林城市、全国首个国际商务旅游目的地城市等荣誉称号，入选全球100韧性城市。

（一）义乌市国际化社区发展的现实背景与优势条件

义乌市是一个国际化的县级市，是全球性的小商品批发基地，吸引着各个国家的商人前来采购。义乌并不靠海，虽然它位于靠海的浙江省，但它是一个内陆城市。义乌资源很少，土地不大，当地人口也不多，不具备制造业发展优势。然而，在许多外国人的经历中，他们了解到的第一个中国城市是广州，第二个中国城市就是义乌。

作为世界小商品之都，义乌是一座融入全球的开放而包容的世界性城市，拥有境外企业常驻代表机构3 000余家，每年到义乌采购的境外客商有近50万人次，有100多个国家和地区的1.3万多名外商常年居住在义乌，其中很多是"一带一路"的参与国家。因此，义乌宗教信仰、民族成分相对复杂。义乌实有人口已突破200万，其中本地人口仅占约1/3，外来人口达到143.3万人。

义乌已真正成为一个兼容并蓄的小型"联合国"，并给其他城市留下了一道道可以借鉴的"车辙"。

随着我国改革开放的不断深化和城市国际化进程的不断推进，越来越多的外国人来到中国投资、工作和定居，他们聚居于城市社区，形成了风格各异的国际化社区。国际化社区是我国现代化和城市国际化进程中的产物。在中国的发展红利和制度空间的吸引辐射下，以普通外国人（非高端人群，群体更多由非西方发达国家人口组成）为主体的大规模国际化社区成为一种普遍的类型。作为世界小商品之都的义乌是典型的代表。

改革开放以来，义乌作为中国国际贸易的"桥头堡"，在吸引外资、拓宽国际市场、产业优化调整、带动腹地经济发展方面发挥着日益重要的作用。义乌是中国城市中外国人密度较高的城市之一，每年入境 47 万外国人，跨境 78 万人。这些外国人中的绝大多数流入了城市社区，这是义乌城市化进程中的一个主要方面。然而，义乌是全国外国人犯罪率最低的城市。来自世界各地的人们不管是外地人还是外国人，凡是来这里做生意、为共同盈利而来的，义乌这座城市都欢迎并接纳。义乌是一座没有围墙的城市，吸引着世界各地的人员来义乌经商、工作、学习、定居。特别是在"一带一路"倡议的大背景下，大量外籍人士来到义乌投资、工作、生活，出现了多个中外居民共同生活、文化共存的国际化社区，不同民族、种族背景的文化在义乌碰撞与交融。这表明，义乌在城市文化上是有能力和条件接纳国际移民聚居的城市。

（二）国际化城市政府管理特色

义乌政府在宗教信仰、医疗卫生、儿童教育、法律服务等方面为外商提供了最大限度的便利。比如，在义乌注册一家外资公司只需 3 天，办理出口清关最快只需 1 分钟。义乌的海关、检验检疫等涉外服务都比较完善，甚至可直接申请办理两年的居留许可证。

2012 年，义乌成立了国际贸易服务中心，为外籍人员提供"一站式"政务、商务、生活咨询和服务[①]。随着国际贸易综合改革试点的深入开展和"义新欧"班列的开通，存在于中外方交易中的语言沟通、合同订立、产品质量、付款时限等涉外纠纷也随之涌现，并呈现出复杂性、多样性、专业性和面广量大等特点。2013 年，义乌开创性地设立了涉外纠纷人民调解委员会，大胆尝试"以外调外"的新模式，所聘请的 21 名外籍调解员来自美国、土耳其、

---

① 奚金燕，陈洁.外籍人士管理的义乌经验：兼容并蓄成就"小联合国"[EB/OL]http://www.chinanews.com/sh/2017/06-19/8255098.shtml.

塞内加尔、新加坡、韩国、印度等 19 个国家和地区，并坚持调解员"一岗双职"，实施"境外人员融入义乌"工程。自 2015 年起，义乌每年推出提升城市国际化的"十项举措"，从外籍居民签证、子女就学、就医等实际问题入手，切实便利外籍居民在义乌的工作和生活，营造良好的国际营商环境。义乌还推出了外籍商友卡，此卡可用于支付公共服务费用，使外籍居民在养老、医疗、基础教育等社会保障方面享受与义乌市民同等的待遇。目前，义乌已办理了 1 万多张外籍商友卡，基本覆盖常驻外国居民。外籍商友卡让外籍居民感受到了义乌城市的包容，感觉自己就是义乌人。

（三）城市的国际化要求社区走向国际化

1. 社区是城市的微观基础

社区既是相对独立的社会单元，又是整个社会的有机组成部分。只有各个社区共同发展，社会才能持续进步。社区既是居民物质生活和精神生活的主要场所和载体，也是人们行使民主政治权利的场所；社区既是反映城市整体形态的窗口，也是衡量城市公民素质和综合竞争力最重要的特征。

2. 建设国际城市必须以国际化社区为载体

在经济日益全球化的今天，义乌作为中国改革开放的前沿城市，与世界各国在经济、社会、文化等方面的交流日益密切。从我国国际化社区的发展情况可以看出，来华外国人的来源日益多元，聚居层次日益多样，人员构成日趋复杂，需求日趋丰富。除了通过贸易、工业、外交等方式来中国聚集的高端人才，还有众多的普通外国人到中国定居或"寻梦"。

城市国际化的过程就是人口集聚的过程，移民国际化已成为城市国际化的重要特征。这些外国人的加入不可避免地使移民集中居住的社区成为国际化的社区。国际化城市的建设和发展已经开始渗透到社区这个基层单元，牵动社区的家家户户乃至每一个居民，建设国际化社区已成为国际城市建设的重要载体和途径。

如何创建使外籍居民安居乐业的社区环境与社会氛围，促使他们融入义乌的社区生活中，鼓励社区成员参与社区活动，使社区人际关系变得更加和谐融洽，促进社区居民的认同感、归属感和社区共同文化意识的形成，从而吸引更多的外国居民来义乌居住，是国际化社区发展的首要任务。社区发展要遵循国际惯例和规则，使硬件设施的配备、社区管理组织模式、社区文化建设等满足国际化社区居民的需求，形成多元社区文化，并使社区成为国际化社区居民生活、工作、休闲的乐园。

（四）义乌建设国际化社区的优势条件

1.开放包容的城市

义乌，是习近平总书记口中"莫名其妙""无中生有""点石成金"的小县城，是一座外向性经济高度发展的城市，吸引着越来越多的外籍人士来此居住、旅游或从事商业活动。义乌以开放的胸怀吸纳了世界各地的外国人，发展成为世界最大的小商品市场。义乌有一个规模超群的巨型商业中心，总面积为550万平方米，共有超过7.5万家的商场。这里为全球的廉价商店供应塑料制品，如假花、彩珠、头绳、充气玩具、金属箔丝装饰、派对帽、雨伞等。义乌是全球180多万种商品的来源地，圣诞装饰品的占比更是高达70%。义乌是一座充满生机与活力的城市，开放的义乌有着对外来文化的宽容性和承受力，吸引了大量外国人，中西方文化在义乌融合并存。

义乌的外国居民享受着"超乎寻常的信仰自由"，当地政府还会在城市商业发展问题上咨询外商的意见。不同社区、不同宗教、不同语言的混合环境使义乌逐渐成了中国较具多元文化氛围的城市。

义乌是一座高度融入全球贸易的城市，既是商品的集散地，也是文化的集聚地。通过商品贸易往来，不同国家、不同地区和不同民族的人们汇集于此，使义乌成为一座多元文化和谐共融的国际化城市。

2.社区发展模式的转变

改革开放后，义乌市政府高度重视社区发展，使社区管理模式不断健全完善、社区设施建设力度不断加强、社区服务内容大幅扩展。通过体制和机制的创新，义乌市的社区居委会逐渐把一些非政治类业务交由专业机构和社工组织承担，使社区居委会"减负增效"，从具体的社区事务中解放出来，更加主动发现和传递社区居民的需求，形成富有活力的治理体系。如此也更有利于培育高效的专业社会力量，使其成为为国际化社区居民服务的主体。

二、为什么是义乌？

（一）敢为人先的义乌

（1）义乌是全国首个拥有邀请外国人来华审批权限的县级市。

（2）义乌是首批能办理外国人签证和居留许可证的县级市。

（3）义乌是全国首个开展个人跨境人民币业务的试点城市。

（4）义乌是全国唯一设立海关的县级城市。

（5）义乌是浙江省首个拥有对外贸易经营者备案登记管理权限的县级市。

（6）义乌首创"以外调外"模式，设立了中国首个涉外纠纷调解委员会。

（7）义乌成立了全国首个行政复议局、全省首个不动产统一登记中心。

（8）义乌用国际化的管理匹配着国际化的开放格局：

①义乌外来人口是本地人口的两倍，其中还有 1.3 万常驻外商。义乌市人大每年都邀请外来建设者代表旁听人代会。而且旁听代表还会受邀参与座谈，直接向义乌市领导建言献策，参与社会管理。截至 2018 年 7 月，已经有 80 多位外商代表旁听过人代会，或参加过座谈会。

②为在义乌居住的外国人办理外籍商友卡（具有身份识别、小额存储、支付功能，可享受乘坐公交、租赁公共自行车、图书馆借阅图书等公共服务）是义乌的一项自发创新。

③中国国务院总理李克强称赞义乌小商品市场是中国的名片，义乌商贸城堪称当代"义乌上河图"。

④义乌是中国国务院批准设立的国际贸易综合改革试点。

⑤义乌所有的公办学校全部向外商子女开放，费用标准和义乌当地人一样。

⑥义乌多家医院推广多语种服务，其中稠州医院有会说阿拉伯语的医生坐诊，平均每周都会有六七个阿拉伯婴儿在稠州医院出生。

⑦义乌不仅有"洋街长"，还活跃着一支外籍调解员队伍。

⑧在义乌，专门针对外国人群体开设的餐饮业、服务业兴旺。约旦餐厅、印度餐厅、韩国料理、西班牙餐厅随处可见。

⑨因生产世界上 60% 的圣诞装饰品，义乌被誉为"圣诞小镇"（Christmas Town）。

⑩义乌有多个外商组织。2015 年成立的世界商人之家就有 12 个外商俱乐部，其中"丝路文化"俱乐部的 CEO 是也门医生，其不仅经常组织会员去敬老院看望老人，还会组织外商喝茶，学茶艺；"旭日公益"俱乐部每月组织会员参加助学、助残、义务献血等公益活动。

⑪（18）"义新欧"班列 2014 年开通，至今已开行突破 500 列，联通亚欧大陆 37 个国家和地区。

⑫义乌港能够为义乌市小商品出口提供一站式通关服务。

⑬2018 年，义乌申报的《创新涉外管理服务举措、共建和谐融合义乌》项目从全球 193 个城市的 273 个项目中脱颖而出，成功入围第四届世界城地组织广州国际城市创新奖。

⑭义乌入选全球 100 韧性城市。

（二）义乌国际化社区总体环境

改革开放以后，义乌凭借名满全球的小商品市场，从经济发展滞后的城市逐渐发展成一个国际商贸名城。从义乌实际文化发展环境来看，义乌外商众多，多种民族宗教同在，多种语言文字共生，形成了独特的多元文化统一体。这里有常驻外商1.3万人，少数民族人口6万多人，有48个民族的人员在此创业谋生。

在义乌生活的外国人往往是"扎堆"而居的，较早的国际化社区出现在江东街道的旧村改造城区，呈现按国别集中聚居的趋势，如前成社区、鸡鸣山社区等。由于国际商贸城是外籍人士最常去的工作地，现在的国际化社区主要分布在环国际商贸城区域，如鸡鸣山社区、金城（高尔夫）社区、五爱社区、福田社区、宾王社区等，但很少有居住隔离分区的情况。义乌的外国人、外地人和本地人口多是混居。

国际化社区从一开始就具有"外来"的特征，社区居民来自不同的地区，文化背景和知识水平有很大的差异，他们在社区的发展必然走向多元化的方向。随着大量移民的涌入，社区逐步繁荣壮大，社会组织和功能也越来越完善。义乌城市所追求的国际化社区不是一般意义上的文化多元化和种族多样性的社区，而是围绕"和谐宜居"的目标，以商贸带动多元化，建设真正有利于贸易人才聚集的"高质量的多元化"，以促进中外融合的制度环境和高品质人文环境建设为重点，满足社区居民多样性、多层次、专业化管理的需求的社区。国际化社区就像城市中一颗色彩斑斓的明珠，交相辉映，使城市形成了多元文化的格局。

改革开放兴办市场以后，义乌经济实现了飞速发展，义乌模式的优越性凸显，义乌与全球的贸易增加，常驻义乌的外国人在这当中发挥着重要的作用。但作为一个多元城市，义乌必然要面对由不同民族文化差异引起的冲击、适应和融合问题，其中文化融合问题是"移民后时代"亟待解决的难题之一[①]。随着国际化社区外国居民人数激增，义乌社会网络日益复杂，尤其是文化融合问题日益凸显。全球化在经济方面的发展快于政治和文化方面的发展，这点在义乌的文化问题上也有体现。外国居民虽然能在多样的经济活动中如鱼得水，但在语言、文化和政治等方面的融入却面临着很多困难。

随着来到中国的国际移民不断增加，他们的迁徙原因也逐渐多样化，主

---

① CHEONG P H,EDWARDS R,GOULBOURNE H,et al. Immigration,social cohesion and social capital: a critical review[J]. Critical social policy, 2007,27(1):24-49.

要是出于与工作和学习相关的目的。此外，移民的其他动因也在增加，如访问、家庭、商业合作、文化交流活动等。而且来华新移民在移民决策、方式上有了更大的主动权来选择合适的移民活动，来华老移民成为新移民或潜在移民的"中介"（intermediate），为新移民融入新环境、新社区提供了诸多便利。因此，来华新移民在融入社区和当地文化方面有很多优势。比如，老移民的帮助，自身知识水平、中文水平的提高以及外部政策的鼓励，等等。

（三）挑战和机遇

然而，外籍居民也面临文化融合的诸多挑战。在义乌的常驻外籍居民通常以贸易作为职业，虽然他们可能有体面的收入和舒适的生活方式，但这并不意味着他们融入了所在社区。融入社区还需要有语言上的提升、文化上的认同，以及同当地居民有深层次的长期的交流。这样才能逐渐融入社区，才会有认同感。中文是外国居民在中国的一项重要的社交技能，在融入当地社区方面发挥着重要作用。然而，由于对汉语的掌握和运用不足，外国居民很难融入当地社区。

而且许多外籍居民来华之前对中国的情况了解甚少，与社区居民及当地社会缺乏沟通。国外普遍使用的社交媒体（如 Facebook、You Tube 和 Twiter 等）在大陆很少使用，而中国普遍使用的社交平台（如微信、QQ 等）在国外并没有得到广泛运用。所以，外籍居民在来中国之前普遍不熟悉这些社交软件，即使来中国后使用这些软件时也不熟练。

另外，来到义乌的各国商人都自发成立了商会，商会成为他们的自助互助组织，娱乐、生活、交流信息都倾向于同本国人在一起。这样逐渐形成的生活和信息接收习惯限制了他们与社区居民及当地社会的沟通。他们虽然在中国，但是仍然过着本国式的生活，难以融入主流社会。由于缺乏文化、政治互动和参与，他们很少与当地社区建立重要的和有意义的社交网络。

在国际化社区文化融合问题上，尤其需要深入思考国家间巨大的文化差异。由于中国传统文化具有独特性，历史悠久、博大精深，外国人很难深入了解中国人，而中国人在理解外国人的时候也不可避免地带着厚重的思维定式。由于不同国家的文化各自存在着理解难度，加上交流沟通渠道和方式缺乏，文化理解欠缺，国际化社区文化融合难度较大。

综上所述，国际化社区中的文化融合现状表现出两面性，一方面，经济全球化发展，全球经济政治发展和交流沟通增多，这都为国际化社区的文化融合创造了良好的外部条件、提供了帮助；另一方面，由于国与国之间文化传统存在巨大差异、社交网络使用情况不同等，社区文化融合面临很多挑战。同时，在"一带一路"倡议的大环境下，义乌面临诸多的机遇。

（四）需要和接纳：社区居民的作用

文化融合理论启示人们，国际化社区当地居民在文化融合过程中发挥重要作用。外国移民在国际化社区的城市文化融合不能简单地理解为外国移民群体单向度的行动过程，人们必须看到国际化社区、当地居民与社会组织的参与和干预过程。正如 Bourhis 指出的那样：当主流文化群体认可移民群体的文化而允许其融入主流群体，或强调移民的个体性而不看重其文化群体属性时，就可能产生融洽的社区关系。相反，如果主流文化群体的理念与移民的文化融合取向不一致，又不认可移民群体的文化或排外主义倾向严重，就可能导致族群间社区关系不和谐或发生摩擦[①]。

对于国际化社区来讲，移民属于外来人口，国际移民的迁入必然伴随着社区资源的重新分配。对于社区本地居民来说，国际移民便成了他们的利益矛盾群体，或者说利益对抗群体。

社区居民对外国移民的态度与其自身的素质有关。访谈中，我们发现，外国移民普遍认为受教育程度高的人以及与他们年龄接近的当地居民较少对他们表现出排斥或者歧视态度。受教育程度高的人普通素质高，善于观察分析，不会轻易将人性弱点归结为群体特征，不轻易歧视他人；与他们年龄相仿的人与他们有很多共同话题，很容易谈得来。那些年龄较大、受教育程度较低的人较容易由人际交往产生群际偏见与排外意识，交往具有表面性、功利性。

第二节　典型国际化社区

一、号称"联合国社区"的国际化社区——鸡鸣山社区

（一）社区的基本概况

鸡鸣山社区是外籍人员融入义乌的典型样本之一。义乌市鸡鸣山社区成立于 2003 年 6 月，是义乌市外国人居住比较集中的一个社区。该社区西临篁园路，东靠宾王路，北临江东中路，南靠环城南路，由江东四区、金村和樊

---

① BARRETTE G, BOURHIS R Y, PERSONNAZ M, et al.Acculturation orientations of French and North African undergraduates in paris[J].International journal of intercultural relations, 2004, 28(5):415-438.

村、时代广场、星城广场、城市风景等组合而成，辖区占地面积约 2 平方千米，驻有义乌市教育局、义乌工商职业技术学院、义乌商报社等近 20 家文化教育及其他单位。鸡鸣山社区现有本地户籍人口 3 512 人、31 个省份的 2.5 万名外来人员、29 个少数民族的 2 082 名居民、1 388 名外籍人士占社区常住人口的 29.4%，这里的外籍人士分别来自 74 个国家和地区，以埃及、巴基斯坦、美国、韩国、印度、约旦人为主[①]。尽管这些数字与上海等城市相差很远，但对义乌而言，鸡鸣山社区已是外籍人士较为集中的一个社区，且人数呈不断增长的趋势。辖区内义乌工商职业技术学院国际教育学院自 2007 年起招收国际学生以来，现已累计培养来自 90 多个国家的国际学生 10 000 余人次，留学生规模在省内同类高校中名列第一。因而，鸡鸣山社区租房居住的留学生也较多。

鸡鸣山社区居民来源地呈现多元化趋势，外籍居民聚居主要是群体认同择邻而居，外籍居民以一种特殊的形式在文化认同和情感上跨空间地“聚集”在一起，由此形成了极富特色的国际化移民社区，这种社区突出了文化认同的超经济性。说起鸡鸣山社区外籍人士较多的原因，鸡鸣山社区党委书记何文君津津乐道：“最早来到义乌经商的外国人通常住在红楼宾馆，许多是长期包住。后来，许多外国人喜欢住高层套房，而十六七年前，时代广场是义乌为数不多的高层住宅楼之一，距离国际商贸城近，绿化率高，又有“人文之美”，是外国商人居住的第一选择。”后来，外籍人士纷纷慕名搬来鸡鸣山社区，所以鸡鸣山社区的金村、樊村、江东四区等小区的外籍居民数量逐年增多。在这个有很多外国人居住的社区，当地居民热情好客，外籍人士友好谦逊。

（二）社区的基础设施和服务

为促进国际化社区文化融合、满足社区中外居民对文化的需求，鸡鸣山社区设立了文化家园。文化家园是中外居民的文化栖息地，共有四层，占地面积 600 平方米，据鸡鸣山社区党委书记何文君介绍，文化家园设施齐全，设有窈窕屋形象工作室、民族团结融书苑、中外居民之家、巧媳妇工坊、廉政书画室、文化礼堂、文化微吧、艺空间等功能区。另外，社区还设有社区卫生服务站、社区警务室、超市等，涵盖餐饮、娱乐、休闲、健身、购物等方面，能够满足社区居民日常生活的需要。

社区有十余支太极队、武术队、舞龙队、大鼓队等文体队伍，还有维稳巡逻志愿服务队、社区环境治理服务队等。这些队伍在社区安全、社区环境、

---

① 数据由课题组 2019 年 5 月调研所得。

社区文化等方面发挥着非常重要的作用。社区老年协会积极组织社区文艺活动，丰富了社区的文化生活，营造了文化融合的氛围。

（三）社区的管理特色和优势

1.多元参社议社，打造协同治理格局

鸡鸣山社区通过发挥现有党群资源的优势，组建党群服务联盟，丰富制度设计，进行政策激励，以中外居民需求为导向，组织外国居民更好地融入和参与社区治理，激发外国居民对社区和城市的责任心，在精准、精细服务中凝聚人心。社区从2006年起就开始有针对性地展开外国居民融入社区的工作。社区成立了境外人员管理服务办公室，配备了外事专管员，还在外国居民中推选了信息员。此外，社区还设立了"惠民议事会"等平台，以促进外国居民融入社区。外国居民可通过惠民议事会直接参与社区活动。鸡鸣山社区聘请了包括马飞、哈米在内的外籍人员担任社区惠民议事会成员。社区有重大事项需要征询意见的时候，都会让他们积极参与。鸡鸣山社区还试点外国居民担任居民委员会委员，条件是必须已在社区居住三年以上，有固定经营场所，会四个以上国家的语言（包括中文）。

2.热心肠的"国际老娘舅"

随着中外文化融合的深入，外籍居民在义乌就医、子女入学都更加便利。一些外籍居民也产生了回馈社区的想法，许多外籍居民开始从"享受"转变为"参与"，将自己定位为"新义乌人"。鸡鸣山社区设立了"国际老娘舅"中外调解室，由外商担任调解员，用"以外调外"外事不出社的模式调解辖区涉外纠纷，对外商在义乌的工作与生活起居进行有效协调和帮助。该项目在国内也是首创。以前，外商遇到矛盾通常会寻求翻译来调解冲突，但由于文化差异、信任问题等障碍，效果往往不像预期的那样好。外籍调解员能更好地换位思考，让当事人感到友好、安全、信任，常常能打开僵局，缓解双方的对立情绪，让调解在相对友好的氛围下进行，这使调解的成功率大大增加。现年57岁的哈米就是一位"联合国社区"的老娘舅，他来自伊朗，已经常驻义乌16年。哈米有超强的语言天赋，会说六种语言（波斯语、英文、土耳其语、日语、西班牙语、汉语）。在经营外贸公司（义乌市哈米贸易进口有限公司）和管理义乌伊朗商会的同时，他还积极参与社区的治理。现在居住在义乌的伊朗人都习惯遇到大大小小的事情时就找热心肠的哈米。由于语言障碍，社区里很多外国人无法完全理解社区的管理方式，哈米专门调解辖区外国人的矛盾，帮助社区宣传推行各项政策。公平、公正是哈米处理纠纷的原则。哈米帮助老外调解的争端可以说不计其数。"平均两天一起吧，"他说，

"这么多年下来，我都记不清了。"

2003年，哈米来杭州做生意。他喜欢看《钱塘老娘舅》节目，以此来了解这个城市，并融入杭州生活。2007年，他在义乌创办了义乌哈密贸易进出口有限公司，还当起了"联合国社区"的老娘舅。哈米还被聘为社区消防安全宣传员和社区纠纷协调员。哈米的热情投入也为他带来了荣誉。在义乌生活的十多年中，哈米获得了"义乌十大好人"等多项荣誉，他的办公室里放着一排排整齐的奖章、证书和奖杯（图3-1）。哈米发自内心地说："人人为我，我为人人。在义乌大家都是一家人，共治善治才能实现共赢。"

图3-1　哈米获得多项荣誉

哈米现任义乌伊朗商会会长，他一直致力于帮助伊朗人在义乌更好地创业与生活。在哈米的牵头组织下，商会与义乌30多名律师合作，定期提供免费的法律援助，并建立微信朋友圈，实时解答伊朗人在义乌遇到的法律问题。哈米经常给外商进行法律培训。哈米还曾作为列席代表参加义乌两会。2015年，世界商人之家成立，哈米跻身行动委员会。哈米希望世界商人之家的规章制度能够得到完善，大家都能真正从这个组织中受益。

3. 全面参与社区公共事务

在哈米的带动下，社区里越来越多的外籍人士把社区当成自己的家，积极参加社区志愿活动，如加入平安服务队、文明劝导队、志愿服务队、环保行动队，定期参与社区的文明劝导、安全生产检查、卫生环境督查、治安和消防巡查，向社区居民宣传消防安全等知识。在"外国人大讲堂"上，外籍人士上台讲解外国文化习俗。在包粽子比赛、剪纸活动、消防演习、给独居老人送温暖等活动中，社区队伍中也总是活跃着外籍居民的身影。每周四晚八时许，俄罗斯人希尔盖、乌克兰人巴哈塔、巴基斯坦人穆迪都会穿着志愿者服装，与社区党员一起参加志愿服务。他们一边敲着小锣，一边用英语、俄语、阿拉伯语交替喊着"天干物燥小心火烛""防火防盗防诈骗"。

为了让远离家乡的外籍人士感受到家一般的温暖，真正"当家做主"，鸡鸣山社区积极组织境内外居民，引入社会力量参与社区管理和服务，开展社会协同管理和专业化治理。为构建居民"连心桥"，完善"中外居民和谐共融"的服务体系，鸡鸣山社区设立了20多个免费服务项目，包括境外人员汉语培训课程、四点钟学校托管班等，还建立了志愿服务积分制，以"服务换服务"和"体验式"参与管理模式。这些举措都有效促进了国际化社区的文化融合。

4. 汉语、书画、电商培训

鸡鸣山社区是一个多民族、多国籍居民聚集交融的大家庭。随着社区外籍居民的增加，他们对汉语学习的重视程度也不断提高。为帮助外商跨越语言、文化障碍，使外国居民与当地居民的交流更加顺畅，鸡鸣山社区党群服务中心为外籍人士量身定制了汉语、书法、电商等培训课程。外国居民可以免费参加这些培训课程，但报名有一定的条件，即参加社区志愿服务集满72个积分，就能兑换一学期免费培训课程。我们从鸡鸣山社区党群服务中心了解到，截至2019年4月，已有28个国家的820余名外籍志愿者用服务积分兑换课程1 800多课时。鸡鸣山社区积极探索，通过引进专业社工团队等方式，让境外人员更好地融入社区。社区党群服务中心与"同悦社工"服务站常年携手合作，提高社区治理的专业化水平和智能化支撑。"同悦社工"是由青年发起、青年主导的专业社会服务组织，在社区服务中积累了丰富的涉外人口社会工作经验，为境外人员、少数民族同胞开设了语言培训班，邀请义乌工商职业技术学院留学生班资深教师授课。在这里，外国居民可以报名参加汉语学习、法律知识讲座、英语沙龙、中国书画、电商培训、沙画体验等活动。开设汉语课后，哈米连连感叹道："我这个国际'老娘舅'轻松了不少耶！"——以前每天都会有朋友打电话给他，问他问题，寻求帮助，常见的问题是语言文化间的差异。何文君书记告诉我们，中文课程在外国居民中非常受欢迎，课堂学习气氛非常活跃。课堂上学员们几乎无一缺席，刮风下雨的恶劣天气也不例外。在书画课上，外籍居民学习用毛笔写自己的名字，学习如何画中国画。他们在学写中国字、学画中国画的过程中感受中国文字和书画带来的传统文化的魅力。

5. 丰富多彩的社区活动

鸡鸣山社区外国居民众多，融合了不同国家和民族的文化。为了促进中外居民的文化融合，展现义乌的包容性与魅力，鸡鸣山社区注重依托传统节日进行文化输出，让外国居民在欢声笑语中感受并了解中国文化，缩小中西文化差异。每逢节庆日，社区都会开展多种多样的文化交流活动，邀请外籍居民一起庆祝每一个传统节日，包括春节、端午节、元宵节、中秋节等，让外籍居民感受中国文化的魅力，外籍人士与当地居民一起包水饺、包粽子、赏月；社区还常态化开展中外邻居节、我们的节日、汉字大赛、梦想剧场、公益集市等品牌活动。每到社区文化节、文化周活动，必少不了老外活跃的身影。社区活动等将整个社区团结起来，让外籍居民真正融入了义乌的生活圈，留在义乌，爱上义乌，创建开放、包容、和谐的国际社区大家庭。

　　社区的特色活动有"浓情腊八粥，温暖社区情"送腊八粥活动、"相约社区，爱心过'枣'年"爱心义卖活动、"邂逅光与影，猴娃迎新春"的春联活动、"我和爸爸的独家记忆"父亲节活动、"粽情端午，欢聚一堂"端午节活动、"环保小当家，社区乐陶陶"鸡鸣山社区跳蚤市场活动、"巧手做月饼，快乐迎中秋"的中秋节活动、"汉字大赛"、沙画表演、法律知识公益讲座等（图3-2）。

（a）鸡鸣山社区党群服务中心图　（b）鸡鸣山社区文化家园一角　（c）中外居民之家照片墙

（d）社区老年活动室　　　　　（e）社区画苑　　　　　　（f）汉字大赛

（g）沙画表演　　　　（h）外国友人在义乌参加龙舟赛　　　（i）中外居民欢聚一堂

图3-2　鸡鸣山社区的特色活动

二、居住生活型国际化社区——金城社区

（一）社区的基本概况

作为一个硬件设施完备、地理位置优越的国际化城区，义乌市金城社区吸引了越来越多的外籍人士来到这里生活。金城社区位于义乌后宅街道，社区覆盖范围如下：福田街道交界线—稠城街道交界线—北苑街道交界线—城北路—柳青路—群英路—环城北路—商城大道—大通路闭合区域。金城社区近年来平均年居住外籍人口数约为 1 000 人，是义乌最大的境外人员集聚地。截至 2019 年 1 月，金城社区有来自 65 个国家的 1 117 位境外人员[①]，是一个基础服务设施较好、外国人密度大、异质化程度高的社区。

（二）社区的基础设施和服务

金城社区以"大社区"为理念，致力于打造高端化定位的居住生活型国际化社区。社区以促进中外居民交流融合，满足中外居民多元化服务需求为目标，着力提升社区高端休闲、文化商贸、公共服务水平。为打造便利化营商环境，金城社区于 2019 年 2 月设立了浙江省首个社区境外人员管理服务中心，即金城国际家园。金城国际家园设有阅览室、会议室、休闲会客室、儿童活动区、心理咨询室和警务室，功能齐全，还设立了服务区，通过与派出所、出入境管理局、街道办事处等部门合作，整合资源，解决外籍人士的刚性需求，为外籍居民提供出入境登记和注册、签证到期提醒、房屋租赁信息、中文培训、司法援助、法律法规学习等服务的办理和咨询，为境外人员提供了便利。同时，金城社区积极探索针对外国人的"居民化管理"方式。

（三）社区的管理特色和优势

1．"以外管外"服务

金城社区特别注重打造国际社区交流平台，提升社区服务场所的整体形象。社区增设了双语或多语种标识。还组建了由外籍居民组成的志愿者服务队，开展了"以外管外"服务活动。为了让外籍居民更好地了解当地文化，金城社区还开展了红色文化传播活动，借助社区党员、涉外社工、外籍志愿者的力量开展志愿服务。

2．"汉语托福"培训

金城社区融合各方文化，兼容并蓄。除了每月四次的社区主题活动，还每周开设中文培训班，将"汉语托福"开到社区。金城社区联合"同悦社工"及

---

① 数据根据课题组调研所得。

义乌工商职业技术学院涉外人员服务中心，共同为社区外国居民免费开设了汉语水平考试三级（HSK3）培训班，此培训班受到了社区外国居民的欢迎。汉语水平考试（HSK）是一项测试母语为非汉语的人士的汉语水平的重要考试。通过HSK3 的外国居民基本可以用汉语完成生活、学习、工作等方面的交际任务，这是他们融入国际化社区的有力保障。在汉语培训班里的对话、趣味性语言类游戏、多人协同活动项目等活动使外国居民越来越意识到语言学习的重要性与趣味性，同时加深了他们与社区当地居民之间的认识和了解，和当地居民拉近了距离、增进了感情、改善了关系，相互间的人际信任感加强了。随着语言学习的深入，外籍居民可以更顺畅地与社区当地居民交流，促进个人社会网络的拓展。同时，交流与沟通的深入也推动了人们对往日里习而不察的自身社会规范、文化特质和价值观的深刻反思。

3. 特色活动

金城社区还组织志愿者对国际移民家庭的孩子进行"一对一"的语言辅导，帮助他们适应新社区的生活。每逢元宵节，金城社区都会开展闹元宵的活动。中外业主共同参加猜灯谜、做汤圆、DIY 红包灯笼等活动。外籍居民纷纷表示，这样的活动让人感到兴致满满，乐趣多多。

以上这些服务、培训、活动等如图 3-3、图 3-4、图 3-5、图 3-6 所示。

图 3-3 开展"一带一路"沿线国家工艺品展览、海报宣传、各国美食共享等系列活动

图 3-4 浙江省首个社区境外人员管理服务中心

图 3-5　率先在社区开设汉语水平考试培训

图 3-6　中外居民闹元宵活动方案

三、共创共享型国际化社区——宾王社区

（一）社区的基本概况

宾王社区东南临义乌江，西南以化工路为界，西北靠工人北路，东北是宾王路，面积约 1 平方公里。截至 2019 年 4 月，有境外居民 1386 人，他们常年从事外贸、饮食等行业。不同国家、不同地区、不同民族、不同宗教信仰的中外居民在这里和谐相处，共同生活与创业。

宾王社区地处义乌市中心最繁华的宾王商贸区，交通网络四通八达，商业形态蔚为繁荣，每天到宾王社区一带生活、工作的流动人口高达数万人，其中包括境外人员约 3500 人。宾王社区是义乌人口较稠密的地区之一，辖区内有机关单位、金融机构、学校、幼儿园、宾馆、娱乐场所、网吧、餐厅、个体经营门店、夜市等，是不同国家、不同语言、不同肤色的人们一起做生意、娱乐放松的集聚地。

（二）社区特色：外商店铺林立

社区的"异国风情街"是外国店铺的聚集地，对外籍人士来说，在这里可以吃到地道的家乡菜。在异国风情街上，到处可以看到标有阿拉伯文、英文、韩文的餐馆、KTV、理发店等，每当夜幕降临时，这些外国餐馆的霓虹灯就会闪烁起来，空气中也开始飘起充满异国情调的香水的味道和水烟的气味，有三五成群的穿着民族服装的阿拉伯人围坐在店外的藤椅上聊天，和写满外语的霓虹灯相映，让人恍惚自己是在阿拉伯国家的大街上行走。

这里的斯盖尔餐厅每天生意兴隆，光是被叫作"土尔克"的、有着包括薄荷味在内的各种口味的阿拉伯水烟就特别受客人的欢迎，有时候一晚上就卖出 100 多个。旁边一家写满阿拉伯语的理发馆也生意极好。在那里理一次发要150 元，虽然比当地理发店贵，但是来此理发的顾客有他们自己的原因。"在这里我可以告诉他我想要什么样的发型。在中国理发店？没有办法。"刚理完发走出来的顾客 Walid 笑着解释说。

（三）社区的管理特色和优势

1. 国际社区警务工作室

由于境外人员数量的不断增加，宾王社区大力创建国际化社区警务工作新模式，并率先在义乌建立了国际社区警务工作室，以促进涉外旅馆如实登记、境外人员本地化管理等工作，方便到宾王社区入住生活的外国朋友，从而在确保公共秩序稳定的同时促进该地区的经济发展。

2. "三防"宣传

宾王社区商铺众多，其中有 60 多家由外商和少数民族经营的店铺。为了消除语言障碍，让经营户深刻理解消防安全工作，让消防实现在本地的"国际化"，宾王社区组织工作人员、党员志愿者、社区平安服务队成立了"打更人"队伍，提醒居民注意"防火、防盗、防诈骗"的"三防"工作。外籍志愿者穿着志愿者的"制服"，穿梭在大街小巷，敲着锣大声吆喝着穿梭在熙熙攘攘的异国风情街，向中外友人宣传做好消防安全和治安防范工作。

3. "共治共享型"国际化社区

宾王社区围绕"和谐宜居"的目标，提出了建设中外居民"共治共享型"国际化社区，发挥基层党群资源优势，形成党建政治引领下的"专业化"国际化社区治理体系，通过构建"共治共享型"社区，协同增效，解决社区的民生"小事"，努力营造促进中外文化融合的社区制度环境和高品质人文环境，促进中外居民的社区融合，推动外籍人员同本地居民的文化融情工作的进展，从而向中外居民辐射国际化社区建设的红利，促进社区中外居民文明程度的提升。

（四）外籍居民的愉快生活

社区为外籍居民开设了国际学堂，向外籍居民展示了中国民间剪纸艺术、太极武术和编织艺术等能代表中国传统文化的艺术。学习中国太极武术不仅可以强身健体，还可以感受到太极拳所带来的人与自然、人与社会的和谐与融洽。中国编织课向外籍居民讲解中国手工文化的起源和中国编织知识，传授中国传统编织技法，编织生活用品，如帽子、围巾、袜子等。社区国际学堂使外籍居民了解和学习了中国传统文化，感受到了中国传统文化的魅力，进而能更加理解和支持当地风俗习惯、政策法规等。

四、族群聚居型国际化社区——五爱社区

（一）社区的基本概况

五爱社区成立于 2007 年，面积约 1 平方千米，分为鲇溪、五爱、桥东、嘉鸿和梅湖这五个居民区。目前，该社区总人口近 2.3 万人，其中本地人口为 3 478 多人，外来人员为 19 695 人左右，外籍居民为 1 500 多人，他们来自 55 个国家和地区，其中来自穆斯林国家的人士较多，他们多居住在鲇溪、五爱两个居民区。

五爱社区的商业氛围浓厚，穆斯林食品和店铺比比皆是，从穆斯林餐厅到特色民族服装，应有尽有，受到不少外国人的青睐，越来越多的外籍人士来此居住。这种集聚效应主要源自"一个夜市和一条库存商业街"。五爱库存商业街不但商品齐全，而且价格低廉，每天都吸引着外国商人来此地"淘宝"，一些外贸公司甚至直接去库存店购买商品。与五爱社区仅一江之隔的三挺路夜市也是外籍人士特别喜欢的"便宜货市场"。近年来，去三挺路夜市选购物美价廉商品的外籍人士越来越多了。

此外，五爱社区商业发达，地理位置优越，环境优美，这也是吸引众多外籍人士来此地经商和居住的一个重要原因。五爱社区非常靠近义乌主城区和市场，与篁园市场、宾王市场、国际商贸城隔江相望，社区周围的客货运输四通八达。同时，五爱社区在居住环境方面有着其他社区无与伦比的优势，如桥东、五爱、嘉鸿和梅湖这四个居民区的北面就是美丽的江滨绿廊，五爱社区东临梅湖广场、南靠鸡鸣山公园。值得一提的是，五爱社区有着便利的就学环境。这里幼儿园、小学到大学一应俱全。因而，常常有人感慨："无论是创业、经商、工作、学习，还是居住条件，五爱社区都称得上是块宝地。"

（二）社区特色：境外人士之家

境外人士之家是社区外籍居民寻求帮助、解决问题的场所，是在国际化社区建设的过程中，为协助外籍人士融入社区生活，解决外籍居民在社区生

活中的各种困难而专门开辟的一个公共服务空间。由社区腾出办公室，以此作为对社区内所有外籍居民开放的一个公共服务和活动场所，面向外籍居民宣传政策法规，为外籍居民提供政策法规、签证服务、就医、就学、租房等信息咨询。

（三）社区管理和活动

五爱社区致力于发挥现有党群资源的优势，积极设计和策划，使外籍居民更好地融入国际化社区。社区活动以传统节日为主线举办庆祝活动，集体活动和个人活动相结合，开展多种多样的融情活动，如中外友人包粽子比赛等。在丰富多彩的活动中，社区中外居民彼此了解，增强了社区团结意识。

（四）外籍居民在社区的愉快生活

1. 不到一年就会说流利的汉语

35岁的阿利居住在鲇溪新村15幢，他来自索马里，在义乌开了一家外贸公司，做服装和袜子生意。"学会说中国话，对做生意很重要。"他说。

为什么要努力学习中文？阿利说，他认识的许多外国商人都由于不懂中文而蒙受了许多损失。为了学好中文，他来到义乌后请了两个中国翻译，外出时看到东西就问"这个是什么，我应该怎么说"，不到一年，他就会说一口流利的中文了。

现在，阿利去市场采购、陪同客户逛市场时通常都不带翻译。"我一个人开车，自己搞定一切。"他说。三年下来，他已成了"义乌通"，每天他都会去市场，看样品、订货、出口商品。阿利的生意越做越大，每周至少要往肯尼亚发送两个货柜，多的时候每周五六个货柜。

2. 每天都出门"淘宝"

毛里塔尼亚商人思帝来义乌七八年了。他有个外贸公司，叫"斯凯国际贸易有限公司"，开在五爱小区12幢。公司不大，有两名员工，但每月发往摩洛哥的货柜有10个以上。思帝几乎每天都去义乌国际商贸城，看看市场上是否有新产品，乐此不疲。每天上午10点到下午4点是他外出"淘宝"的固定时段。思帝说，因为义乌市场每天都有新品上市，所以他一天不去逛市场都不可以。他所采购的商品仅运送到摩洛哥一个国家，但采购种类很多。用他的话说，只要客户需要他就采购。

3. 在义乌成家立业

38岁的莫法克来自叙利亚，他在义乌住了10年了。莫法克在鲇溪新村17幢开办了"阿法米亚贸易有限公司"。该公司有五名员工，光仓库就租了四五间店面。公司经营文具、五金、工艺品等，货物主要销往沙特、罗马尼亚、埃及等国，每周发四五个货柜。莫法克不但能说一口流利的汉语，而且能听懂义乌当地的一些方言。他在义乌认识了现在的妻子，他们的两个儿子都上小学了。业余时间，莫法克常常和朋友一起去梅湖体育馆踢足球。在他看来，踢足球不仅可以健身，还是交友的一个渠道。"足球让我结识了很多朋友，有义乌当地的，也有其他国家的。"莫法克说。

4. 敢闯敢拼的餐厅老板

家住五爱社区的奥兹坎·塞泽尔来到义乌 10 年了。他来自土耳其，在义乌开了三家餐厅，稠州北路上的苏坦餐厅就是其中一家。

2009 年，在朋友的建议下，奥兹坎和妻子来到义乌，开了苏坦餐厅，经营土耳其烧烤、各类甜品、土耳其特色咖啡等，所有调配料都来自土耳其。他们不断创新菜式，推陈出新，提供地道的美食的同时，向顾客提供最好的服务，让远离家乡的客人感受到家的温暖，因此餐厅的生意蒸蒸日上。为了解决语言障碍，他特地聘请了精通中英文的经理，组织全体员工开展双语培训。他还加入了义乌世界商人之家，当义务调解员和协管志愿者。

奥兹坎还签约成为土耳其国民品牌 MADO 冰激凌代理，并在义乌开了两家以冰激凌为主题的 MADO 西餐厅。两家店日均客流量为 500 至 1 000 人。冰激凌的原材料是通过"义新欧"中欧班列运到义乌的。他的进一步计划是在中国的大城市开冰激凌分店，争取开 1 000 家。

五、商业生态型国际化社区——福田社区

（一）社区的基本概况

福田社区成立于 2006 年 1 月，位于义乌市中心，毗邻国际商贸城一期和三期市场。东至福田路，南至商城大道，西至城中北路，北至银海路，由国际商贸城二期、原共和村和寺后盛村拆村建居组成。社区总面积为 1.6 平方千米，户籍人口为 3 900 人，共有 1 082 户家庭，9 320 多名临时居民和数万流动人口。社区中有六个党支部。该辖区主要由商城集团、福田小学、国贸幼儿园、国际商贸城二期组成。

（二）社区的管理特色和优势

义乌是全球常驻外商较多的县级市之一。人们不断集聚，社区管理工作则要不断创新。在此背景下，义乌在全国首创了"洋街长"治街模式协助社区管理，积极打造让外国人来管理外国人的社区管理新模式。居住在福田社区的

哥伦比亚商人 Fabio 成了义乌首批"市民街长"之一。他常常骑着电瓶车在外商聚集较多的路段与执法局福田大队的工作人员一起巡街。Fabio 的中文名叫马利，对于每周至少一次的上街巡查非常积极。他协助解决了很多棘手的管理难题，有效加强了与当地外籍商人的沟通。除了每周集中巡街，平时他还主动单独巡街。"洋街长"的经历让他结识了很多新朋友，在义乌更有融入感和归属感了。

（三）外籍居民在社区的生活

为提高外籍居民的安全意识，福田社区组织了寓教于乐的针对外籍居民的安全知识培训，并发放了图文并茂的防盗、预防欺诈、用电安全、用气安全等宣传册。培训以中外文化差异为切入点，侧重于出行安全、人身安全和财产安全知识。培训让外籍居民学习了灭火、火灾报警、逃生自救等应急技能。他们还从中了解了用火、用电、用气的安全注意事项，并提高了自救和应急处置能力。

福田社区举办了一系列主题文化节活动，让中外居民对各自的节日风俗传统文化有一定的了解。外籍居民和社区当地居民在社区开展的各种活动中呈现出相互包容和相互理解的态度：外籍居民群体更清楚地了解了当地居民的做事风格和思维方式；当地居民群体更加了解了外籍居民的风格和习惯，对他们高效、追求公开、提前计划、信任、务实的态度更加认同。

第四章　国际化社区文化融合状况调查和分析

第一节　问题的提出

在总结学术界有关外籍居民文化融合问题研究的基础上，研究者发现以下几个问题。

首先，文化距离对外籍居民的文化融合的影响有待进一步深入探讨。文化距离的假说是，文化距离越远，融合就越困难。但是，近年来，文化传播领域的研究出现了另一种论点，即文化越接近，彼此就越容易产生误解，出现摩擦。由于文化差异很大，双方在彼此打交道时会非常谨慎，而文化相近，语言相通时，彼此之间的细微差别就很容易被忽视，从而出现误解和冲突。这个问题需要进一步探讨。

其次，中国独特的社会文化环境，特别是人际交往的风格和方式，对外籍居民文化融合的影响需要进一步研究。中国的社会结构相对稳定，人们的人际关系通常来自家庭成员、同学、同事和同乡。因此，中国人的社交网络可以分为"亲人—朋友—熟人—外人"。在人际交往中，中国人非常重视关系的"亲疏远近"，会下意识地划分"自己人"和"外人"的界限，用不同的态度和行为对待不同的人。人们对"自己人"很客气，并乐于伸手相助，而对"外人"则态度较冷漠，缺乏必要的礼貌和尊重。这种交际方式对外籍居民的文化融合产生的影响需要深入探讨。

最后，社会支持网络对外籍居民的文化融合产生的影响有待进一步探讨。虽然学术界认为，社会支持网络对外籍居民的文化融合有很大的影响，但国内学术界对外籍居民的社会支持网络的研究较少。为了进一步了解社会支持网络对外籍居民的融合的积极影响，除了研究外籍居民与国际化社区当地居民的交往方式和频率，还需要研究外籍居民通过什么样的活动方式参与社区生活。

因此，本研究主要关注下列四个问题。

问题一：外籍居民的目的和期望是什么？他们如何看待中国的社会文化环境？

问题二：外籍居民在国际化社区的文化融合情况如何？有哪些问题和困扰？

问题三：外籍居民参与中国的社会文化生活参与度怎样？国际化社区本地居民对外籍居民的态度如何？

问题四：在国际化社区中，外籍居民获得的社会支持有哪些？哪些因素阻碍了外籍居民参与国际化社区的文化生活？可以采取哪些措施来增进外籍居民和社区当地居民的交流和相互理解？

问题一旨在了解来中国工作与生活的目的和动机，了解中国的"吸引力"和"拉力"，为后面的各项研究做铺垫。问题二旨在了解外籍居民的文化融合情况和他们在国际化社区里生活时遇到的困难，并分析其影响因素。问题三是了解影响外籍居民社区文化融合的互动因素。问题四是探讨如何创造一个有效的文化环境来促进外籍居民在国际化社区的文化融合。

基于上述问题，本研究提出以下几种假设。

假设一：外籍居民的来华期望与外籍居民的文化融合程度有相关性。

假设二：文化距离与外籍居民的文化融合状况显著相关，不同文化群体的外籍居民面临着不同的文化融合问题。

假设三：外籍居民参与社区社会文化生活的程度和外籍居民的文化融合程度有相关性。

假设四：外籍居民的文化融合程度与社会支持有相关性。

由于这项研究是本课题的核心部分，其他各项研究的开展都取决于该项研究获得的结果的真实性与准确性，因此我们对国际化社区外籍居民的文化融合状况进行了三次调研。研究过程分为以下四个步骤。

第一，在号称"联合国社区"的义乌市鸡鸣山社区抽取了50位外籍居民样本进行了预测。采用 Furham 和 Bochner（1982）的社会文化融合量表作为研究工具，请外籍居民以自我评估的方式来评价他们的社区文化融合状况。使用李克特五级量表（1= 无难度，2= 有些难度，3= 一般难度，4= 比较难，5= 最困难）来评估文化融合程度，即受访者报告的难度越低，表明社区文化融合程度越好。调查结果用 Excel 软件进行平均值排序。

第二，预测采用半开放式问卷，征求外籍居民的意见和看法。调查问卷的末尾附有调查人员的联系方式，并请外籍居民自愿留下联系方式。通过预测，我们初步了解了国际化社区外籍居民的文化融合状况，并根据外籍居民的反馈对问卷进行了补充和修改，以进一步完善问卷。

第三，我们在义乌市鸡鸣山社区、金城社区、五爱社区、宾王社区、福田社区对 650 名外籍居民和 200 名社区本地居民进行了分层抽样，发放相应问卷，剔除无效问卷，数据结果采用 SPSS18.0 和 AMOS17.0 进行分析。

第四，进一步查找理论根据，并对调查和访谈结果进行反思和论证。

第二节 外籍居民文化融合状况量表的研制

一、研究对象

采用目的性抽样和滚雪球式抽样的方法进行数据采样，选取对研究内容的相关信息掌握较多的个体为问卷样本，样本的搜集兼顾国别、性别、在华时间、年龄、教育程度等。对义乌市鸡鸣山社区、金城社区、五爱社区、宾王社区、福田社区的外籍居民进行分层抽样，最终得到有效问卷。

这些样本包括三十多个国家的外籍居民。被试者基本信息的频数统计详情如表 4-1 所示。

表4-1 被试者基本情况统计

类　别	选　项	频次 / 人	比例 /%
性别	男	359	59.6
	女	243	40.4
年龄	小于 20 岁	96	15.9
	20～30 岁	117	19.4
	31～40 岁	171	28.4
	41～50 岁	139	23.1
	50 岁以上	79	13.1

续 表

类　别	选　项	频次/人	比例/%
文化程度	中学	103	17.1
	大学专科	311	51.7
	大学本科	139	23.1
	研究生	49	8.1
跨文化经历	从未出国	189	31.4
	曾出国3个月以下	163	27.1
	曾出国超过3个月	178	29.6
	出国前未曾离开出生地	72	12.0
语言	基本不懂汉语	125	20.8
	会日常汉语会话	293	48.7
	能流利说汉语	121	20.1
	会认读和书写汉字	63	10.5
社区中国朋友数量	0个	31	5.1
	1～5个	282	46.8
	6～10个	167	27.7
	11个及以上	122	20.3
在华居住时间	6～12个月	132	21.9
	1～3年	219	36.4
	3～6年	177	29.4
	6年以上	74	12.3

二、研究方法

　　以国际化社区外籍居民的日常生活经历为切入点，通过问卷调查，收集外籍居民在华工作、生活，以及同当地居民交往的第一手资料，通过系统的理论分析和实证研究，调查外籍居民的文化融合内容、过程及状况，以及引起这些融合问题的机制和主要影响因素，深入挖掘这些因素之间的相互关系和作用机制，提出相应的对策。为了兼顾研究过程中，对样本的某些差异性的疏漏，在每份问卷的后面，尽量留下了受访者的联系方式，以便我们可以进行进一步的访谈和调查。问卷分析结果出来之后，选取部分外籍居民，对他们反映最强烈的、最集中的文化融合问题再一次进行深入访谈。

三、问卷设计

问卷内容是根据外籍居民文化融合的构成要素和影响文化融合的内外因素来设计的。问卷一（汉语、英语、阿拉伯语版本）包括来华目的和期望、在华遇到的主要困难、参与社区社会文化生活的方式，以及外籍居民在和社区当地居民交往过程中感知到的社区本地居民对外籍居民的态度。问卷二（汉语、英语版本）包括外籍居民的文化融合策略，以及对中国社会文化环境和所在的国际化社区文化环境的评价。问卷三的受访者是国际化社区当地居民，调查目的是了解社区当地居民对外籍居民所在国家和文化的接纳程度。

问卷一的调查内容包括人口统计学变量和情境变量两项（图4-1）。人口统计学变量包含国籍、性别、年龄、文化程度、汉语水平、在华居住时长、海外生活经历。情境变量包含国际化社区对外籍居民的接纳程度和外籍居民参与社区文化社会的程度。

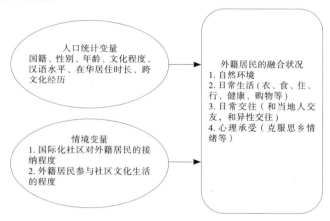

图 4-1　问卷调查中双变量关系图

问卷一的第一部分是关于外籍居民的人口统计学变量。问卷一的第二部分是关于外籍居民的来华目的和期望的调查，这部分内容主要是为后面的各个层面的融合状况的调查研究做铺垫。

问卷一的第三部分考察外籍居民参与国际化社区文化生活的方式对文化融合的影响。先采用半结构化访谈的方式了解外籍居民日常的社会活动，并根据访谈结果设计国际化社区文化活动参与调查表。从日常生活、语言、人际交往、文化活动、社区生活等方面调查不同文化类别、不同来华时长的外籍居民在参与国际化社区社会文化生活方式方面的差别。

问卷一的第四部分考察外籍居民和社区当地居民交往的情况。

问卷一的第五部分考察外籍居民的文化融合状况,从文化融合所涉及的四个方面进行问卷设计,调查外籍居民的文化融合状况。这四个方面分别为自然环境(气候)、日常生活(衣、食、住、行、健康、购物等)、日常交往(和当地人交友、和异性交往)和心理承受(克服思乡情绪等)。本量表借鉴了舍尔和沃德的社会文化融合问卷(Searle and Ward,1990)、沃德和肯尼迪的社会文化融合量表(Ward and Kennedy,1990),并在访谈的基础上进行了修订,以此作为测量国际化社区外籍居民文化融合状况的工具,调查中国独特的价值观念的影响下的国际化社区外籍居民的文化融合状况,了解外籍居民文化融合表现出的特点和趋势。

问卷二调查外籍居民的文化融合策略。

问卷三的调查目的主要是了解国际化社区当地居民对外籍居民所在国家或地区的接纳程度。采用鲍格达斯社会距离指标进行问卷设计。

从预测结果看,国际化社区外籍居民的文化融合问题集中在价值观、社区服务、语言、与当地居民的交往等方面。在调查中发现,受访者普遍反映的以下几件事情较困难。

(1)从当地人角度看问题。

(2)理解中国的笑话和幽默。

(3)学习中文。

(4)对待让人生气的人和事的态度。

(5)理解当地人的交际方式。

根据预试的反馈结果对问卷的某些项目进行了调整和合并,在预试基础上编制成正式问卷(表4-2)。

表4-2　国际化社区外籍居民社会文化融合状况调查表

类　别	文　本
自然环境	这里整体环境很美,我愿意在这里生活
语言	听懂中文
	用中文交流
	理解当地人的笑话和幽默

类 别	文 本
日常生活	保持健康
	处理住房、交通、购物等日常问题
	理解当地的规章制度
价值观	从当地人的角度看问题
	理解当地人的价值观
人际交往	理解当地人字里行间的真实意图
	理解当地人的交际方式
	和当地人交朋友
	和当地异性交往
心理	走出本国人的交际圈
	克服孤独感和思乡情绪
宗教	用自己的方式祈祷

四、研究工具

本研究采用科琳·沃德（Colleen Ward，1990）的观点，从社会文化融合和心理融合两个维度对文化融合进行考察。其中，社会文化融合状况调查是在科琳·沃德及其同事设计的社会文化融合量表（SCAS）基础上修订而成的。该量表具有良好的信度和效度，并且题项具有灵活性，可以根据研究人员的具体研究目的进行删减和调整。该量表被广泛应用于移民文化融合程度的评估中，是一个已被多次验证的相对成熟的量表。本研究量表采用"李克特五级量表"形式，每项提供五个选项（"没有困难"计1分；"有点困难"计2分；"一般"计3分；"比较困难"计4分；"非常困难"计5分），受访者根据自己的实际情况对表中的陈述进行评估。量表总得分越高，表明社会文化融合难度越大。为了使受访者更加理解量表，本量表设置了汉语、英语和阿拉伯语三个版本，以方便受访者填写。

在心理融合量表设计方面，本研究参考Zung（1965）编制的自评抑郁量表（Self-rating Depression Scale，SDS），并根据本研究实际对部分项目做了调整。该量表使用简便，信度和效度较高，并能相当直观地反映受访者的主观感受（表4-3）。量表中有20个项目，其中有10个是正性词陈述的，需要进行反向评分。量表采用 Linkert 式的四点计分，"1～4"分别表示"不是/很少这样""有时是这样""经常是这样""总是这样"，反映受访者的情况。该量表标准分数范围25～100分，得分越高，表明抑郁程度就越高。采用均值系数（各项目的平均得分）判断外籍居民的心理融合难度状况，均值系数越高，心理融合难度就越大。按照中国常模标准，临界值为53分，分数低于53分属正常范围，53～62分属于轻度抑郁，63～72分属于中度抑郁，高于72分属于重度抑郁。

表4-3　心理融合量表项目内容

项目内容
1. 我感到情绪低落，沮丧
2. 我认为一天当中早晨的心情最好
3. 我的心脏跳动比平常快，我感到焦虑
4. 我感觉自己比在国内时更敏感，更多疑，尤其在意他人对我的态度
5. 我比平时更烦躁
6. 我很容易做出决定
7. 我吃得跟平时一样多
8. 我在日常生活中与中国人交际顺利的话，会感到非常高兴，感到生活很有意思
9. 我的大脑和过去一样清晰
10. 平时喜欢做的事，我现在仍然喜欢做
11. 我有一段痛苦或想哭的时间
12. 我经常感到孤独
13. 我经常怀念故乡
14. 我做事没有感到有任何困难
15. 我觉得自己对别人有用和被别人需要
16. 我心中仍然充满爱

项目内容
17. 我容易生气，与别人吵架，会因为语言水平不高而感到沮丧
18. 我觉得自己是别人的负担
19. 晚上我睡不好觉
20. 我觉得我的中文用起来越来越顺，我对未来有信心

五、量表的分析与检验

（一）社会文化融合量表的信效度检验

由于本研究对量表进行了重新翻译和修订，为了进一步区分社会文化融合的结构，有必要对量表进行进一步的探究和信度、效度的检验。在本研究中，随机选取一半数据进行探索性因素分析，其余数据用于验证性因素分析。

（二）项目分析

在这项研究中，数据以27%为分界值，分为高分组和低分组，计算两者之间的差异，得到项目的决断值，所有 CR 值均大于3，达到显著性水平（$p<0.001$），说明题项的鉴别能力强。所有题项和量表总分相关显著，相关系数大于0.4（表4-4），表明问卷题项有较好的同质性[①]。

表4-4　社会文化融合量表项目与总分的相关及决断值（N=296）

项　目	与总分相关	CR 值	项　目	与总分相关	CR 值
a1	0.602**	9.778***	a16	0.617**	11.284***
a2	0.557**	9.887***	a17	0.506**	8.850***
a3	0.599**	11.566***	a18	0.555**	11.304***
a4	0.657**	13.077***	a19	0.557**	10.244***
a5	0.591**	11.168***	a20	0.481**	8.500***
a6	0.600**	10.728***	a21	0.545**	10.725***
a7	0.450**	7.727***	a22	0.520**	9.957***
a8	0.573**	10.061***	a23	0.625**	12.490***
a9	0.532**	8.988***	a24	0.648**	16.046***
a10	0.428**	7.390***			

① 吴明隆.问卷统计分析实务 [M].重庆：重庆大学出版社，2010:329.

续　表

项　目	与总分相关	CR 值	项　目	与总分相关	CR 值
a11	0.512**	10.073***	a25	0.648**	14.475***
a12	0.626**	13.658***	a26	0.636**	11.968***
a13	0.538**	11.603***	a27	0.567**	12.302***
a14	0.520**	10.685***	a28	0.638**	12.945***
a15	0.556**	10.790***	a29	0.633**	11.648***

注：* 表示 $p < 0.05$，** 表示 $p < 0.01$，*** 表示 $p < 0.001$，下同。

（三）探索性因素分析

变量之间存在一定的相关性是进行因素分析的前提，而在因素分析中变量之间的相关性通常通过巴特利特球形检验（Bartlett Test of Sphericity）和 KMO（Kaiser Meyer Olkin）值来表示。

巴特利特球形检验用于检验相关阵中各变量间的相关性，即检验各个变量是否各自独立，主要包括以下两个方面。

其一，假设变量相关矩阵为单位矩阵.

其二，假设变量相关矩阵不是单位矩阵。如果不能拒绝原假设，则应该考虑其是否适合做适切性因素分析。

在巴特利特球形检验中，KMO 检验用于检测变量之间的相关性和偏相关性，取值范围在 0 和 1 之间。当所有变量之间的简单相关系数的平方和远远大于偏相关系数平方和时，KMO 值接近 1。KMO 值越小，意味着观测变量间的相关性越弱，原有变量越不适合做因素分析。

依据 Kaiser（1974）的观点，执行因素分析程序时，KMO 指标值的度量标准如表 4-5 所示。因此，巴特利特球形检验达到显著水平是做因素分析的先决条件。

表4-5　KMO指标值的度量标准

KMO 值	判别情况说明	因素分析适切性
0.90 以上	非常适合进行因素分析	极佳
0.80 以上	适合进行因素分析	良好
0.70 以上	尚可进行因素分析	适中

KMO 值	判别情况说明	因素分析适切性
0.60 以上	勉强可进行因素分析	一般
0.50 以上	不太适合进行因素分析	欠佳
0.501 以下	极不适合进行因素分析	无法接受

本研究使用 SPSS 系统随机选取 50% 的数据，共 301 个个案。从表 4-6 可知，在社会文化融合量表的巴特利特球形检验中，显著性概率值为 0.000。同时，社会文化融合量表的 KMO 值为 0.906。两项检验均表明该量表数据适切，非常适合做因素分析。

表4-6　社会文化融合KMO及 Bartlett检验

KMO 和 Bartlett 检验		
取足够度的 Kaiser-Meyer-Olkin	度量	0.906
Bartlett 球形度检验	近似卡方	220.533
	df	371
	Sig	0.00

量表中项目的筛选的方法有多种，如主成分分析法（Principle Components Analysis，PCA）、主轴因子法、一般化最小平方方法、未加权最小平方方法、极大似然法、alpha 因子抽取法与映象因子抽取法等。但是，使用者最常使用的为主成分分析法与主轴法，其中又以主成分分析法的使用最为普遍。因此，本研究采用主成分分析法抽取因子，采用最大方差正交旋转的方法得到各题项的因子负荷，并按照以下几种筛选原则对问卷的题项做进一步筛选。

第一，特征值大于 1 的方法。根据 Kaiser（1960）的观点，如果题项太多，保留特征值（eigenvalue）大于 1 的因素，可能会抽取出较多的共同因素。如果项目数介于 10 至 50 之间，则使用特征值大于 1 的方法提取的因素是可靠的。当变量的数目超过 50 或共性小于 0.4 时，特征值大于 1 的方法将导致出现因素数量高估的现象。当变量的数目在 10 到 15 之间或中等数（在 35 到 45 之间），且共性大于 0.7 时，使用特征值大于 1 的方法来提取因素是最正确的（Stevens，2002）。一般来说，当项目数在 20 到 50 之间时，以特征值 1 作为因素提取的标准是最可靠的。如果项目数超过50，则以特征值为1的标准提取因素可能会提取过多的共同因素。

第二，碎石图检验法。碎石图中出现明显的陡坡。根据卡特尔（Cattell，1966）的观点："正确"的因素数量可以通过发现连续因素间信息量（特征值维度）的突然下降来确定。因此，应保留图中最大拐点（elbow）前的因素。

第三，因素负荷。因素负荷大于0.40，并且只在一个因素上，删除双高负荷的题项。根据因素分析理论，题项的负荷值表示公共因素与该题项之间的相关性。题项在某个因素上的负荷值越大，说明该题项与此因素的关系越密切，此题项反映公共因素的信息就越多；反之，如果题项在某个因素上的负荷值很小，则说明该题项不能反映出此因素所代表的特征。根据Kavsek，Seiffge-Krenke（1996）法则，确定因素负荷值低于0.30的项目将被删去（吴明隆，2003）。（也有研究者认为是0.40。）

第四，共同度。项目的共同度又称公共方差，它是各个题项信度系数的估计值（题项在各公共因子上的负荷值的平方和）。共同度反映了所提取的公共因素对题项的贡献。共同度越大，说明变量能被所有公共因素解释的程度越高，保留原题项信息的可能性程度就越高。依据Kavsek，Seiffge-Krenke（1996）法则，共同度小于0.16的题项应该被删除（吴明隆，2003）。

第五，合并测验项目之间相关大于0.80的项目，删除项目与问卷总分相关小于0.2的项目。

第六，一个因素至少有三个以上的题目，且因素内部的条目一致性较高。

在对社会文化融合量表进行的探索性因素分析中，根据上述法则，逐步删除了题项。在删除题项的同时，结合问卷设计时确立的文化融合的理论构想，进行多次重复探索性因素分析，相继剔除无效题项，直至变异累积率趋于稳定，留存了25道题项。

（四）验证性因素分析

为检验探索性因素分析的结果，对于剩下的样本，使用AMOS做验证性因素分析。

验证性因素分析（Confirmatory Factor Analysis，CFA）是用于测量因素与量表题项之间的对应关系是否与研究者预测一致的一种研究方法，是对已有模型和数据拟和程度的验证。要考察研究模型是否与数据拟合，需要比较再生协方差矩阵 E 和样本协方差矩阵 S 的差异。这两个矩阵的差异常用拟合指数表示。大多数拟合指数都基于拟合函数。通常，X^2 值越大，E 和 S 之间的差异就越大，给定显著性水平，如果 X^2 值大于相应的临界值，则意味着 E 和 S 之间的差异已达到显著水平，表示模型与数据拟合程度不好。相反，则表示模型与数据拟合得较好。但是，由于 X^2 的大小与样本大小 N 有关，直接应用 X^2 检验推断模型是否与数据拟合是不合适的。N 越小，X^2 值就越小，这将是与真实模型相距很远的错误模型，也给人拟合得很好的印象；当 N 很大时，X^2 值则很大，只要模型与真实模型有很大的差距，就可能被认为拟合度差[①]。为了解决上述问题，先后出现了 40 多个作为判断模型拟合度好坏的指标。但是，这些拟合指数大多数都以 X^2 统计量为基础，只是对自由度和样本量进行了不同形式的修正。

Marsh 等人将结构方程模型的拟合指数分为三类：绝对拟合指数（absolute index）、相对拟合指数（relative index）及简约拟合指数（parsimony index）。

有学者认为，一个理想的拟合指数，应当具有下面三个特征。

第一，与样本容量 N 无关。

第二，惩罚复杂的模型。

第三，对误设模型敏感。

但也有学者认为，虽然有许多模型评价拟合指数，但不同的指数得到的结果往往趋近一致。因此，选择何种指数并不是一个重要的问题，只有当不同的指数有不一致的结果时，才应当考虑假设模型的适当性，对其重新进行分析。

目前，最常见到的拟合度评估策略除了卡方值与卡方显著性、卡方自由度比两种传统方式，还有 CFI 与 RMSEA 指数等。结合其他相关研究，本书选取的拟合指数为 X^2、df、X^2/df、RMSEA、GFI、CFI、NFI、PGFI。

各类常用的拟合指数及运用的时机与判断标准如表 4-7 所示。

表4-7　各类常用的拟合指数及运用的时机与判断标准

分　类	指标名称、性质	范　围	判断值 p	性　质	适应情形
绝对拟合指数	X^2		> 0.05	越小越好	说明模型解释力
	理论与实际模型拟合度				
	df			越大越好	

①　杨爱程 . 评"学科结构"派的课程改革 [J]. 外国教育资料，1998(8):51—55.

分 类	指标名称、性质	范 围	判断值 p	性 质	适应情形
绝对拟合指数	X^2/df		< 2	越小越好	
	考虑模型复杂度后的卡方值				不受模型复杂度影响
	$RMSEA$	0～1	< 0.05	越小越好	
	理想模型与饱和模型的比较差距				受样本量和模型复杂度的影响较小，对参数较少的误设模型具有较好的敏感性
	GFI	0～1	> 0.09	越大越好	
相对拟合指数	假设模型可解释观察数据的比例				说明模型解释力
	NFI	0～1	> 0.09	越大越好	说明模型较虚
	比较假设模型与独立模型的卡方差				无模型的改善程度
	$NNFI$	0～1	> 0.90	越大越好	不受模型复杂度影响
	考虑模型复杂度的 NFI				
	CFI	0～1	> 0.95	越大越好	说明模型较虚
	假设模型与独立模型的非中央差异				无模型改善度适合小样本
简约拟合指数	$PGFI$	0～1	> 0.50	越大越好	
	考虑模型的简效性				说明模型简单程度

根据 Joreskog 和 Sorbom 的建议，在构建结构方程模型时通常有以下三种策略。

第一，严格的验证性模型（strictly confirmation），即仅验证一个先验模型。

第二，模型生成（model generation），即根据校正指标调整模型，直到模型可以验证为止。

第三，备选模型（alternative model），即同时验证多个备选模型。

Joreskog 和 Sorbom 认为，研究者可以根据需要采用这三种策略中的任何一种。因此，本研究采用严格的验证性模型策略对外籍居民社会文化融合量表进行验证性因素分析。所得结果如表 4-8 所示。

从表 4-8 可知，外籍居民社会文化融合量表整体模型从拟合指数的判断标准值来看，该模型只有 RMSEA 两个拟合指数略高于表 4-6 所列的判断值，其余结果显示模型拟合良好。用修订后的社会文化融合量表做总信度分析，克伦巴赫 a=0.920。表 4-8 中，x^2/df<3，RMSEA<0.08，其余拟合指数接近 0.9，表明研究编制的外籍居民社会文化融合量表具有较好的结构效度。

表4-8　外籍居民社会文化融合量表整体模型的拟合指数表

模　型	x^2/df	GFI	AGFI	NFI	TLI	CFI	RMSEA
整体模型	1.768	0.900	0.872	0.864	0.923	0.935	0.051

（五）抑郁自评量表的信效度分析

对 602 个样本进行信度和效度分析，检查量表的内部一致性和结构效度。信度（reliability）反映了量表的可靠性或稳定性，它表现为测验结果的一致性、再现性和稳定性。效度（validity）具有目标导向，反映量表是否有效测到所欲测（使用者所设计的）的目标。再用 AMOS 对量表进行效度检验，结果如表 4-9 所示。

表4-9　量表的信度和效度分析结果（N=602）

	a 值	题　数	x^2/df	GFI	AGFI	FI	TLI	CFI	RMSEA
抑郁自评量表	0.698	20	2.691	0.949	0.911	0.849	0.836	0.896	0.053

由表 4-9 可知，抑郁自评量表信度为 0.698。根据 DeVellis 的观点，a 系数值界于 0.65 ~ 0.70 是信度的可以接受值，0.70 ~ 0.80 相当好，0.80 ~ 0.90 非常好，说明该抑郁自评量表具有可靠的信度。验证性因素分析，$x^2/df<3$，$RMSEA< 0.08$，其余拟合指数接近 0.9，表明该抑郁自评量表具有较好的结构效度。

第三节　外籍居民文化融合状况访谈和分析

在调查中，我们发现一些因素干扰了对外籍居民文化融合真实状况的了解。比如，有的外籍居民来华时间不长，生活在一个单一的圈子里，和当地人接触有限，对中国的社会文化只有肤浅的了解，没有经历过"文化冲击"，但这并非说明他们的文化融合状况良好。有的外籍居民在国际化社区生活中，有意或无意地隐藏了自己的真实情况。

同时，一些研究人员发现，亚洲人在表达自己的情感方面更保守，他们趋向于否认自己的消沉情绪（Cheng，2001；Futa，Hsu and Hansen，2001；Parker，Gladstone and Tree Chee，2001）。另一位研究者依度乌（Idowu，1985）称，非洲人不仅将暴露个人问题视为软弱的表现，还将其视为家庭秘密的暴露。

在对不同群体的文化融合状况和影响因素进行比较时，一方面，即便学者极其重视研究工具的等效性和偏差，但还是很难避免不同文化群体对一些概念和问题有不同的理解，以及在一些问题上的认识水平差异。另一方面，文化融合状况主要基于外籍居民的自我评估，而外籍居民的主观感受也会影响他们对自己的文化融合状况的评价。尽管定量研究可以从整体上掌握外籍居民的文化融合状况，但抽象的概念解析或许难以全面地反映外籍居民的文化融合状况和各种因素对外籍居民文化融合的影响。所以，有必要开展个别访谈，以弥补定量研究导致的过度泛化。

因此，我们根据调查问卷结果在国际化社区外籍居民中间又进行了深入访谈。有意识地选取了不同国籍、不同来华时间、不同签证类别的外籍居民进行了半结构式访谈，审慎文化背景的差异如何导致了文化融合的障碍，从微观层面上更细致、深入地了解和探讨国际化社区外籍居民在国际化社区中生活时和与当地人的交往中面临着哪些文化冲突和心理压力的问题，经历了怎样的心理变化过程，怎样调节自我，融入社区生活。

一、抽取样本

本研究样本来自 18 名在义乌国际化社区居住的外籍居民。来中国居住时间最短的是 6 个月，最长的是 17 年。其中，6 名韩国人，4 名尼日尔人，4 名约旦人，3 名土耳其人，1 名印度人。有 11 位男性，7 位女性。平均年龄 27.61 岁，最小 17 岁，最大 51 岁。有过跨文化经历的有 6 人，来义乌前在中国其他地区居住过的有 3 人。

二、资料搜集

通过半结构化深度访谈获得第一手资料，每次访谈的时间为 45 分钟至 1 小时，在征得每一位受访者的同意后，简洁明了地向其说明研究目的，且在受访者允许的情况下，对访谈的全过程进行录音，之后将录音内容转写成文字进行整理和分析。在访谈过程中，研究者努力摆脱刻板印象、价值观、偏见的干扰，从"他者的角度"认真聆听受访者的声音，站在受访者的角度去思考问题，力求真实、全面地了解他们的思想。访谈内容包括外籍居民来义乌的动机、期望，来华前的准备工作，是否有过跨文化培训经历，对中国（义乌）及其市民的整体印象，来华前后的情绪变化，遭遇的困境，自我调节的方法和融合策略，对社区融合的评价，等等。

三、统计分析

通过对 18 位国际化社区外籍居民样本的访谈文本的深入分析，从这些外籍居民感知到的文化距离、遭遇的困境、心理状况和调节策略等方面进行探究。

（一）遭遇的文化冲突

文化的产生是以人类的生活体验及生存经验为基础的。人们在不同的生活环境中所扮演的角色导致他们对外部世界的看法和感受不同。文化冲突是多种文化相遇时出现的分歧和冲突状态。文化冲突是当前城市国际化进程中日益显现的挑战。在全球化时代，文化认同的多极文明的出现使文化冲突的发生成为可能，而世界人口的流动使文化冲突不可避免。从访谈文本的整理情况看，受访的外籍居民都感受到了不同程度的文化冲击。这些文化冲击大致可分为价值观冲突、日常习惯冲突、突发情况处理、语言障碍、社会互动障碍、宗教信仰差异这几类。

部分访谈文本和问题类别如表4-10所示。

表4-10　部分访谈文本和问题类别

访谈文本	问题类别
1. 义乌这个地方的人看到外国人都习以为常，不会大惊小怪。这里外国人很多，他们来自各个国家	生活环境
2. 觉得义乌这里的人挺热情的，问个路什么的特别愿意帮忙，只是我自己汉语不好，英语也不好，表达不清楚	语言困难
3. 在这里丢了一辆自行车。有次骑自行车到银行，把自行车停在门口，出来的时候就发现自行车没有了	生活风险
4. 在这边租房，水费很高	住房条件
5. 餐馆常常很吵，里面的人一边吃饭一边大声说话	礼仪
6. 我们只能吃清真的食品，可是清真的饭店太少了	宗教
7. 我们国家一般点餐都是标准餐，这边还可以告诉服务员菜里去掉什么，多加点儿什么，要不要辣	理解文化差异
8. 在这边租房，电费很高	住房条件
9. 和朋友一起去餐馆吃饭就会喝酒。在我们国家不常常喝酒。只有特殊场合和特殊朋友聚在一起才会喝酒	文化差异
10. 公路上车很多，大家开车挤来挤去，爱变道。其实，这样速度更慢	交通
11. 中国的公共交通很发达，车次多，去其他的省份比较容易	交通
12. 这里有的医院有专门的外国医生，有的医院没有。我去看病，有的医生听不懂我说的话	语言障碍
13. 有时候和中国人一起，他们说的话我大概也懂，可是有时候他们哈哈大笑了起来，我却不知道他们在笑什么	理解中国人的笑话与幽默
14. 有次在外面，一辆停着的面包车起火了，站在路边的中国人有点儿吓坏了，打电话向警察求助。三个外国人看到了，就冲上去，同另外一个中国人一起，用灭火器扑灭了火。感觉中国人的应急技能训练不普及	看待问题的视角
15. 我们国家的人没有午睡的习惯	日常生活习惯

访谈文本	问题类别
16. 我日常活动范围不大。不敢走太远，怕迷路回不来	识路
17. 我在这里一天吃两顿，午饭和晚饭。早上起来就快中午了	日常生活习惯（饮食）
18. 这里小区和小区周围的超市晚上都开到十一二点，还有24 小时营业的，小区的菜市场也开到晚上八点半，买东西很方便	生活条件
19. 这里冬天很冷，我一回到住处就打开空调。我们国家没有冬天	气候
20. 有的小区邻居比较以自我为中心，总认为自己的想法是对的，去评论并指责别人的做法	价值观
21. 我们在自己的国家一天做五次礼拜，这里没有这个条件，常常不能按时做礼拜	宗教
22. 过马路的时候，汽车都会让我们。觉得很安全	交通
23. 在这里感到很安全，晚上一个人出去也没问题	环境
24. 有的工厂约好了产品打样日期，到日期了又没做好，说话不算话	不满意的合作
25. 这里的人好像都很忙，每天忙很多事情，每天属于自己的闲暇时间不多	生活节奏
26. 这里整体环境很美，人们很友好，我很愿意在这里生活	环境
27. 买东西重量单位是斤，不是公斤，不习惯	日常生活习惯

　　根据文本的整理和分析，外籍居民所遇到的文化冲突问题可以分为三个方面：生活习惯、文化价值和社会交往。

　　在生活习惯上遇到的主要问题是交通、气候、宗教、价值观、住房条件、文明礼仪等。在访谈中，外籍居民表达了他们对中国的卫生情况、医疗服务的不满，特别是厕所的设施。看病要挂号、缴费、排队等候，医生诊断则只有几分钟时间。医生"冷漠"的态度让他们感到难以接受。但他们也明确表示，卫生情况和医疗条件过去一两年里有了很大改善，银行服务也因科技的发展较过去变得高效了。此外，长期居住在这里的外籍居民对当地政府改善营商环境做出的努力深有感触，对这座城市的发展变化步伐表示感慨。很多外籍居民认为，当地中国居民的生活节奏比较快。另外，外籍居民普遍活动范围不大，出游时通常会和当地朋友一起，单独外出时容易迷路。

在饮食上，外籍居民普遍感觉食品种类与自己国家不同，中国菜味道很好，就是偏油。外籍居民对中国的饮食文化多有不解，总觉得菜单上应该注明菜的主材、配料，否则会不知道菜肴的成分。对于有宗教信仰的外籍居民来说，在餐馆吃饭是件挺困难的事，撇开菜肴味道不谈，他们常常会无从分辨哪些食材和配料是他们的宗教允许吃的，哪些是不允许吃的，所以基本上都是在菜市场买菜，和朋友在家里聚餐。就餐方面，一些外籍居民感到中国的就餐环境与自己国家显著不同，中国的就餐环境表现在人多，人们大声讲话，地上有乱扔的纸巾，餐馆里随意吸烟。他们表示，更喜欢在安静、舒适、温馨的餐厅用餐。

在公德意识方面，外籍居民感觉中国人不遵守交通规则；公共卫生环境有待改善，居民个人修养有待提高。关于中国的交通，外籍居民都认为开车难，交通混乱，司机不遵守规则，开车鲁莽，车速快。外籍居民还说，行人不遵守交通规则，乱穿马路，人们骑摩托车闯红灯，甚至逆向行驶等。但近年实施的"车让人"的交通规则让他们感到有安全感。在文明礼仪上，他们反映了当地居民不喜欢排队、喜欢在餐馆大声交谈等不礼貌现象。大多数外籍居民认为，在中国居住有安全感，他们所处的城市很有发展前景，愿意留在中国工作和生活。在访谈中，我们问到一个开放式问题："请列出您不喜欢中国的方面。""随地吐痰""交通堵塞""公厕不干净""空气污染"等答案较多，受访者普遍认为，公共卫生环境有待大幅提高。近些年，中国在市容市貌的整治上投入了大量的人力、物力和财力，成效有目共睹，但就餐环境、公厕卫生条件等仍有待改善。另外，有些广场、步行街和商贸区的卫生环境也有很大的提升空间。这些问题集中起来，都是关于"公共秩序""公共卫生"和"公共道德"的问题，而要想解决这些问题，就需要从我们文化的根源去寻找。在研究中，我们深切地感受到，我们的文化中确实缺失这种"公共意识"和"公共道德"。

在文化价值方面，外籍居民不太理解中国的"酒桌文化"和酒桌行为，认为当地人请人吃饭就要喝酒，外籍居民不会挡酒，别人敬酒自己会尽量喝，很窘迫。一些社区居民以自己为中心，按自己的行为标准随意评判他人。外籍居民还认为，中国人的应急技能培训不普及，人们在危机事件面前缺乏应急常识。

在市民素质方面，外籍居民认为有待加强。"随地吐痰、乱扔垃圾、不爱排队、在公共场合抽烟和大声说话"是访谈中外籍居民对中国人的一个概括总结。另外，一些小商贩存在对外籍居民高价售卖的行为等。这些都是外籍居民反映的问题。

在社会交往方面，外籍居民来华期望最高的两项是"希望与当地人交朋友""希望体验融入中国社会的乐趣"。和当地人交朋友可以学习汉语，了解中国文化并体验中国生活。但实际上，外籍居民与当地居民之间的接触很少。社会交往不仅是人们日常生活的必要手段，还可以满足个人交流思想和情感的需求。中国一向被视为友善、好客的礼仪之邦。相对其他国家的居民而言，中国人的"排他性"并不严重，很多中国人也愿意和外国人打交道。但是，在实际调查中，外籍居民普遍感到很难"和中国人交朋友"。来华一年以上的外籍居民感觉在"与当地人交朋友"的问题上，反而比来中国不到一年的外籍居民更加困难。

另外，外籍居民普遍在语言交流方面有困难和障碍。语言障碍是最大也是最难克服的问题，它影响到外籍居民的工作和人际交往，也影响到他们的自我认知，产生消极情感。有的外籍居民来华之前已经学过中文，他们认为自己在语言上可能没有障碍，但事实并非如此。中国是一个幅员辽阔、语言环境复杂的国家，在课堂和书籍中学习的汉语与来到中国接触的"活汉语"有很大的不同。因此，"学习和使用中文"和"理解中国的笑话和幽默"成为文化融合问题中比较困难的方面。特别是"理解中国的笑话和幽默"，这不仅需要语言能力，还需要文化能力。中国的笑话和幽默具有丰富的文化内涵，有些句子仅从字面上理解，很难猜出它们的含义，但一经解释，那就"味同嚼蜡"没有什么意思了。在访谈中，我们发现，在义乌事业成功的外籍人士有一个共同的特点，就是一到中国，就拼命学习中文，结交中国朋友。他们利用工作和生活中的一切机会提高自己的汉语水平。语言会对外籍居民的社交和生活产生直接的影响。语言障碍会使他们与中国人沟通不畅，从而加大价值观上的差异和心理上的对抗。一些在义乌的外籍居民会说汉语，但是不会认读和书写，因而在生活中不能充分了解各种社区服务设施的使用方法。

（二）面对冲突的心理状态

外籍居民面临各种冲突时心理状态如何？一些外籍居民会表现出负面情绪，这种情绪会持续很长时间，严重者会导致身体出现疾病，这是文化冲击的典型表现。另一些外籍居民则可以主动调整自己，考虑改善自己的现实处境并为自己的生活增添活力。表4-11列出了外籍居民的各种情感和内心想法。

表4-11 部分访谈文本及外籍居民的心理状况

1. 有点想家，每天和家人视频
2. 担心得很，我小孩又生病了，发烧。带他到复元医院看过，那里的医生能懂英语
3. 在这里有一个中国朋友，我们常常一起吃饭，一起玩，很开心
4. 刚来的时候，只有自己国家的一个朋友在这里。什么事情都找他。现在好了，大多数的事情都可以自己应对
5. 天气很冷，不习惯
6. 我比以前更独立了
7. 我的中国小女朋友生气了，不理我，我很难过
8. 不认识的时候对你很冷淡，熟悉以后又太亲密，没有自己的空间
9. 有点孤独。不太会汉语。工作上要靠翻译，我的中国朋友都是工作上的朋友
10. 担心生意上的事，担心供货商不能及时交货
11. 供应商交货不积极，结款很积极，使劲催，我的上家说要过两天打款过来，我急死了
12. 这边商品价格老是涨价，厂家说原材料涨价。可是客户那边价格上不去，因为我们国内价格不涨。利润越来越低，发愁呢。只能靠新产品赚钱
13. 中国人喜欢打听别人的隐私
14. 我上中文课时可以听懂老师说的话，可是社区的中国人说话我听不懂，他们没有把每个字说清楚

根据表4-11，我们发现，外籍居民普遍都会体验负面的情绪，尤其是在刚到中国的一段时间。这些负面情绪的持续时间因人而异，有的一两个星期，有的大概一个月，有的半年甚至更长时间，且负面情绪轻重不一。尤其对女性外籍居民而言，她们更容易出现敏感、孤独、紧张、焦虑的心理状态，不喜欢别人盯着自己看，把自己看作"不一样的外国人"，希望人们能像对当地人一样地对待自己。她们容易想家，渴望交流、欣赏和鼓励。在生活中，外籍居民也常常会给自己加油，欣赏自己通过努力取得的成绩，也常常有各种喜悦。那么，哪些因素会影响外籍居民的心理融合呢？

（三）解决困难的方式

外籍居民在中国工作和生活时会遇到很多困难，会产生负面的情绪，也有很多积极的思想。这些想法会使他们在行为、决策和处理问题的方式方面存在差异（表4-12）。他们解决问题的方式可以大致分为社会支持和个体调节这两大类。

表4-12　部分访谈文本和解决困难的方式

访谈文本	解决方式
1. 不认识路，就坐出租车，再拨通中国朋友的电话，让朋友用中文告诉司机地址	寻求社会支持
2. 不管怎么样，都要面对现实，接受现实	接受
3. 遇到伤心的事，我会同这里也来自国外的朋友聊一聊，或者听听音乐	寻求社会支持
4. 在这里，什么都得靠自己。但是这也锻炼了我的能力。我会比国内的同龄人能力更强	思维调整
5. 我心情不好的时候就在房间里玩手机，打游戏	逃避现实
6. 遇到不会表达的情况，我会打开翻译软件，通过语音说给中国人听	行为调整
7. 过去发生的不开心的事情我都不放在心上。我会问自己，现在能做点儿什么改变这个结果吗？如果不能，就不去想了	理性思考
8. 他骂我，用中国话骂我，我不和他吵，随他说，就没事了	忽略
9. 我要多交些中国朋友，最好有个中国女朋友，这对生活和工作都会有帮助	挑战
10. 刚来中国的时候，我用英语向中国的年轻人问路，他们都很热心帮助我	寻求社会支持
11. 感到孤独的时候会与家人通电话，聊聊每天的生活。和家里人通过电话，心里就舒服了	寻求社会支持
12. 我只会法语，不懂中文和英文。语言培训课又比开学时间晚了一个半月。刚开始，上课完全听不懂。我就利用翻译软件或者在朋友的帮助下提前预习课文，这样上课就基本懂了。现在学得挺顺利的	行为调整
13. 天气那么冷，也要坚持工作和学习，忍忍就过去了，也许会习惯的	忍耐

访谈文本	解决方式
14. 米饭过去很少吃，但现在也要学着吃，学着吃中国菜，不然天天都得自己做饭	主动适应
15. 有时听不懂中国人说的话，我就把拼音写下来，回去问我的朋友这是什么意思。这样就学到更多的汉语	寻求社会支持
16. 我的苹果耳机弄丢了，不开心，但是觉得找不到就算了。以后自己要注意保管好自己的东西	放弃
17. 心情不是很好的时候，我会去附近的咖啡店坐坐，在那里看看书，听听音乐，吃点甜点	转移
18. 用中文表达不出来的时候，我会加上手势和身体动作，让对方明白我的意图	行为调整
19. 我对自己说，要坚持，坚持，再坚持，情况会好起来的	思维调整
20. 遇到难题，我同商会的人讨论，他们会告诉我一些经验和他们遇到这类问题的做法	寻求社会支持

从表 4-12 可以看出，外籍居民在碰到难题时会寻求社会支持，倾向于向家人和本国的友人倾诉，交往对象也主要是自己国家的朋友。可见，外籍居民与当地居民的交流和融合还很欠缺。究其原因，一方面，可能是由于不同国家间的价值观念不同；另一方面，也可能是因为中文水平有限，对中国文化的理解还不够，所以在交流时会感到不自在，与当地中国朋友的交流仅停留在日常生活的层面上。主观上，他们也特别希望结交中国的朋友，这样可以对自己的工作和生活有帮助。他们一般通过工作关系、朋友介绍、网络等方式结交中国朋友。外籍居民上网时，还是较多使用谷歌等资源，或登录本国网站，对中国人普遍使用的网站和获取信息的方式并不熟悉，这减少了他们的信息获得渠道，不利于他们了解中国文化。在获取信息方面，他们同样需要有人指点，可见社会支持对外籍居民文化融合极其重要。

个体调节可分为积极行为、消极行为和不作为行为。积极行为包括理性思维、主动调整、思维调整和行为改变等。采取积极行为方式的外籍居民经常做理性思考，他们更加活跃。在访谈中，他们表现得更加积极主动，融入能力更强。互联网在外籍居民文化融合中也起着重要作用。一方面，互联网可以促进外籍居民的文化融合；另一方面，它增加了新的文化环境中的人和事的不确定性。与本地居民开展交流互动（互动策略）的积极接触比只使用与所在国文化相关的媒体更容易融入迁入国的文化。消极的调节方式包括逃避、被动接受和妥协。采取消极行为的外籍居民希望避免冲突，对频繁发生的困难采取放弃或者妥协的行为，并认为没有解决方案，如交通拥堵等。这容易使外籍居民感到无奈。不作为行为包括忍耐、忽略和转移。不作为行为可能与受访者的性格相关。不作为行为显然可以暂时缓解压力，但从长远来看不一定能有效应对和克服困难。

在社会交往中，许多外籍居民慢慢发现，中国人看重关系的"亲疏远近""内外有别"，具有较强的亲缘性和人情味。中国人按照家人—熟人—生人三个圈子，将"自己人"和"外人"区别对待，对待生人的态度很冷淡。同时，他们很容易把周围喜欢的人视为"自家人"。如果是"志趣相投的人"，他们很快就会把其纳入他们的"自家人"圈子。中国人不愿把时间和精力花在泛泛之交上，即使是商业领域的交流，也建立在良好的友谊基础上。一旦中国人认识了你，把你放在他们的"朋友圈"里，他们就希望能进入彼此的圈子，成为兄弟姐妹。事实上，这种主张"内外有别"，有着"较强的亲缘性"和富有"人情味"的社会交往方式已经成为一些外籍居民喜爱中国的原因。在中国生活的时间长了，外籍居民就会感受到融入中国社会的深厚的"人情味"。

四、研究结果

根据以上定性分析，我们发现，外籍居民通常会感觉到日常生活习惯差异、语言障碍、社交障碍和价值观念冲突。同时，他们也会出现各种各样的情绪，并选择不同的调整方式来应对。此外，所有受访者均表示他们也在积极融入社区，融入当地社会，学习当地文化习俗，对中国的生活感到越来越舒服。

从访谈中，我们了解到，一些外籍居民在来中国之前就已经参加过"跨文化培训"项目，他们对将要面对的不同的文化有一种心理上的"期待"，知道自己将要面对完全不同的文化环境，并将其视为令人兴奋的"挑战和体验"。而许多来自亚洲国家的外籍居民来中国之前从来没有离开过家，加上性格内向，他们不习惯与陌生人打交道，因此文化融合状况反而不如文化距离较远的来自欧美的外籍居民。

在访谈中，我们发现，汉语水平对外籍居民的文化融合有一定的影响，但是影响并不是很明显。能用汉语流利交流的外籍居民的文化融合状况比只会简单汉语的外籍居民略好，年龄低的外籍居民在语言习得方面存在更大的困难。而先前的海外生活经历对外籍居民的文化融合影响不大。研究发现，外籍居民大都觉得在异国他乡生活并不容易，但是每个人感知到的困难点并不相同。也就是说，外籍居民感知到的文化距离是不尽相同的。每个人融入当地社会的时间长短不一，有些人更快，有些人更慢，甚至来自同一国家的人也是如此。这表明，在国际社区中还存在着其他影响外籍居民文化融合的内在机制。对此，我们将在随后的定量分析中进行讨论。

第四节　研究结果与分析

一、外籍居民文化融合的基本情况

外籍居民社会文化融合的基本情况如表 4–13 所示。

表4–13　外籍居民社会文化融合基本情况表（N=602）

项目	N	MIN	MAX	M	SD
文化价值融合	602	1.00	5.00	2.500	0.773
日常生活融合	602	1.00	4.56	2.205	0.746
压力与风险	602	1.00	4.65	2.331	0.756
社会交往	602	1.00	4.80	2.497	0.733
语言能力	602	1.00	5.00	2.473	0.794
社会文化融合总评分	602	1.00	4.27	2.392	0.623
抑郁 *125 总评分	602	1.37	4.06	2.771	0.426

外籍居民感知的社会文化融合处于中等水平（M=2.394），本研究以社会文化融合总分 50 分为参照点，大于 50 分，即可认为社区文化融合存在困难。调研结果发现，有 71.36% 的外籍居民面临社区文化融合困难的问题，多数外籍居民选择了"2= 有点难"到"3= 难"。如表 4–13 所示，对外籍居民来说，社区文化融合的困难程度是文化价值融合 > 社会交往融合 > 语言能力 > 压力与风险 > 日常生活融合。由此表明，价值观念的冲突、文化上的差异、社会支持和语言能力是国际化社区外籍居民文化融合的主要压力。社会文化融合困难排在前 10 位的条目如表 4–14 所示。

表4-14 社会文化融合困难排在前10位的条目（N=602）

维度	事件	困难度（M）	标准差	排序
1	理解当地人的价值观	2.72	1.221	1
1	接受和理解当地的政治体制	2.58	1.035	2
5	识路	2.57	1.016	3
1	从当地人的立场看待问题	2.54	0.970	4
3	解决不满意的事情	2.51	1.037	5
1	从当地人的角度看待文化	2.49	1.017	6
5	理解中国人的笑话和幽默	2.48	0.962	7
2	让别人理解自己	2.45	1.103	8
4	像以前一样做礼拜	2.45	1.024	9
4	与他人分享自己的事	2.38	1.006	10

从表4-14中可以看出，外籍居民在理解当地的价值观念和社会文化交往方式上存在一定的困难。困难程度排在前五位的为"理解当地人的价值观""接受和理解当地的政治体制""识路""从当地人的立场看待问题"和"解决不满意的事情"。这一结果与质性研究的访谈结果一致。这表明，这几个问题是外籍居民社会文化融合中的代表性问题。

从调查结果中可以发现，参加调查的大部分国际化社区外籍居民没有过多的心理压力，他们大多可以自行调节情绪，但也有22%左右的受访者表现出临床抑郁的症状，其中115人轻度抑郁，20人中度抑郁。这表明，尽管外籍居民的整体心理融合状况良好，但心理融合问题依然实际存在，需要采取有效的方式加以干预。外籍居民自评抑郁量得分（标准分）情况如表4-15所示。

表4-15 外籍居民自评抑郁量得分（标准分）情况

量表得分	人数	百分比/%
<53（正常）	467	77.6
53～62（轻度抑郁）	115	19.1
63～72（中度抑郁）	20	3.3
≥72（重度抑郁）	0	0

Mean=40.03 SD=9.93 N=602

现代生活充满压力，抑郁症是现代社会的一种流行病，就像精神疾病中的感冒一样。在访谈中，外籍居民反映中国人总是做事很急，节奏很快，特别是在义乌。中国的发展现状一方面影响着外籍居民原有的文化，另一方面也在不知不觉中造成外籍居民竞争的紧张感。语言上的障碍也影响着他们与当地人的交流互动，再加上价值观念、思维方式和行为习惯的不同，都使外籍居民容易产生焦虑、失意的情绪。外籍居民与母国文化背景相隔离，面临着生活、工作乃至家庭的压力，但是没有合适的疏通渠道来消除这些压力，久而久之，容易心理不稳定，产生焦虑、孤独、易怒、生活烦闷、敏感多疑等情绪，甚至抑郁加深。所以，有必要加强对外籍居民心理健康的初级预防。

二、人口统计学变量对文化融合的差异比较分析

人口统计学变量对文化融合的独立样本 T 检验分析结果如表 4-16 所示。

表4-16　人口统计学变量对文化融合的独立样本T检验分析结果（N=602）

变　量	社会文化融合	文化价值	日常生活	压力风险	社会交往	语言能力	抑　郁
性别	2.926**	1.236	3.663***	0.682	3.847***	1.162	0.212
跨文化经历	2.443*	1.885	2.571**	2.107*	1.572	1.541	0.425
宗教	1.101	0.053	2.665**	−0.045	0.823	0.096	−0.811

表 4-16 的数据显示，外籍居民的社会文化融合在宗教信仰上不存在差异，t（607）=1.102，p>0.05。但在社会文化融合方面，性别差异显著，t（607）=2.928，p<0.01，女性得分（M=2.343）低于男性（M=2.498），即男性在社会文化融合方面较女性困难。在跨文化经历上，外籍居民之间也存在显著差异，t（607）=2.444，p<0.05。在本研究中，有过跨文化经历的外籍居民得分（M=2.463）高于没有跨文化经历的居民（M=2.338），表明具有跨文化经历的外籍居民在社会文化融合方面存在困难。在维度上，日常生活融合和压力风险存在显著差异。这说明，具有跨文化经历的外籍居民由于经历过多元文化，往往容易混淆细节，进入不同的文化情境中，却难以及时转换角色，导致文化融合困难。比如，日常生活融合中的"遵守当地的规则制度"，每个国家或地区的规章制度都有所不同，如交通规则和金融制度等。不同的国家有不同的风俗习惯和观点，有过跨文化体验的外籍居民容易出现社会文化融合困难。性别、跨文化体验和宗教这三个变量在日常生活融合维度上存在显著差异。具体来说，有过跨文化体验和宗教信仰的男性外籍居民日常文化融合更困难，这

表明，男人比女人更不注意他们的日常生活，所以他们更有可能发现日常生活融合困难；跨文化体验也使外籍居民更容易不断地比较过去经历的各种文化的差异，使他们更难以融入新的环境。正如质性研究表明，有宗教信仰的外籍居民对饮食和礼仪有着严格的要求，因此他们往往难以融入当地社会。人口统计学变量在外籍居民的心理融合方面无显著差异（表4–17）。

表4-17　人口统计学变量对文化融合的方差分析结果（N=602）

变　　量	社会文化融合	文化价值	日常生活	压力风险	社会交往	语言能力	抑　郁
学历	1.445	0.670	1.161	2.014	2.407	1.885	0.870
语言	15.397***	16.253***	11.186***	8.323***	7.742***	10.021***	14.065***
中国朋友数量	7.861***	5.998***	9.023***	3.093*	2.705*	6.281***	9.264***
年龄	3.204*	1.442	3.629*	1.627	1.386	5.717**	4.765**
来华时长	7.137***	4.035**	7.803***	7.382***	2.533*	8.106***	4.873**

如表4–17所示，本研究发现，学历在社会文化融合上无显著差异。而语言、中国朋友数量、年龄、来华时长这几个因素对外籍居民的社会文化融合和心理融合都有显著差异。除年龄外，社会文化融合各维度在语言、中国朋友数量和来华时长的各个维度上都存在显著性差异。通过方差同质性检验，对日常生活融合、压力与风险、社会交往、语言能力和社会文化融合在语言水平上的差异采用Scheffe法进行多重比较。结果发现，汉语水平初等的外籍居民（M=2.651）比汉语水平中等的（M=2.404，p=0.002）和汉语水平高等的外籍居民（M=2.203）感受到的社会文化融合困难更多，p=0.000。汉语水平中等（M=2.404）也比汉语水平高等（M=2.203）的外籍居民感受到更大程度的社会文化融合困难（p=0.004），即会日常汉语会话 > 能流利说中文 > 会认读和书写中文。关于语言对文化融合的影响，历来有两种观点：一种认为语言对文化融合起促进作用；另一种认为语言对文化融合起阻碍作用。本研究赞成

第一种观点。心理融合上采用 Dunnett's C 检验法，结果显示，外籍居民中文水平越低，抑郁的程度越严重。会日常汉语会话（$M=2.885$）＞能流利说中文（$M=2.618$），能流利说中文（$M=2.804$）＞会认读和书写中文，$p<0.05$。

由于方差不同质，在中国朋友数量上采用 Dunnett's C 检验法进行事后检验。发现 2（$M=2.476$）＞4（$M=2.226$），3（$M=2.480$）＞4，$p<0.05$，也就是说，中国朋友数量有 1～5 个与 6～10 个的外籍居民明显比中国朋友有 11 个或更多的外籍居民融合难度更大，这表明，结交中国朋友，会更多地获得社会支持，更有利于外籍居民的文化融合。抑郁水平也表现为中国朋友数量越多，外籍居民越少受到抑郁倾向的干扰。这表明，社会支持能缓冲或减少异文化对移民的负面影响，也证实了社会支持在文化融合中能起到调节作用。

年龄在社会文化融合上存在显著差异，其显著性接近 0.05，但在各年龄组间并无显著差异。大多数年轻的外籍居民来中国居住的时间不长，中文技能处在初级程度，语言上的障碍使他们短时间很难结交到真正的朋友，难以获取社会支持，不能很好地理解特定语境下当地居民话语的真实含义，也不能很好地从感性和理性上认识文化间的差异，并调整自己的期望以融入新的文化环境，因此容易对自己的身份角色产生混乱而感到不安，产生无法应对新环境的无力感。抑郁表现为 1（$M=2.763$）＞4（$M=2.482$），$p=0.019$，2（$M=2.801$）＞4，$p=0.003$。这表明，年龄大的外籍居民体验的抑郁水平比年龄小的外籍居民低。原因可能是年龄较大的外籍居民有着丰富的人生阅历和生活经验，能积极主动地自我审视、自我整合、重新定位，看问题比较全面，愿意在异文化环境中感受新的思维和行为模式，重新发展和塑造自我，所以抑郁水平较低。

社会文化融合和心理融合各维度在来华居住的时长上有显著差异，具体为 1（$M=2.603$）＞2（$M=2.282$），1＞4（$M=2.361$），1＞5（$M=2.268$），$p<0.05$。抑郁表现为 1（$M=2.883$）＞2（$M=2.702$），$p=0.008$，1＞5（$M=2.683$），$p=0.010$。研究发现，社会文化融合及心理融合分别在来华居住时长 3 个月和 6～12 个月的时候较差，这个阶段处在文化融合的"危机阶段"。这一阶段的外籍居民由于对新的文化环境中当地人的思维方式和情感表达方式等不熟悉或不认同，在文化融合方面表现得比较消极。

三、研究结论

调查结果显示，国际化社区外籍居民对自我社区身份的认同评价较低，关于长久居住的意愿差异较大，有的认为社区非常理想，特别是房东，人很好，愿意长久居住，有的对居住的地理和人文环境不太满意。

多数外籍居民感到社会文化融合较难。社会文化融合的困难程度依次为文化价值融合 > 社会交往融合 > 语言技能 > 压力与风险 > 日常生活融合。22%的外籍居民有不同程度的抑郁，外籍居民的心理状况须引起重视。

外籍居民的社会文化融合在性别、跨文化经历、语言、中国朋友数量、年龄和来华时长方面存在显著差异，其他人口学变量对社会文化融合没有显著影响。抑郁水平方面，外籍居民在语言、中国朋友数量、年龄和来华时长上存在显著差异。

第五章　国际化社区外籍居民来华目的、期望及对社区的评价

在全球化的今天，人口的跨国流动已成为越来越引人注目的问题。国际移民对一个国家的政治、经济和文化有着巨大的影响。移民已经成为社会文化冲突的重要原因，成为社会从一元社会向多元文化社会过渡的重要原因。近年来，来华的外籍居民人数猛增，其中有各方面的影响因素。

以往的研究表明，外籍居民来中国的目的和期望不同，他们参与中国的社会文化生活的方式和热情程度就不同，在社区中的文化融合状况以及收获与感受也就各不相同。因此，我们从外籍居民来到中国的目的和期望出发，调查研究他们对自己所居住的城市和他们生活的社区的社会文化环境的看法、他们在中国的收获和他们的未来计划等，为后面的调查研究的开展做铺垫。

第一节　国际化社区外籍居民的来华目的

一、调查实施

为了更全面、准确地了解国际化社区外籍居民的文化融合状况及其影响因素，我们对国际化社区外籍居民群体进行了来华原因和目的的调查。本项研究采用定量研究和定性研究相结合的方法。基于阿尔特巴赫的推拉理论，对其内容进行改进和完善，设计了国际化社区外籍居民来华目的调查问卷，并根据8名预试外籍居民的反馈，对题项进行了修订，最终形成了正式量表。该问卷对外籍居民来华的可能原因进行了划分，并从语言文化目的、职业发展目的、旅游目的以及其他人的影响等方面考察外籍居民来中国的原因。本项研究量表的题项主要采用"李克特五点量表"形式（"完全不同意"计1分，"不同意"

计 2 分，"一般"计 3 分，"同意"计 4 分，"绝对同意"计 5 分）。计分方式为总得分除以总题项。得分越高，来华目的性越强。

我们在义乌鸡鸣山社区、五爱社区、福田社区、宾王社区进行了该项调查。共发放问卷 650 份，有效收集问卷 602 份，有效回收率 92.6%。参加本项调查的外籍居民情况如下。

性别分布：男性 359 人，女性 243 人。

年龄分布：小于 20 岁 96 人（15.9%），20～30 岁 117 人（19.4%），31～40 岁 171 人（28.4%），41～50 岁 139 人（23.1%），50 岁以上 79 人（13.1%）。

汉语水平：基本不懂汉语 125 人（20.8%），会日常汉语 293 人（48.7%），能流利说汉语 121 人（20.1%），会认读和书写汉字 63 人（10.5%）。

在华居住时长：6～12 月 132 人（21.9%），1～3 年 219 人（36.4%），3～6 年 177 人（29.4%），6 年以上 74 人（12.3%）。

文化程度：中学 103 人（17.1%），大学专科 311 人（51.7%），大学 139 人（23.1%），研究生 49 人（8.1%）。

跨文化经历：从未出国 189 人（31.4%），曾出国 3 个月以下 163 人（27.1%），曾出国超过 3 个月 178 人（29.6%），出国前未曾离开生活的地方 72 人（12.0%）。

调查表如表 5-1 所示。

表5-1　来华目的调查表

来华目的	题目内容
做生意	进口中国商品
语言文化学习	提高我的外语水平
	学习中国的专门知识，如中国画、武术等
	传播本国文化，使中国人更了解自己的国家
	锻炼自己在异国他乡应对陌生环境的能力
	了解和学习中国的文化
	开阔视野，丰富人生经历
生活环境	所在的城市吸引我

来华目的	题目内容
职业发展目的	积累人脉，在中国工作 / 学习的经历有利于我以后找工作
旅游目的	在中国旅游，了解中国文化
他人的要求 / 影响	机构、父母 / 朋友建议我来中国发展
	我的朋友在中国做生意

二、结果分析

调查统计结果发现，外籍居民来华的动机主要集中在以下几个方面。

一是做生意。该项目平均分为 4.227 8，这个选项非常集中，说明这是大多数外籍居民来华的主要目的。

二是他人的要求 / 影响。该项目平均分为 4.173 5，居第二位。

三是语言文化学习。该项目的平均分为 4.012 9。不同文化群体的外籍居民都有一个共识："在中国的语言文化学习经历对今后的职业发展大有裨益。"

四是旅游目的。"在中国旅游，了解中国文化"，该项目平均分为 3.431 6，居第四位。

为了深入了解外籍居民的来华目的，我们就上述结果中几个比较集中的来华目的在外籍居民中进行了深入的调研和访谈。

随着中国经济的迅速发展，中国同世界各国的贸易联系日益密切。义乌拥有全球最大的小商品市场。义乌国际商贸城是一座五层建筑，分为五个区域，使用总面积约为 400 万平方米，里面有约 62 000 家商铺。另外，义乌国际商贸城附近还有篁园市场、宾王市场，整片区域的商铺数量接近 8 万家。义乌就像"每天都在举办规模巨大的国际展览会"。在许多外国人的眼里，义乌是追逐梦想的地方，义乌的小商品物美价廉，是国际采购的"最后一站"。越来越多的外国人来到中国，数十万全球客商汇聚在义乌。

有的外籍居民来华是出于对中国这个神奇的东方文明古国的向往，想来这个充满情调的东方大国体验一下。外籍居民对"在中国旅游，了解中国文化"选项的认可程度较高。随着经济的飞速发展，中国社会发生了日新月异的变化，在国际舞台上扮演着重要的角色，这让很多外国人对中国感到好奇。在中国积极与世界各国开展政治、经济、文化等领域的交流合作的同时，世界各国人民也表现出积极的态度，对了解中国文化有着浓厚的兴趣，愿意加强与中国的交流合作。外籍居民通过旅游，可以深入了解中国；通过接触中国不同阶层的人，了解中国的社会、文化和习俗，开阔眼界，提高跨文化交际能力。

另外，调查发现，在受其他人影响方面，韩籍居民分值较高。在"我的朋友在中国做生意""机构、父母／朋友建议我来中国发展"这两项上，韩籍居民的认可程度比欧美、阿拉伯国家和非洲居民群体高。

第二节　国际化社区外籍居民来华前对中国的了解和来华前的期望

为了解外籍居民来华前对中国的了解以及他们来中国之前的期望，我们设计了调查问卷，该问卷分为 11 个选项，受访者可以从中选出三个最主要的期望，并就他们来华前对中国的印象和进入中国的准备进行了深入访谈（表5-2）。

表5-2　来华期望调查表

来华期望	题目内容
语言文化学习	用外语顺畅地表达自己的想法
	体验融入当地社会的乐趣
	被当地人接受
	听懂当地人说的话
生活环境	在国外吃饭、住宿、交通都没有问题
职业发展目的	取得工作上的成就和建树
跨文化交际目的	与当地人交朋友 保持积极的心态和愉悦的心情 理解当地的社会习俗和文化

调查结果表明，外籍居民对取得工作上的成就和建树的期望值最高，其他还有对语言和社会互动方面的期望、能够听懂中文并表达自己的想法的期望。与中国人交朋友、被当地人接纳、体验融入当地社区的快乐也是许多外籍居民来中国之前的愿望。

在外籍居民来华前对中国的了解方面，有的外籍居民来中国之前做了充分的思想和物质准备，来中国以后很快就能融入所在社区；有的外籍居民在来中国之前通过电视、网络、书籍了解中国，看过介绍中国的图书和视频；还有的外籍居民参加了中国生活融入培训班。事实证明，这些准备都很有帮助。

但也有相当部分外籍居民对中国的基本国情、市情、社情、民情一知半解，缺乏深刻的认识，主要原因是他们的信息获取渠道较单一。在接受调查的外籍居民中，大多数人并不真正了解义乌的基本情况，他们主要通过网络、书籍等获取信息，而来自这些渠道的消息通常是经过加工处理的，具有较强的主观性和选择性，官方色彩较强，不能完全客观地反映真实的情况。他们对义乌的认识也主要基于对义乌的政治、经济、文化和文学等方面的笼统浅显的了解，而对义乌的习俗、礼仪、价值观和生活方式了解甚少。总体而言，外籍居民对义乌的整体认知较欠缺。

在访谈中发现，许多来自韩国的外籍居民在来中国之前已经学习过中文，并阅读过有关中国的资料，这些资料展现了中国的美好面貌，因此他们来中国之前，对中国寄予了较高的期望。移居中国后，他们发现现实生活并没有他们想象的那么好，尤其是在与当地居民交际方面没有预期的那么好，所以很失落，对中国和所在社区社会文化环境的评价也相对较低。这种失落感和心理落差可能会使外籍居民在新的文化环境中出现认知失调的状况，从而不利于他们在国际化社区的文化融合。

对于大多数来自非洲和阿拉伯国家的人来说，中国是一个遥远的国度。尽管互联网时代，资讯发达，但他们对中国的情况仍然知之甚少，媒体的负面报道也比较常见。因此，他们对中国的生活没有很高的期望值。来到中国后，他们反而发现中国并不像印象中的"那么糟糕"，中国人的友好和开放超出了他们的期望，所以非常喜欢住在中国，对中国和所在社区社会文化环境的评估相对较高。

第三节　国际化社区外籍居民对所在社区社会文化环境的看法

国际化社区外籍居民对所在社区社会文化环境的看法影响到他们在国际化社区中的文化融合和所在社区乃至城市的和谐稳定。我们在义乌市鸡鸣山社区随机抽取了 150 位外籍居民，其中亚洲人 43 人、欧美人 27 人、阿拉伯国家人 46 人、非洲人 34 人。请他们对所在社区社会文化环境进行评价（1= 非常不满意，2 = 不满意，3 = 一般，4 = 满意，5 = 非常满意），如表 5-3 所示。

表5-3　外籍居民对所在社区社会文化环境满意度评价表

外籍居民群体	生活条件	社区服务	社区公共道德	社会关系
亚洲国家	2.89	2.71	2.17	3.37
欧美国家	3.21	3.16	2.76	3.42
阿拉伯国家	3.16	2.87	2.29	3.71
非洲国家	3.37	2.93	2.41	2.93
平均值	3.16	2.92	2.41	3.36
外籍居民群体	开放程度	友好程度	社区治安	社区公共设施
亚洲国家	3.36	3.28	3.287	2.87
欧美国家	2.69	3.32	3.97	2.77
阿拉伯国家	2.81	2.37	4.09	3.15
非洲国家	2.27	2.28	4.06	3.06
平均值	2.78	2.81	3.85	2.96

　　总体来看，外籍居民对社区的社会文化环境的满意度为中等偏下。具体来说，对生活条件的满意度为中等（均值 3.16）。对社区服务满意度最低的是亚洲籍居民，其次是阿拉伯国家居民，而满意度最高的是欧美国家居民。对社区公共道德的满意度普遍很低（平均值是 2.41，为比较不满意），满意度最低的是亚洲籍居民，其次是阿拉伯国家居民。对社会关系的满意度评价中，除了非洲籍居民满意度较低外，其他各群体的满意度为中等。对中国人的开放程度及友好程度满意度评价中，非洲籍居民满意度最低，亚洲、阿拉伯国家和欧美国家居民的满意程度一般。对社区治安满意度最高的是阿拉伯国家居民，满意度最低的是亚洲籍居民。对社区公共设施满意度最高的是阿拉伯国家居民，满意度最低的是欧美国家居民，如图 5-1 所示。

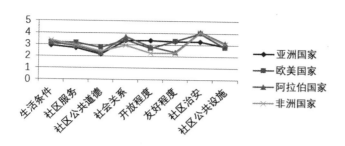

图 5-1　外籍居民对所在社区社会文化环境满意度评价图

在访谈中，外籍居民还特别反映了以下他们感触颇深的问题。

其一，明显的"圈内圈外"的感觉。中国人在人际关系中通常重视"亲疏远近""内外有别"，对圈子里的人和圈子外的人差别对待。中国人对"圈内人"通常热情、真诚、彬彬有礼、热心施助。相反，对"圈外人"常常漠不关心。因此，认为中国人冷漠、缺少同情心的往往是未成为"圈内人"或还未同当地居民建立起良好的人际关系的外籍居民；那些拥有更多中国朋友的外籍居民则并不认同这一点。

其二，当地居民与外籍居民之间的交流大多停留在寒暄层面上，生活和其他方面很少涉及。大多数受访的当地居民都表示，与外籍居民交流时，他们通常不会开玩笑或讨论更有趣的话题，这使一些外籍居民感觉当地居民比较保守。

第六章 国际化社区外籍居民的社会支持

　　一般来说，社会支持是个体发展、成功的重要驱动力，因为人是社会群体动物。个人的社会支持网就是指个体通过各种资源获得支持的社会网络，是一定范围内的个人之间相对稳定的社会关系，也就是中国人俗称的"圈子"。对外籍居民来说，除了家庭之外，他们的社会支持主要由同胞和当地人构成。阿德尔曼（Adelman，1988）认为，按照信息支持和情感支持的观点，同胞提供的支持系统在信息支持和情感支持方面很有用。有相同移民经历的同胞尤其可以提供有用信息，协助他们融入新的环境；在情感支持方面，同胞还可以听他们发泄情绪，让他们在新的环境中战胜挫折；同胞可以为移民提供保护，增强他们的心理安全感与归属感，使他们释放压力，减少烦恼，消除挫败感和疏离感[①]。

　　外籍居民同社区其他群体成员的关系，尤其是与社区当地居民的关系，也会影响文化融合的程度。拥有当地朋友的移民在文化融合方面的问题更少，满意度和心理健康水平更高[②]。陈向明（1998）对居住在美国的中国学生的一项研究发现，因为无法跟当地人很好地沟通交往，中国学生有很多负面情绪，如无助感、孤独感和内疚感等。陈向明还发现，中国学生与当地人沟通不好的原因有很多，其中一个重要的原因是沟通的方式、态度和习惯[③]。研究结果发

---

① ADELMAN M B. Cross-cultural adjustment: A theoretical perspective on social support[J]. International journal of intercultural relation, 1988, 12(3): 183-205.

② WARD C, KENNEDY A. Psychological and sociocultural adjustment during cross-cultural transitions: A comparison of secondary students at home and abroad[J]. International journal of psychology, 1993, 28(2): 129-147.

③ 陈向明. 旅居者和"外国人"——留美中国学生跨文化人际交往研究 [M]. 长沙：湖南教育出版社,1998:173-179.

现，外籍居民同本地居民建立联系能更好地帮助他们融入当地文化。

外籍居民从当地社会获得的支持在很大程度上取决于社区当地居民对外籍居民的接纳程度。它影响到双方交往互动的积极性和外籍居民对新的文化环境的认同感。如果社区当地居民对外籍居民文化群体的评价是积极的，那么外籍居民在其所在的社区就将获得更多的社会支持。相反，如果社区当地居民对外籍居民文化群体的评价是负面的，有很多的刻板印象和偏见，那么外籍居民获得的社区当地居民的社会支持将较少，甚至可能被排斥和歧视。因此，本调查分为三个步骤：首先，了解外籍居民的社会交往圈；其次，调查外籍居民与社区当地居民和社会的接触程度，了解社区当地居民对外籍居民所在文化群体的接纳程度；最后，让外籍居民评估从社区获得的社会支持情况。

第一节　国际化社区外籍居民的社会交往圈

一、社会交往圈构成

外籍居民的社会交往圈通常由三个部分组成，分别是本国同胞组成的单一文化圈、提供职业或学习帮助的中国同事或工作人员组成的双文化圈、一起休闲娱乐的其他在华外国人组成的多元文化圈。这三种社会交往圈在外籍居民文化融合过程中各自发挥着不同的作用，并提供不同类型的社会支持。

对于外籍居民而言，本国同胞是他们获得情感和信息、与本国文化保持联系的源泉。因为在异乡的本国同胞有着与他们同样的压力和感受，更能一起分享经验，给予情感上的支持和安慰。社会学认为，个人更倾向于与他们认为和自己有共同点的人相处。这些共同点包括价值观、宗教信仰、年龄、语言、职业、国籍、民族、居住地区等。换句话说，大多数外籍居民喜欢和自己国家的人互动，对那些与自己不同的人可能会有本能的排斥。调研发现，有61.2%的外籍居民认为自己最好的朋友是本国人或者是另一个国家的外国人。

双文化圈的朋友是由工作和学习中扮演特定角色的人组成的，如工作中的同事，学校的中文教师、同学等。他们为外籍居民提供了工作或者学业上的帮助。"双文化圈"对外籍居民获得社会支持和融入当地环境起着重要的作用。与当地人交朋友也是外籍居民社会交往的一个重要方面，他们希望和当地人交朋友，提高语言技能，体验融入当地居民圈子的乐趣。在调查中，我们发现，许多外籍居民都有"互相帮助"的中国朋友，为他们提供生意上、生活上的帮助，和他们一起参加一些活动。通过与中国朋友的交往，外籍居民也逐步增加了对中国的社会规范、习俗和价值观的理解。

多元文化圈由一起休闲娱乐的朋友组成。这个社交圈广泛而松散，主要由居住在附近或有共同爱好的外籍居民组成。大家在一起玩乐，分享信息，共度闲暇时光。

为了解国际化社区外籍居民社会交往圈的总体情况，我们对外籍居民日常的时间安排进行了调查。调查结果发现，外籍居民的时间安排上，选择"大多数时间"的百分比从大到小依次为"与来自自己国家的朋友在一起"（15.2%）、"独处"（14.7%）、"与来自其他国家的朋友在一起"（10.3%）、"与中国朋友在一起"（8.6%）、"与社区当地居民在一起"（2.9%）。选择"经常"的百分比从大到小依次为"与来自自己国家的朋友在一起"（45.6%）、"与来自其他国家的朋友在一起"（18.5%）、"与中国朋友在一起"（11.6%）、"与社区当地居民在一起"（6.9%）、"独处"（3.7%）。选择"一般"的百分比从大到小依次为"独处"（43.5%）、"与来自自己国家的朋友在一起"（38.5%）、"与来自其他国家的朋友在一起"（25.6%）、"与中国朋友在一起"（23.9%）、"与社区当地居民在一起"（20.3%）。选择"很少时间"的百分比从大到小依次为"与社区当地居民在一起"（59.1%）、"与中国朋友在一起"（40.7%）、"与来自其他国家的朋友在一起"（31.5%）、"独处"（30.7%）、"与来自自己国家的朋友在一起"（3.6%）。选择"从不"的百分比从大到小依次为"与社区当地居民在一起"（12.4%）、"与中国朋友在一起"（12.7%）、"与来自其他国家的朋友在一起"（5.5%）、"独处"（4.2%）、"与来自自己国家的朋友在一起"（0.1%）。结果如图 6-1 所示。

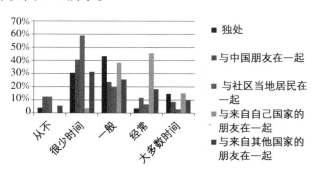

图 6-1　国际化社区外籍居民的时间安排

从图 6-1 中可以看出，国际化社区外籍居民具有与社区当地居民进行跨文化交流，并与当地居民交朋友的主观愿望，但在现实生活中，他们的时间分配仍然倾向于与他们的同胞在一起，特别是本国或者外国在华的朋友"聚集"。在后续访谈中，我们更深入地研究了造成这种现象的原因，发现语言障碍、生活压力、跨文化沟通技巧、社区当地居民的多元文化态度和沟通意愿以及外籍居民自己母国与中国迥异的社会结构、价值观和人际交往模式差异等因素是导致该情形的重要影响因素。

二、影响交友的主要因素

国际化社区外籍居民交友影响因素自评情况如图 6-2 所示。在影响国际化社区外籍居民同当地居民结交朋友的五个重要因素中，自评分从高到低依次是不同的性格、不同的兴趣爱好、不同的价值观、不同的语言和不同的风俗习惯。其中，除两项是个体差异（不同的性格、不同的兴趣爱好）因素外，不同的价值观和不同的风俗习惯都属于文化差异，此外还包括语言差异。可见，语言和文化差异是外籍居民在交友过程中考虑的重要因素。

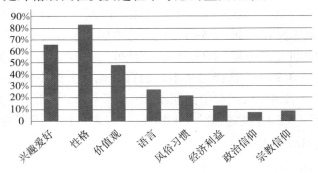

图 6-2　国际化社区外籍居民交友影响因素自评情况

在受访的外籍居民中，自评分从高到低的前五项分别是性格、兴趣爱好、价值观、语言和风俗习惯，各项所占比例分别为 82.6%、65.9%、49.2%、27.9% 和 21.6%。"政治信仰"和"宗教信仰"两项所占比例最低，均不到 10%。该自评量表的调查结果说明，文化差异是影响国际化社区外籍居民结交朋友的重要因素之一，且外籍居民对文化差异在其交友过程中起到的重要影响作用已经有了一定程度的认识和自觉。

第二节　国际化社区外籍居民参与中国社区社会文化生活的情况

一、调查实施

从前面的调查中我们知道，大多数国际化社区外籍居民都希望"与中国人交朋友"和"体验融入中国社区的乐趣"。本调查的目的是了解国际化社区的外籍居民参与社区文化生活的主要方式，并探讨影响其参与社区社会文化生活的原因和障碍，看看他们参与社区社会文化活动、了解中国社会文化的程度与他们的文化融合状况是否相关。

我们通过访谈了解了国际化社区外籍居民的社会活动情况，然后在文献研究的基础上设计了外籍居民参与社区文化生活方式调查表（表6-1，"从不"计1分，"很少"计2分，"一般"计3分，"经常"计4分，"很频繁"计5分），从日常生活、语言、人际交往、社区文化活动（语言课程、志愿者活动、传统节日活动）等方面了解外籍居民在国际化社区中的文化活动参与情况，并制定了开放式访谈提纲，对国际化社区外籍居民参与社区文化生活的情况进行调查。

表6-1　外籍居民参与社区社会文化生活方式调查表

1	我在日常交流中常常使用中文
2	我参加社区节日活动
3	我读中文报纸，看中文电视
4	我使用社区的活动室和活动设施
5	我会去邻居家串门
6	我参加社区文化课程，如沙画、中文培训等
7	我参加社区文化展
8	我参加社区志愿者活动

二、结果分析

外籍居民参与社区社会文化生活方式调查结果如图 6-3 所示。

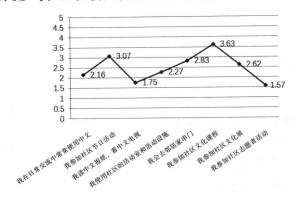

图 6-3　外籍居民参与社区社会文化生活方式调查结果统计图

从图 6-3 中可以看出，参加社区文化课程（3.63）、参加社区节日活动（3.07）、去邻居家串门（2.83）这三个方面平均分较高，说明这三类活动是受访外籍居民参与社区社会文化生活的主要方式。外籍居民对社区志愿者活动的参与度最低（1.57）。

虽然问卷调查显示外籍居民很愿意参加社区里组织的文化活动，但是在访谈中发现真正参加过社区组织的文化活动的外籍居民很少，有的表示看不懂宣传海报，不知道怎么参加，以后想多参加社区组织的文化活动。对于社区志愿者的活动，受访的外籍居民表示自己很乐意参加社区志愿者活动，只是常常不知道消息，看不到通知。在访谈中还发现，外籍居民更关心与自身相关度高的事务，或许因为工作忙和语言障碍等，所以他们不像本地居民那样积极关注社区中的公共事务。

三、讨论

调查发现，国际化社区外籍居民参与社区社会文化生活的程度很低，大部分外籍居民都是很少甚至几乎不参加社区活动。究其原因，外籍居民做出了这样的回应：他们很少看到社区活动的通知或海报；即使看到了，他们也不认识那些汉字。在社区的活动室中和各种活动设施附近，很少见到外籍居民的身影。外籍居民普遍认为，他们的汉语水平只能勉强应付日常生活，用中文参与社区活动和利用社区资源的难度实在太大了。一些外籍居民来自人口很少的国家，不习惯拥挤的场合。社区活动常常人很多，所以外籍居民不太习惯。

外籍居民对社区社会文化活动的参与度不高，他们对中国文化的体验主要是通过看中文电视和报纸以及参观文化展览等方式，这些都是静态的文化接触。真正的交往和对深层文化的了解需要在日常生活中与当地人互动和交流。调查显示，非洲籍居民的参与度最低，而欧美的外籍居民参与度较高。除了语言障碍影响外籍居民的参与外，社区当地居民对他们的接纳程度是否也会影响外籍居民的社区参与？带着这个问题，我们进入下一部分的调查。

第三节　外籍居民与社区当地居民交往的情况

人具有社会属性。人们不论走到哪里，都始终处于由家庭成员、朋友、同学、同事等组成的社交网络中。个体可以通过社会关系网络获得各种资源的支持，从而解决生活中遇到的危机和问题，维持日常生活的正常运转。也只有通过社会关系网络的支持和帮助，人们才能在这个社会中生存，得到支持和帮助，以减小生活压力，获得身心健康和个人幸福。

外籍居民离开了他们熟悉的关系网络，离开了家人、亲戚和朋友，来到陌生的国际化社区环境中，就必须面对旧的社会支持的崩塌和新的社会支持网络的构建。他们在国际化社区获得什么样的社会支持，主要从哪些方面获得支持，都会直接影响他们的文化融合水平。本节主要研究国际化社区中外籍居民与当地居民之间的交流情况，了解他们是否能得到当地居民的社会支持。

从图6-4可以看出，题目1"我觉得社区当地人容易相处"这一项的平均分最高，为3.89分，说明大部分外籍居民在所在社区都感受到了社区当地人的亲和力。题目4"我觉得社区当地人友好而热情"平均分为3.87，说明外籍居民的社会支持情况较好。题目8"在社区遇到的歧视和不公正对待让我不安"、题目6"我觉得被社区当地人排斥"这些问题上，外籍居民表示基本不赞同，均分分别为2.37，2.76。对于题目2"社区当地人很少搭理我，不太同我交谈"、题目3"社区当地人公共道德感不强"、题目5"社区当地人对外籍居民缺少关心、理解、同情"、题目7"我觉得同社区当地人交往困难，不知道他们想什么"的均分情况，我们对鸡鸣山社区和五爱社区的50名外籍居民展开了进一步的访谈，请他们举例说明情况。通过访谈，我们了解到外籍居民的主观感受往往来自他们在义乌当地生活的遭遇，与文化习俗、生活习惯有很大的关联。比如，外籍居民向当地社区居民问路时，往往先问候，并等待对方的回应，然后才开始提问。可是当地居民生活节奏和工作节奏快，迎面匆匆走过时，只回应了问候，就已经迎面而过了。还有的外籍居民反映，他们用中文同当地社区居民交流，可是当地社区居民总说听不懂，而同样的话语，中文老师能轻易听懂，因此认为"社区当地人很少搭理我，不太同我交谈"。这类情况在来义乌居住时间少于一年、中文不精通的外籍居民身上较为多见。

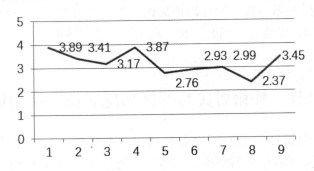

图 6-4　外籍居民获得的社会支持情况调查结果统计图

第四节　社区对外籍居民的接纳程度

本研究以鲍格达斯社会距离量表（Bogardus Social Distance Scale）[①]为参考，调查当地居民对来自不同国家和不同文化背景的外籍居民的接纳程度，并进一步了解影响外籍居民文化融合的因素。

一、研究设计

我们参考鲍格达斯社会距离量表来研究，并就外籍居民的实际情况进行了调整。在选择调查样本时注意分散调查，以更全面、客观地反映社区当地居民对外籍居民的接纳程度。因此，抽样时在国际化社区当地居民中进行样本采集，并注意不同性别、年龄、文化程度居民的样本分布。从义乌市鸡鸣山社

[①]　鲍格达斯社会距离量表是用来测量人们对其他族裔的容纳程度的指标。它由七个指标组成：婚姻、朋友、邻居、同事、点头之交、游客、驱逐出境。鲍格达斯社会距离量表最大的特点是七个指标之间具有顺序结构。如果我们愿意与一个不同种族背景的人结婚，那么我们当然愿意与他/她成为朋友、邻居和同事。根据此逻辑推理，每个指标都基于前一个指标。

区、福田社区、宾王社区和五爱社区选出了参与调查的 200 名国际化社区本地居民。

在外籍居民国别选择方面参照义乌市出入境管理局关于在义乌外国人人数最多的 15 个国家的选项，让国际化社区本地居民从中选出 7 个国家，按照结婚、朋友、邻居、同事、点头之交、游客、驱逐出境的顺序填调查问卷。第一项分值为 7 分，最后一项分值为 –7 分，依次计算。

假设 1：社区本地居民对外籍居民的接纳程度与自己所熟悉的外国文化有关。

假设 2：社区本地居民对外籍居民的接纳程度与外籍居民在社区的文化融合状况有关。

二、结果分析

研究结果发现，国际化社区本地居民最有好感的 7 个国家从高到低依次是韩国（623 分）、澳大利亚（612 分）、美国（579 分）、印度（481 分）、伊朗（456 分）、土耳其（437 分）、约旦（421 分）。本地居民感到疏远的国家是越南（26 分）、印尼（11 分）。这两个国家是发展中国家，而且与中国文化相近。本地居民不太愿意与其交流，主要由于历史原因和民族情结。对于非洲和南美国家居民，社区本地居民认为种族差异太大，没有人选择"结婚"这个选项，其他选项也很少。当地居民对日本的接纳情况较为复杂。一方面，一些当地居民对日本表现出了很大的好感（162 分）；另一方面，关于最不受欢迎的国家，"如果有可能的话，你最希望将哪个国家（地区）的人驱逐出境"，这个问题选择"日本"的竟达到 122 人（占参加调查的群体的 63.1%）。

在此基础上，我们设计了调查问卷（表 6-2），让外籍居民自评来自所在社区的社会支持情况。参加该项调查的外籍居民与参加上一项调查的外籍居民相同。

表6-2 外籍居民对所在社区的社会支持评价表

1	我觉得社区当地人容易相处
2	我觉得社区当地人友好而热情
3	社区当地人公共道德感不强
4	社区当地人很少搭理我，不太同我交谈

5	社区当地人对外籍居民缺少关心、理解、同情
6	我觉得自己被社区当地人排斥
7	我觉得自己同社区当地人交往很困难，不知道他们想什么
8	在社区遇到的歧视和不公正对待让我感到不安
9	部分社区里的人坚持民族中心主义

调查结果如图 6-5 所示。

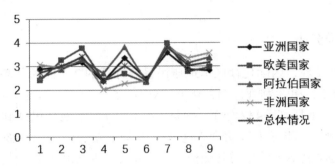

图 6-5 不同文化群体的外籍居民对居住社区的社会支持评价对照图

图 6-5 的调查结果显示，国际化社区的外籍居民对其社区的社会支持的反应非常不一致。

对选项 1（我觉得社区当地人容易相处）的陈述，各个文化群体的认可程度出现了较明显的分歧。来自亚洲和非洲国家的外籍居民对该项的认可程度较高。

对选项 2（我觉得社区当地人友好而热情）的认可程度较高，而对选项 6（我觉得自己被社区当地人排斥）则普遍持反对态度。

对选项 3（社区当地人公共道德感不强）的陈述，各个文化群体的认可程度出现了明显的分歧。认可程度最高的是欧美国家外籍居民，其次是非洲国家外籍居民，再次是阿拉伯国家外籍居民，而亚洲国家外籍居民对该选项的认可程度较低。

对选项 4（社区当地人很少搭理我，不太同我交谈）的陈述，各个文化群体普遍持否定态度，认可程度在各项陈述中最低，而亚洲国家外籍居民对此项陈述的认可程度在各文化群体中最低。

　　对选项5（社区当地人对外籍居民缺少关心、理解、同情）的陈述，各个文化群体基本上也持否定态度，而阿拉伯国家外籍居民对此项陈述的认可程度在各文化群体中最高。

　　对选项7（我觉得自己同社区当地人交往有困难，不知道他们在想什么）的陈述，各个文化群体的认可程度比较一致。认可程度最高的是阿拉伯国家外籍居民，最低的是亚洲国家外籍居民。

　　对选项8（在社区遇到的歧视和不公正对待让我感到不安），各个文化群体同样呈现了极大的差异。最赞同的是非洲国家外籍居民，其次是阿拉伯国家外籍居民，最不赞同的是欧美国家外籍居民。选项9（部分社区里的人坚持民族中心主义）的答案和选项8呈现了较大的一致性。

第五节　讨论

　　本调查表明，当地居民的态度对国际化社区外籍居民的文化融合具有显著影响。来自社区当地居民印象良好或比较偏爱的国家的外籍居民在国际化社区的文化融合状况较好，他们参与社区社会文化活动的程度比较高，与社区内当地居民的交往互动也更多。然而，来自文化距离比较远，且社区当地居民不熟悉的国家的外籍居民在国际化社区可能会被误解、忽视。对于来自非洲国家和阿拉伯国家的外籍居民来说，无法忍受的问题之一是由于种族、宗教和肤色的差异而造成的不平等待遇。来自非洲国家的外籍居民常被称为黑人，而不是非洲人，他们对这个称呼很敏感，强烈表示不喜欢别人这样称呼他们。

　　我们根据发现的问题，对外籍居民进行了进一步的访谈，以了解外籍居民对社区的社会支持的评价。

一、刻板印象对外籍居民文化融合的影响

　　在调查当地居民对国际化社区外籍居民的接纳程度时，调查问卷采用的是半开放式问卷，让当地居民填写选择这些国家的原因。一些当地居民写道"韩国人爱干净、讲信誉、值得信赖""美国人外向、开朗""澳大利亚人守规矩、随和、彬彬有礼"，因此他们喜欢与这些国家的外籍居民交往。研究结果也反映出这种刻板印象对当地居民跨文化交往倾向的影响。当地居民对来自印象良好国家的外籍居民较热情，会主动与他们交谈，与他们结交朋友，而对来自阿拉伯国家或非洲国家的外籍居民相对冷淡，甚至使来自这些国家的外籍居

民感到"被歧视"。事实上,当地居民所认为的"韩国人爱干净""美国人外向、开朗""澳大利亚人彬彬有礼"都是这些群体主体文化特征的反映,是一种刻板印象。刻板印象往往带有感情色彩,且伴随着固定的信念和情绪,因此持有这些信念的人会固守着这些信念与相关群体的人互动,然而这些印象并不能反映每个人的个性特征。我们从自己对这种文化的先入为主的印象出发,会忽略个体特征。

如果这种刻板印象尚不足以影响双方的互动和交流,不至于造成误解和伤害,那么当地居民对那些来自陌生文化的群体的回避和轻视就严重影响了他们在国际化社区的文化融合。由于长期的封闭,中国人与来自不同文化背景的人接触较少,对他们的文化了解得更少,对具有陌生文化的人有一种生疏和惧怕感。国际化社区普通当地居民与非洲和阿拉伯国家的外籍居民接触和互动的机会很少,缺乏跨文化交际技能和处理文化差异的能力,再加上从报纸、电视和电影中得到的零星的了解,从而对外籍居民产生了许多片面的、负面的刻板印象,常常对这些国家的文化模式和人群抱有怀疑的态度,在交往中一些不友善的举止也严重影响了彼此间的交往,影响了外籍居民在社区的文化融合状况,甚至会影响到与外籍居民所在的国家或地区的关系。外籍居民在文化融合过程中如果感知到社区当地居民的歧视和冷漠,就会产生很大的压力。

实际上,中国人对不同文化背景的人产生负面印象的主要原因是彼此之间缺乏接触与了解,从而对这些来自不同文化的人有消极偏见。调查发现,影响国际化社区当地居民和外籍居民交往互动的主要障碍是语言障碍、生活圈子不同、缺乏交流机会和文化差异。当地居民对"讨厌外国人""不想与外籍居民交往"这两项都表示强烈反对。这与外籍居民感知到的"当地居民不喜欢外籍居民"的说法截然不同。这表明由于接触太少,双方之间存在一些误解。因此,为了减少当地居民对这些来自不同文化背景的人们的偏见,有必要增加他们接触和了解这些文化背景的机会,并增加不同文化群体之间的积极交流与对话。

二、民族优越感对外籍居民文化融合的影响

民族优越感(民族中心主义)对外籍居民的文化融合有很大的影响。一些非理性的言行加剧了文化交流中的隔阂和分歧。

Luken(1978)扩展了交际距离的概念,提出交际距离的三个维度。

(1)冷漠距离(distance of indifference):对不同群体的人冷漠或缺失敏感性。

（2）回避距离（（distance of avoidance）：回避或限制与群体外的成员的交流。

（3）蔑视距离（distance of disparagement）：贬低、厌恶或敌视群体外的成员[①]。

三、外籍居民所在国与中国的关系对外籍居民文化融合的影响

本研究发现，外籍居民母国的经济实力和国际地位以及外籍居民母国与中国之间的历史关系是影响当地居民对外籍居民的接纳程度的重要因素。当地居民对外籍居民的欢迎、接纳、冷淡、排斥或敌意等评价心理的形成都或多或少受到上述因素的影响。

在调查中发现，当地居民对日本的相互矛盾的选择也反映了中日关系的现状。中日两国是隔海相望、一衣带水的邻邦，两国之间有两千多年的文化交流历史。但战争期间，日本在政治、经济、文化等各个方面对中国采取极其残忍的帝国主义政策，造成中国人对日本抱有难以抹去的仇恨。这种心境延续至今，扎根于当代中国青年心中。中日两国之间的历史宿怨影响了当地居民与日本居民的交往，也影响了日本籍居民在中国社区的文化融合。甚至当问到国籍时，大部分日本籍居民选择隐瞒自己的真实国籍。

四、社区氛围对外籍居民文化融合的影响

外籍居民常常与自己的同胞一起交流，却很少同社区当地居民一起游玩。因此，尽管生活在同一片天空下，外籍居民也没有机会与社区当地居民建立友谊，并进入当地居民的社交圈。一些国际化社区还没有充分意识到外籍居民群体的社会交往需要，所以并没有组织更多的活动来促使外籍居民与当地居民互动和建立联系。

外籍居民的人际交往网络越多样化，他们就越有机会全面而深刻地了解中国及中国的文化。他们自己也非常渴望和中国人交朋友，体验融入中国社会的乐趣。但遗憾的是，中外居民尽管同在一个社区，却并无很多交往，甚至互不往来的局面在国际化社区相当普遍。这并不是中外居民双方的本意。造成这种局面的关键是双方之间缺乏交流的渠道。国际化社区应当因势利导，积极创造条件，营造友好、宽容的社区支持环境，鼓励外籍居民积极参加社区活动，培养他们对所在社区的认同感和参与意识。

---

① 贾玉新.跨文化交际学 [M].上海：上海外语教育出版社,1997:111.

第七章 国际化社区外籍居民文化融合的影响因素及特点

第一节 国际化社区外籍居民文化融合的影响因素

外籍居民来到一个完全陌生的国家，在接触到不同的文化环境时，将会受到不同程度的"文化冲击"。影响外籍居民文化融合的因素包括自身的性别、年龄、性格、跨文化经历等个体差异因素，还包括文化差异、生活习惯不同、环境变化以及社会支持网络变化等外部社会环境因素。各国研究者从不同的学科背景和研究角度对文化融合的影响因素进行了分析和总结。然而，由于文化融合问题具有复杂性，目前学术界对其影响因素的研究还没有定论。

本研究从国际化社区外籍居民的日常生活入手，从自然环境、语言交流、人际互动、心理压力等方面了解国际化社区外籍居民的文化融合状况，探讨影响外籍居民文化融合的个人因素和社会环境因素。文化融合是一种多维度和多层面的现象，在个人与环境层面上包括内在的（人际间）和外在的（社会环境）条件，因此我们在描述和分析文化融合状况时，两者都须予以考虑。国际化社区外籍居民文化融合受到诸多因素的影响，找出影响因素及其对文化融合的作用机制，可以有的放矢地帮助外籍居民改善文化融合情况，促进国际化社区的和谐与稳定。

基于对国际化社区的600多位来自世界各地的外籍居民进行的调查问卷的数据和访谈资料的分析，我们发现了以下几个问题。

一、个体因素不同程度地影响了国际化社区外籍居民的文化融合状况

国际化社区外籍居民的文化融合状况呈现较大的差异性。外籍居民的性

别、所在文化群体、在中国的居留时间、中文水平等因素对外籍居民的文化融合有显著影响。总的来说，男性外籍居民的文化融合状况好于女性外籍居民。汉语水平对外籍居民的文化融合有一定的影响，但并不像我们想象的那么显著。特别是在亚洲国家的外籍居民样本中，能说流利中文的外籍居民的文化融合状况甚至比会认读和书写汉字的外籍居民更好。只会日常汉语的外籍居民的文化融合状况比会用汉语流利交流的外籍居民稍差。年龄对外籍居民的文化融合没有直接的影响。

通过比较不同文化群体的文化融合状况，我们发现，欧美国家外籍居民的文化融合程度好于阿拉伯国家和非洲国家的外籍居民。从外籍居民对其所在社区社会文化环境满意度评价的结果可以看出，在所有被调查群体中，欧美国家的外籍居民对各项指标的满意度最高。这再次证明，欧美国家外籍居民在国际化社区中的文化融合状况更好。

研究发现，外籍居民的文化融合呈现出明显的阶段性。外籍居民在华居留时间不同，他们的文化融合状况也不同。在华居留时间 1 ～ 3 年的外籍居民的文化融合状况反而比在华居住不到一年的外籍居民的文化融合状况差。研究结果部分验证了文化融合的 U 曲线理论。

二、社区的社会支持因素对外籍居民的文化融合有显著影响

在文化融合的过程中，个体通过不断给予或接受与环境进行互动。因此，除了个人因素外，社会环境因素对外籍居民的文化融合也有很大的影响。从本研究中可以清楚地看出，在国际化社区文化环境中文化融合最好的群体不是与中国文化距离最近的亚洲国家的外籍居民，而是与中国文化距离较远的欧美国家的外籍居民群体。社会环境因素，特别是社区支持，起着重要作用。

本研究采用了鲍格达斯社会距离指标来研究社区当地居民对外籍居民的接纳程度与外籍居民文化融合之间的关系。结果表明，来自当地居民感觉良好、刻板印象比较积极的国家的外籍居民在社区的文化融合程度最高，得到的社会支持最多，参与社区文化生活的积极性也最高；来自当地居民不熟悉的且刻板印象不佳的非洲国家的外籍居民在社区的文化融合状况较差，一些外籍居民甚至感觉受到歧视，缺少社区支持，因此采取回避策略，参与社区社会文化活动的积极性较低。

此外，在研究中还发现，外籍居民母国的政治和经济地位，与中国的经贸关系、历史关系以及社区当地居民对外籍居民母国文化的了解等因素都影响了当地居民对外籍居民的接纳程度。外籍居民的三种朋友圈（单一文化圈、双

文化圈、多元文化圈）也为他们提供了不同层面的社会支持。同胞组成的交际圈虽然发挥了重要作用，但和同胞的紧密互动会阻碍外籍居民与当地居民之间的交流。中国人的"内外有别"的沟通方式和社区氛围也阻碍了外籍居民与当地居民之间的接触，使他们缩进了同胞的圈子中。一些外籍居民反映，同当地居民认识是很容易的事，但是要成为真正的朋友是件很不容易的事。调查显示，大部分外籍居民的交际圈并不宽泛，而且多集中在本国同胞圈内、外国朋友及其有相同爱好的朋友之间。大部分外籍居民与中国当地居民交流主要是出于工作需要，工作以外的交流不是很多。此外，他们每天的交流大多涉及与生活相关的话题，而他们很难成为朋友。一些外籍居民与当地居民偶然认识，出于好奇，他们互相留下了联系方式。但是友好告别以后，他们很少会去维护和推进这段关系，很少会进一步交流，也不会相互了解。他们之间只能算是认识，很难成为朋友。另外，有的外籍居民还会由于一些小的摩擦或者误会而淡化甚至放弃一段友情。

在社会环境因素中，一些中国人缺乏公共道德已成为影响外籍居民文化融合的一个重要因素。在调查中，外籍居民普遍反映社区当地居民"缺乏公共道德"，没有"公共意识"。

三、外籍居民来华前的目的和期望对外籍居民的文化融合有显著影响

我们在调查中发现，来华有明确目的的外籍居民能够以积极的心态参与当地的社会文化生活，其社区文化融合状况很好。那些来华目的不明确的外籍居民则较少主动参与当地的社会文化生活，容易整天躲在同胞的圈子里，不和当地人交往，有的甚至用放纵自己的方式来排遣孤独和苦闷，在进行文化融合方面较为被动，这类外籍居民的文化融合能力比较差。

受访的外籍居民中有许多是来中国经商或体验中国文化、学习汉语的。这类外籍居民要么是为了工作，要么是想学习中国文化和语言，要么热衷于利用自己的空闲时间来中国旅游，体验中国的历史和文化。他们希望在中国能尽可能多地体验和学习中国的文化，结交当地朋友，扩大国际化视野。为此目的而来中国的外籍居民会非常积极地参与文化融合。在日常生活中，他们会采取积极的态度去习惯中国的饮食、天气和公共环境等。在人际交往方面，他们会积极结交当地朋友，与当地朋友进行跨文化接触和交流。在此过程中，他们的文化融合能力也得到了很大的提高。

一些外籍居民来中国以前，对中国知之甚少，甚至一无所知。他们通过各种媒体了解中国，这些对他们来中国之前的期望产生了很大的影响。有些外

籍居民在来中国前在本国学过汉语，接触过一些有关中国的信息，对中国社会抱有很高的期望。他们来到中国后，面对现实，却产生很大的心理落差，这将影响他们在国际化社区的文化融合。当然，西方媒体对中国的负面宣传也会使一些不太懂中文，主要通过当地电视、电台、报纸等媒介了解中国社会的外籍居民对来中国生活的期望非常低。然而，来到中国之后，他们发现中国的生活水平和生活舒适度远远超出了自己的预期，因此文化融合状况较好。

四、文化价值观差异对外籍居民的文化融合有显著影响

霍夫斯泰德（Hofstede）将文化价值观分成五个方面：权力距离、集体主义和个人主义、男性气质和女性气质、不确定性规避、长期取向和短期取向[①]。从这个角度来看，中国是高权力距离、集体主义、男性气质、低不确定性规避以及偏重于长期价值取向的国家。中国文化强调集体主义、尊重传统、重视亲情、崇尚权威，主张克制内敛。

对于大多数外籍居民来说，在出国之前，他们对中国及其城市或社区缺乏相关的了解。他们对中国的历史、政治、经济和文化等也知之甚少。他们在出国前和初到中国时都未接受过相关的跨文化培训，对中国社会和文化的理解取决于自己的感受，这在一定程度上增加了他们文化融合的难度。

文化价值观的差异影响了外籍居民在中国的跨文化交际能力，使他们的跨文化交流出现了障碍。在与当地居民交往时，固定看法或刻板印象容易造成理解上的偏差。当社区当地居民从不主动和他们交谈时，他们可能会认为本地居民与他们保持距离是因为不喜欢他们；当社区当地居民委婉地表达自己的想法的时候，外籍居民会因为说话过于直接而使双方产生误解。这种差异性也给外籍居民与当地居民之间的交流造成了障碍。

第二节　国际化社区文化融合的模式及特点

一、国际化社区文化融合的模式

国际化社区的文化融合是指外籍居民携带的源文化与移入社区文化形态

---

① SAMOVAR L,PORTER R,MCDANIEL E.Communication between cultures[M].Beijing:University of Peking Press,2009:140-150.

之间的相互碰撞、渗透、交融、感应与同化过程，并在"融合过程中彼此改造和塑造对方，使各种文化特质之间相互渗透、相互结合、互为表里，最终融为一体"。当前，外籍居民与社区当地居民的差别不仅是国家和地理概念上的差别，还表现为"外国人"和"本地人"所代表的文化价值观念的差异，以及由这种观念性差异造成的社区居民之间的一种对立性文化冲突。

这些国际移民多是相同国家、相同种族的人口聚居在租赁价格中等、条件较好的小区。国际移民多呈现高素质、高技能化特征，一人工作能养活全家，他们来到中国也多从事长期、稳定的工作，并呈现居住和生活条件成熟后将家庭成员一同带入中国的趋势。

在中国，当前国际化社区主要有三个特征。第一，国际化社区呈现广分散、小聚居的特征。外籍居民在国际化社区的生活方式与本地人有较大的不同，且外籍居民人口相对较少，没有形成较大的聚居群。风俗习惯相似的同种族族群往往集中居住在同一个社区，在城市中呈点状分布，形成小聚居的生活模式。第二，国际化社区中文化呈现多元化的面貌。不同国家的外籍居民有自己独特的民族文化，不同种族有不同的风俗习惯，在社区中形成文化碰撞与交流，形成多元的文化面貌。第三，国际化社区居民在宗教信仰、伦理道德、风俗习惯方面都有很大的差异。在社区文化融合的过程中，如果居民的合理要求不被关注和重视，那么社区矛盾和冲突就容易随之出现。因此，国际化社区的治理模式应区别于其他普通社区，不能简单复制普通社区的管理模式。

根据我国的国情，目前我国国际化社区文化融合模式主要是以政府主导为主。在这种模式下，政府在社区文化融合中起主导和干预的作用，全面负责社区文化融合的部署和开展，确保完成社区文化融合的具体任务。

第一，政府行使管理职能，设置社区职能机构，整合所辖资源，自上而下推动和促进社区文化融合的实现。

第二，政府在社区文化融合中发挥主导作用，提供资金和行政支持，全面负责社区文化融合活动的组织、活动推进、人员资金落实等工作，具有很强的行政色彩。

第三，政府通过行政手段发挥政府动员社会资源的优势，协调组织开展社区文化融合的相关工作。在政府资源被充分利用的情况下，社区文化融合的成效可以快速得到体现。然而，人们往往注重形式而非内容，对社会资源的利用率低，社区居民认可度不高，从而降低了居民社区活动的参与度，打击了其积极性，不利于社区文化融合。

通常，不同群体文化交流和接触后呈现两种趋势：文化冲突或文化融合。这为我们判断文化融合的基本趋势和倾向提供了一个衡量的尺度。然而，这种尺度是模糊且不易量化的。这就要求我们从文化之间各层面的关系、文化主客体之间的关系、文化现象的综合分析等方面做出正确的判断①。

在文化融合的过程中，从国际化社区外籍居民的角度来看，如果他们既要保持自己本国的文化，又要积极融入当地社区文化，那么他们采取的融合策略就是"整合"；如果他们回避或抛弃原有的本土文化，而重视并渴望了解和吸收当地社区文化，则表明他们希望被"同化"；如果他们只重视保持自己的源文化，不愿意与其他文化群体交流，那么他们采取的融合策略就是"分离"；而当他们习惯性地保持自己的源文化，与其他文化群体接触时，他们就被"边缘化"了。从国际化社区本地居民的角度来看，如果他们在保持自己文化的同时能与外籍居民群体交流，并且愿意接受和欣赏外国文化，那么他们所采取的策略就是"包容"；如果他们只希望通过各种方式使外籍居民融入本地社区文化，那么他们所采取的就是"熔炉"策略，也是"同化"策略，意在消解外籍居民的源文化，习得社区所在地的文化习俗；如果社区本地居民只认可自己的文化，总是回避同外籍居民的交流，那么他们就是在"分离"外籍居民。

文化融合包含了多方面的内容，如文化了解、语言能力、语言实践、价值观念（包括婚姻、生育、教育、健康等观念），大多数文化融合范畴的指标都比较主观且抽象。社区外籍居民带来的异国价值观念、风俗习惯、语言文化与宗教信仰等与当地的地缘文化不断碰撞。国际化社区给他们提供和营造了家园的氛围，让他们每天一回到自己所在的社区，就真的像是回到了"家"中。小锅盖般的电视信号接收器让他们没有了母语世界隔绝的感觉，基督教堂和清真寺为教徒们提供了精神上的支持和鼓励，各种协会组织为他们的工作、学习和生活提供了支持和帮助，增进了族群凝聚力。

二、异质共存、和而不同：国际化社区文化融合

（一）在全球化背景下看国际化社区

"全球化"的概念没有统一的定义。就经济学领域而言，"全球化"指的是世界经济一体化；在政治学领域，"全球化"是建立新的世界格局和权利关系的一项全球战略；从社会人类学的角度讲，"全球化"是多种文化共存、互

① 方远平.多元文化空间冲突与融合的理论分析与区域实证研究——以汉文化和云南沿边民族区域文化为例[D].昆明：云南师范大学，2001.

动和融合的过程。随着科学技术的发展和网络化时代的到来，地球日益变为一个地球村，全球化已经成为不可忽视的趋势和潮流。

全球化背景下的移民迁移出现了如下特点：第一，随着全球化进程的加快，世界各地的人们在经济、政治、文化上的交流和联系日益频繁，移民的迁移呈现移民目的国多元化和规模扩大化的趋势；第二，移民的迁移呈现流动的双边化倾向，不仅经济欠发达国家和地区的居民向经济发达国家和地区迁移，经济发达国家和地区的移民也来到经济欠发达国家和地区谋求更高的利润；第三，随着国际移民流动速度的加快，国际移民的待遇和地位越发受到各国的重视，特别是进入经济发达国家和地区的移民的地位和生存境况逐渐得到了较大的提升和改善；第四，国际人口迁移的潮流并未使文化走向趋同，反而使文化呈现出多元性和异质性。

外籍居民在国际化社区居住生活的过程中，形成了类似于共同体性质的社会结构，不仅满足外籍居民在当地休闲娱乐、信息传播、民族认同、文化传承、资源整合等各项功能，还是外籍居民与世界交流和互动的平台。同时，借助这个平台，外籍居民可以向当地人推广自己的母国文化，从而构建和谐的国际化社区。

国际化社区中的文化融合呈现出多样化、差异化的特征。社区外籍居民同当地居民在生活方式和行为习惯方面的渗透和影响是双向的演进过程。国际化社区应该成为中外居民群体文化融合的典范。

（二）文化融合的双向性

文化融合并不是一个两极（一端是保持完全的本土文化，另一端则是全盘接受目的国文化）的连续体，文化融合的过程并不是逐渐放弃源文化，以目的国文化代替本土文化的从一极向另一极演变的过程，外籍居民国际化社区的文化融合的过程是双向的。外籍居民在融入社区文化方面主要受到族裔文化的"拉力"和所在社区的"吸引力"两方面的作用力。

随着外籍居民群体的不断扩大，为外籍居民提供的社会支持网络越来越大，来自当地居民的社会支持对外籍居民的认知和情感的帮助很大。外籍居民通过与当地居民接触和互动，不仅可以获得有效的信息，还可以在情感、道德上得到支持。然而，由于语言等障碍，外籍居民更倾向于寻求自己本国同胞的支持，向社区当地居民寻求支持的较少。语言沟通的障碍容易造成居民群体间的"排他性"，引发居住隔离；语言的顺畅交流会加强居民群体间的了解，改善居住隔离状态，促进社区文化融合。

（三）文化融合的复杂性

调查发现，国际化社区的治理基本都不是"自发"的，而是在党组织和基层社区精英规划和领导下进行的。在国际化社区内，党的各级组织一直参与社区事务，并调动社会力量和社会组织有序参与社区事务，成为组织社区建设和引导居民自治的核心力量。

社区作为外籍居民城市生活的最终归属，也是外籍居民生活、交流、成功完成角色与身份同步转化的"场域"。从目前的情况来看，国际化社区建设和社区管理还没有从社区融入的角度对外籍居民给予足够的重视和支持。

1.特异文化冲突的存在

每个民族的文化都是在特定的地理、历史、社会背景下产生的，通常限定于某一个特定的地区。国际化社区是一个特定区域，不同国家的文化相互影响、相互作用，必然会带来文化的碰撞与融合，同时也会导致矛盾与冲突。无论何时何地，人们都更愿意接受自己熟悉的文化，使用自己熟悉的语言。然而，在国际化社区文化融合发展的背景下，社区内文化自我维护性过高，抱团为营，会加深文化差异带来的隔阂和矛盾，对社区的正常运转带来不利影响。社区居民呈现出较多使用本国语言的趋势，这也会导致更严重的群聚抱团现象。文化既反映历史，又影响未来。个体作为文化的传承者和传播者，如果把自己民族的文化带到陌生的文化环境当中，那么他就很容易被当地文化和其他文化所排斥。外籍居民在异文化背景下极易被边缘化。如果阻碍外籍居民的融入，就会对维护国际化社区稳定和国际化城市的进步与繁荣产生负面影响。同时，生活习惯的差异、语言上的障碍和沟通上的不畅导致国际化社区出现不必要的纠纷和冲突。在这种情况下，如果没有有效和公平的方法来处理这种纠纷和冲突，矛盾将会进一步加深。

2.文化融合并非排除文化个性

文化融合是一种对进步新文化的相互吸收和接受。我们既要保持和弘扬各自优秀的传统文化，又要积极容纳和吸收外来文化的精华，增强民族文化的世界性，丰富本国的文化特色。自改革开放以来，大量外国文化涌入我国。我们要在立足国情的基础上，用开放的眼光、积极的态度，在批判继承传统文化的基础上，吸收和借鉴世界各个国家和民族的优秀文化成果，丰富和创新中华和谐新文化。民族文化中优秀的和不合理的因素总是相互关联的，因而要保留中国传统文化的特色，就要反对文化保守主义，"冶炼"和扬弃中国传统文化。社区的文化融合不是完全否定其特色和个性，而是否定社区文化建设中不合理的要素，从而使社区文化的外延日益扩展，更加与时俱进，适应社会、文化、经济日新月异的进步。

3.融合的实质：社区文化中"人"的建设

文化是人与社会、自然在互动中，不断产生冲突和碰撞，又不断调和、妥协，达到统一，进而不断地进化聚集而成的。国际化社区的核心是人，人是社区文化的核心因素，是具有无限潜力的资源。国际化社区文化可以激发社区居民的内在需求和动力，通过文化引导社区居民的参与，显现社区共同体的凝聚力。移民文化与中国本土文化都是以人为着眼点的文化，都在用一种无形的力量潜移默化地导向、激励、规范着人们的行为准则、价值观念和道德规范。

中国的社区工作起步较晚。此外，近年来随着社区工作服务领域逐步向外籍居民拓展，文化差异问题逐渐凸显。社区工作人员培训着重于宏观理论与社区工作方法与技巧的培训，而没有明确的关于文化敏感性的培养。因此，中国在这方面的培训存在一定的不足。

第三节　国际化社区文化融合的问题与挑战

随着中国经济的快速发展与对外开放步伐的加快，各种肤色的外国人越来越多地被吸引到中国来"淘金"。"一带一路"沿线覆盖了全球 60% 以上的人口，占全球 GDP 和贸易三分之一以上。随着"一带一路"倡议的推进，不同国家和地区的人们在经济、文化、贸易等各方面的交往将更加密切，从而完成"民心相通"的目标。可以预见，跨境贸易的发展带来的全球化的加深将会加速中国与周边国家之间的国际移民。

大量外国人口的到来使国际化社区外籍居民人数不断增加，给国际化社区的和睦融洽带来了挑战。由于文化交流与互动问题具有复杂性，文化融合问题已成为国际化社区面临的较大难题之一。与国际化社区带来的人才和经济红利相比，国际化社区在文化融合方面存在的问题和挑战具有普遍性和前瞻性，在互动成本和治理技术方面有更多的需求。

一、国际化社区文化融合存在的问题

（一）社区参与意愿高，缺乏社区参与平台

义乌的鸡鸣山社区是外籍人口相对稠密的一个社区。在该社区中很容易

看到外国人。他们已经习惯了各种肤色的族群在社区中生活。社区居委会向外籍居民提供的服务主要体现其管理职能。社区居委会也常常为外籍人士发起社区融合服务活动，包括文化和娱乐活动。但从参与面来讲，还远远不够。

此外，许多外籍居民与社区居委会几乎没有联系。首先，大多数外籍人士都还很年轻，在中国有自己的工作要打理，而那些与丈夫一起来中国的外籍女性有孩子要照顾，这就意味着他们有自己的生活重心。其次，文化背景存在差异，外籍人士居住的国际化社区环境与自己的国家不同。最后，没有有效的渠道向社区居民宣传社区事务，让中外居民知晓。这让外籍居民没有渠道了解社区居委会的功能，对社区环境了解较少，除了生活所需，他们不会主动联系相关的社区服务组织。

我们从调研中发现，社区中的大多数外籍人士愿意参加社区活动，特别是文化类活动。这表明外籍居民渴望了解社区文化和中国文化。但目前社区缺乏让外籍人士参与社区活动的渠道、内容和平台。

（二）与外籍居民互动多，与当地居民互动少

从外籍居民的日常互动上看，外籍居民在社区的主要交往对象仍然是外国人，特别是同种族、有着相同宗教信仰的人。他们与父母、朋友分离，在异国他乡面临相似的问题，更容易有共同话题，产生共鸣和同理心。特别是那些带着孩子跟随丈夫来到中国的外籍妈妈，由于某些政策限制和本国习俗，这些人无法在中国从事正式工作。照顾家庭是她们主要的职责。她们更愿意与其他外籍妻子或母亲分享生活的点滴和感受。她们有专门的微信群，互相分享各种信息及在中国的见闻，并由此结识更多的朋友。

根据我们的调查数据，有11.2%的外籍居民认识的邻居数为0。在我国的国际化社区，外籍居民和当地居民是混居的。换句话说，外籍居民的邻居大多是当地居民。现实生活中，面对陌生的文化环境，外籍居民也积极地尝试着自我调适和融入，这种调适并不总是表现出向当地群体文化接近，而是渐渐生成对当地文化的洞察和理解。他们和当地居民之间的交流和互动较少，更愿意与同在异乡的外国人频繁、深入地交往与互动，毕竟在语言、身份、文化背景方面，他们有许多相通之处，彼此更有归属感。其原因首先是语言障碍。语言是他们互动和交流的主要阻碍，没有共通的语言，他们就很难从顺畅的沟通中获得彼此的信任。不同的语言折射出不同的沟通方式和思维模式，克服语言交际障碍并非那么容易。我们的调研数据表明，有19%的外籍居民不懂中文或只会几句简单的问候语。他们中的大多数人可以大致听得懂简单的中文，可以用中文表达自己的一些想法，少数人可以达到流畅的日常口语交际水平。能认读

和书写汉字的人就更少了。汉语水平普遍偏低会严重影响他们的生活、社会交往和互动，使他们无法深入了解汉语文化。另外，文化背景的差异还导致中外居民之间交流较少，缺乏共同的链接（食物、语言、音乐和宗教）和共同的话题，并且彼此之间不容易相互理解。

（三）现有社区服务网络支持不足

境外人士，特别是新移民，对社区服务环境认知度和使用度低，他们不了解社区居委会的架构和相关服务，遇到问题时不知道向谁咨询和求助。就像外籍人士 K 所说，她不知道居委会是做什么的，也不知道居委会负责多少事情。在实际社会工作中，常常会遇到外籍人士咨询家政、就学、就医、办证等日常生活难题。一些自主经营者由于对本地政策不了解，所以在经营活动和社会治安方面也会发生冲突。

另外，社区现有的公共服务网络对外来移民的支持不足。外籍人士的汉语水平普遍不高，仅限于会说，识字能力水平更低，所以对社区环境内的双语服务需求尤其明显。社区内双语服务环境支持不足，除了一些西餐厅和咖啡馆能够提供外语服务，社区信息公示、道路指引等公共基础设施方面没有双语服务。在儿童就学方面，受限于语言障碍和政策障碍，大部分外籍人士虽然觉得国际学校费用太高，但是没有其他选择，只能让孩子去国际学校上学。在就医方面，社区附近往往没有提供双语服务的公立医院，所以他们更倾向于去能够提供双语服务的私人诊所就医。义乌社区的管理模式带有明显的行政色彩，社区活动带有行政安排；西方国家则实行居民自治，居民主动参与社区公共事务，表达对社区事务的看法。社区治理模式上的不同导致一些国际化社区居民不关心社区事务，不积极参与社区活动，彼此之间的交流也不频繁，社区意识比较淡薄。

国际化社区的文化融合强调社区事务的共同参与，强调社区居民对社区发展的参与权，让更多的居民参与到社区治理体系中。如果不能很好地将国际移民吸纳到社区事务中，就会增加现有国际化社区管理体制的压力。当外籍居民通过自组织网络整合自身，而又与国际化社区当地居民、文化、管理网络格格不入时，他们可能会作为一个利益集团形成一个"联盟"，而当他们的利益诉求屡屡得不到期望的回应时，抗议的力量就会不断积累，直到最终爆发。因此，让中外居民参与到社区建设中，充分发挥自身的优势和长处，让他们在参加活动的过程中加深对彼此的了解，建立信任、依赖和责任关系，增强对社区的认同感和归属感，从而有效地促进居民交往，增进社区文化融合。

通过调研，我们了解到在经济融合和社会交往方面，外籍居民的融合程度相对较高，但在文化和心理层面，融合的程度相对较低。从总体上看，外籍居民在文化的许多方面都能很好地融入中国当地社会，但在价值观念上，东西方文化之间的差异客观存在且显而易见。可见，要达成文化上的真正认同，尤其是价值观的认同，不是简单的、短时间内能做到的。而在文化认同的基础上，将价值观内化并显露于言行是更高层次的融合要求。

二、国际化社区文化融合瓶颈原因分析

（一）外籍居民地缘感的缺失

经济全球化带来了文化上的交融互通。近年来，国际化社区的外国居民人数增加，他们对融入社区的需求也增加了，他们的文化融合问题日益为大家所重视。国际化社区居民来自不同的国家和地区，他们有着不同的文化传统、生活方式、语言表达、思维方式、民族习俗、行为标准，这些都不可避免地会导致社区成员之间因文化差异而出现矛盾和碰撞，影响社区文化融合。对于外国居民来说，生活在一个异于原有文化圈的陌生社区中，他们的地缘感是缺失的，存在文化融合上的障碍。要使社区居民融入所居住的社区，并产生一种归属感、自豪感和社区文化认同，则需要政府、社会组织和社区居民共同努力。与西方国家相比，义乌当前的社区服务理念和水准还比较滞后，社区服务还处于初级发展阶段，社区管理工作者整体业务素质相对较低，缺乏专业的社区工作从业人员。这样，对于已经习惯了国外良好的社区服务的外籍居民来说，他们的个性化、多样化需求无法得到满足，这势必会引发矛盾，导致社区文化融合度不高。

（二）多元文化冲突的存在

随着社会经济和科学技术的发展，人与人之间的交流越来越方便，对不同文化的包容性也越来越大，多元文化的生活环境越来越普遍。在国际化社区，不同的异质文化相互作用、相互影响，不可避免地会带来文化碰撞和融合，但也存在文化竞争关系，会产生冲突。

在全球化时代，任何一种文化都不可能孤立地发展。每个人对自身母文化的理解都会有局限。因此，我们如果从"他者"的角度来看待自己，就会更全面地了解自己文化的特点。通过对其他文化的了解，我们会加深对自身传统文化的欣赏和理解。比较而言，中国文化具有如下特点。

第一，权力距离较大。传统的封建制度在中国存在了数千年，这对我们的思维方式以及行为习惯产生了深远的影响，而三纲五常的观念更是在有些人脑子里根深蒂固，具体的表现是等级观念严重，下级对上级有很强的依赖感，

人民对政府也有强烈的依赖感，上级分配的任务下级一定要执行。这种传统观念对人的思维方式的影响如今依然存在，要想顺利消除，就要不断地努力。

第二，不确定性规避。经过数千年的发展，中国社会存在较强的不确定性规避。在日常生活中，人们面对一些不确定性的因素时，会不敢冒险，不愿意接受新事物和新想法，更愿意批判地对待它们。

第三，集体主义。中国社会强调个人利益服从集体、民族和国家利益，必要时要为了集体利益而牺牲个人利益，强调对家庭和组织忠诚。西方社会则更加强调个人主义和个性自由。

第四，男性度。在数千年传统封建社会观念的影响下，中国是一个男性权力高度集中的国家。封建思想总是强调男尊女卑、三从四德等观点。在传统观念的影响下，人们认为男人应该发展事业，而不应该把追求生活的乐趣作为人生目标。然而，随着社会的发展，中国越来越多的年轻人开始注重生活质量的提高，而女性在追求事业的同时更加注重生活品质的保障。

近代以来，通过对外国人的观察和分析、对不同的民族特征和社会制度的认真比较发现，中国人越来越认识到自己的缺点，开始大胆吸取外来文化中的养分，建设具有民族性和世界性的现代中华文化，用自身优秀文化的感召力直面文化竞争。想要成为多元文化者，就必须拓展思维方式，用良好的心态接受新的事物，深入地分析不同文化之间的差异，了解不同文化的特点，尊重各个国家的文化背景和价值观念，这样才能使沟通更加容易。

在国际化社区，不同的文化背景会使双方在交流时对同一种行为或者文化符号产生不同的理解，从而产生文化冲突。只有保持开放、包容的态度，站在对方的角度思考问题，尊重对方的文化价值观，才能有效地减少冲突的发生。生活习惯的差异、语言的障碍和交流的缺乏容易导致争端和矛盾的出现，如果缺乏及时且公平有效的干预和处理，冲突就容易进一步扩大。而相应的文化理解和争端解决模式是国际化社区正在探索的内容。

（三）对社区服务的需求不同

国际化社区居民对生活的需求趋于个性化与多样化。在外籍居民的需求中，语言服务需求占很大分量。在谈到自己与本地居民的交往障碍时，外籍常常把交流障碍归咎于"语言困难"。语言问题不仅阻碍了外籍居民的文化融合，影响了他们的日常生活，还影响到他们与当地居民的交往。他们由于对自己语言能力的不自信，而心生胆怯，不敢与当地居民接触和交往。目前，许多社区服务仍处于低技术、低效能、小规模的初级发展阶段，社区管理服务处于摸索阶段。因此，崇尚效率与效能的外籍居民与社区管理服务人员打交道的意愿不强，遇事不会主动想到找社区管理服务人员。

国际化社区除了居民自治活动以外，需要大量的社会机构和专业队伍参与社区管理。社区管理者除了需要拥有开放、包容的胸襟，还需要创新协同思维，引入大量的社会机构和专业队伍参与社区管理，将自身的政治优势同专业组织和前沿治理技术嫁接起来。大量的专业机构和社工队伍逐渐发展成国际化社区居民服务供给的主体，有利于把社区管理人员从具体的社区事务中解放出来，也有利于培育具有丰富涉外工作经验的专业社会组织。义乌市有较强的社会专业基础和相对宽松的创新空间，允许社会力量参与社区事务，有意愿同有关专业机构开展协同合作。

义乌的鸡鸣山社区通过同专业社会服务机构"同悦社工"合作，提高了国际化社区治理的专业化水平和智能化支撑水平。而这个由青年发起、以青年群体为主体的专业化组织在涉外服务中积累了国际化社区的服务经验，并提高了在义乌的知名度和美誉度，进而凭借其在国际化社区的专业化服务能力，扩大社会影响力。

（四）对社区文化的观念不同

由于语言、风俗、习惯、理念、宗教等诸多方面存在差异，不同国家、民族对社区文化的观念不同。东方人强调共性，注重礼仪，讲求中庸，有较强的保守性和民族认同感，喜欢与有相同文化背景的人在一起居住和交流；西方人则强调个性，重视个人生活的安全性和私密性，有着非常强烈的隐私意识，喜欢竞争，开放务实，崇尚进取精神和实干精神，喜欢接触多元文化，乐于同非本族裔的人打交道。对于西方人来说，家庭状况、收入、年龄、住房、婚姻等问题都是敏感话题。而中国人正是通过了解这些问题，才拉近了彼此的距离，产生一种对方是自己人的感觉。中国人认为，只有通过了解这些信息，自己才知道如何以最适当的方式彼此互动。如果交往了很长一段时间，还不了解对方的基本情况，中国人会觉得彼此关系仍然疏远，无法触及更深层次的话题。又如，谦虚是中国的传统美德，但在西方却被视为无能的表现。东方强调集体主义，西方强调个人表现。存在这些问题的原因在于文化差异。文化差异是由文化距离引起的。

国际化社区外籍居民与本地居民之间是否能够求同存异、互相包容，在很大程度上决定了外籍居民能否与当地社区实现文化上的完全融合。在研究中我们发现，导致外籍居民无法与当地居民进行良好沟通的原因有很多，其中最重要的原因是双方的交往模式、交往态度和交往习俗不同。从义乌市的情况看，大多数外籍居民保留其族裔文化、族裔特色的意愿还根深蒂固，他们不愿意完全融入当地的主流文化中去。固守本国本民族文化的"惰性心理"也阻碍了彼此的沟通和相互了解。文化本身具有相对稳定的特征，这就导致了文化的"保守性"。当新的文化元素或形式出现并开始传播时，它们就会遭到旧文化的排斥和抵制。具体到一个特定的外籍居民，其母文化在其身上具有很强的稳定性，面对当地的文化环境，其基于习惯，遵循旧的思维和行为方式，不愿接受新的文化和行为方式，会觉得与不同文化的人打交道累，宁可蜷缩在同胞圈子里。

从本研究中可以清楚地看到，中外居民在互动过程中产生的误解和冲突在很大程度上受到各自"文化包袱"的影响。在访谈中，非洲国家的外籍居民觉得中国人对人冷漠，而亚洲国家的外籍居民却觉得"有时候和中国朋友相处的时间太长，太亲近，没有自己的空间，有点累"。基于不同的文化标准，人们有不同的看法。人们很容易认为，自己所处的社会所代表的一切都是正常的，并毫无疑问地予以接受。只有参与跨文化交流，见到不同的社会或与来自不同文化群体的人打交道时，我们才开始意识到自己文化中一些习以为常的地方的不合理性和局限性，我们对自己文化的自觉意识在这种跨文化的交往甚至冲突中得以唤醒。

虽然有涉外纠纷调解机构等社会组织进行协调，但国际化社区外国移民不可能完全不与当地居民接触。因此，外来移民与当地居民之间的文化冲突在日常接触中是不可避免的。这些文化冲突包括误解与对立。误解往往源于对同一行为的不同文化理解和对他人的生活方式、生活习惯的不认同。比如，不同国家的人们打招呼时的礼节大相径庭。另外，不同地区的人对公司下属之间的"等级"有不同的理解。这些都是小事，但是长期积累的文化冲突引起的不满可能导致外国移民和当地社区居民出现隔阂，甚至有可能引发冲突，给社区乃至社会带来不稳定因素。特别是涉及宗教信仰问题时，可能产生的连锁反应更不可预计和掌控。因此，团结和凝聚外籍居民、促进国际化社区的文化融合可以缓解和消除外国移民与当地社区居民之间的文化误解和对立，扩大文化共识，避免发生分化和冲突，增进不同文化群体之间的和谐共处。

（五）社区治理模式不同

当前，义乌国际化社区的治理模式具有较强的行政管理特征，社区中外居民的自治程度不高，知情权与话语权未得到充分体现。同时，居委会传统的"进百家门、知百家情"的工作模式并不适用于国际化社区的外籍居民，他们通常比较重视个人隐私和私人空间。如果不能正确地把握分寸，轻则可能会产生误解，重则可能引起严重外事纠纷。一些国际化社区居民同社区管理服务人员打交道不多，沟通不畅。

西方文化鼓励人们维护政治权益，实现自我价值。在西方发达国家，社区居民自治的做法已成为一项制度，体现为居民的社区参与意识强，能够主动表达其对所在社区事务的看法。但是，居住在义乌的国际化社区外籍居民对社区管理服务了解较少，对社区管理人员的大小事务"通管"的做法无法理解，也不习惯在街道行政命令下开展社区活动，并且缺乏社区志愿者服务的法律和制度保障。此外，因为语言有障碍、业务繁忙、不愿走出舒适区等，尽管许多居民愿意参加社区管理，但他们实际参与度很低，社区文化融合很困难。

（六）缺乏沟通与交流的常设机制

缺乏使外籍居民和当地居民相互交流的常设机制也影响了外籍居民的文化融合。双方都希望彼此了解，但他们缺乏沟通的桥梁和渠道。即使中外居民成为朋友，但是因为他们没有共同的生活经历、没有共同的话题，所以彼此交往接触不深入，时间长了，这种交往也就逐渐变得冷淡了。

对于那些来自不同文化背景的人，中国人缺乏正确的态度，以致中国人在外界的形象受到了影响。为了减少中国人对来自不同文化的人的消极认识，有必要增加中国人了解这些文化的和机会，并促进不同文化群体进行积极的交流。

第八章　加强社区文化建设，促进国际化社区文化融合

　　随着全球经济一体化时代的来临，越来越多的人走出国门，到异国他乡去工作、学习和生活。改革开放以来，中国与其他国家的交流与合作日益增多。伴随着中国融入经济全球化进程，中国与世界各国的文化交流融合不仅面临诸多问题和挑战，也充满前所未有的机遇。我们要抓住机遇，不断提升中国文化的国际传播能力和国家文化软实力，向世界展示中国优秀文化的独特魅力。文化融合是一个民族勇于直面世界的过程，是构建人类命运共同体的必然路径。

　　国际化社区外籍居民数量日益增加，他们在经济上带来的利益显而易见，但是他们对中国社会、文化的国际化影响还没有被大家广泛了解。当地政府、社会应采取各类引导性互动措施，充分发挥外籍居民带来的优势。国际化社区文化融合是社会发展所追求的重要目标。外籍居民通过国际化社区文化融合，逐渐在意识形态、生活方式、文化方式等方面发生质的变化，成为当地居民的一员。在这一过程中，当地政府应注重社区结构的开放性、交流空间的融合性、公共服务的精准性、治理空间的多样性和社区环境的宜居性，着力完善社区服务体系，创新社区治理，提供必要的政策支持，为社区居民营造良好的生活环境，打造中外居民和谐共处、中外文化相互交融的新型国际化社区。

　　党的十九大报告提出"要尊重世界文明多样性，以文明交流超越文明隔阂、文明互鉴超越文明冲突、文明共存超越文明优越"。中国的国际化社区没有走西方的自由主义和族群分隔的治理路径，而是基于基层安定团结、和谐发展的实际需求，充分利用社会力量和专业团队，协同合力，共同参与社会治理。

　　从前面的调查分析我们可以看出，国际化社区的文化融合存在不同程度的困难，中外居民间的社会交往的缺乏是国际化社区文化融合过程中特别需

要注意的问题。在促进国际化社区和谐发展和改善社区总体环境的过程中如何更好地促进社区文化交融、如何更好地完善社区文化建设、如何促进社区中外居民的社区文化认同，这些问题成为建设国际化社区亟待解决的问题。我们需要采取更有针对性和有效性的策略和举措，增强外籍居民对国际化社区的认同感、归属感和参与意识，形成管理有序、服务完善、国际居民和谐相处、地缘文化与多国文化相互交融的良性发展态势。在国际化社区文化融合的推进过程中，我们应坚持三个基本准则。

首先，坚持维护国家文化主权。

在文化融合中要坚持维护国家文化主权的基本准则。文化主权是国家主权中不可分离的重要组成部分，是国家主权在文化领域的逻辑延伸。文化主权涵盖的文化内涵既包括语言、宗教、价值观等一般性文化要素，也包括复杂的政治文化和经济文化要素 [①]。

中国特色社会主义进入新时期，要实现中华民族伟大复兴的中国梦，就必须积极参与全球化进程，既要坚持国家文化主权不动摇，也要努力化解全球化带来的负面文化影响。参与全球化进程和维护国家文化主权并不矛盾，而是相辅相成、相互补充的。

在宗旨上，坚持维护文化主权是为了更好地促进经济的发展和社会的进步，确保国家基本文化利益不受侵犯。我们坚决反对任何损害中国文化主权的行动，也倡导国际社会尊重各国文化主权。

在重心上，中国必须把维护自己对人权的主权放在文化主权的首要位置。我们必须清醒地认识到，我国的人权观念和保障制度是中国社会主义制度和历史文化传统的体现，符合我国政治、经济和社会发展的需要，必须坚定不移地坚持下去。

在策略上，我们应该认同公认的文化主权原则，加快参与有关国际规范的步伐，逐步形成适应现代化进程的文化体系。在处理具体的文化主权问题时，应具有适度的灵活性，这样，一些长期悬而未决的文化主权问题才能找到合适的解决方案。

其次，坚持平等原则。

这里的平等是指文化之间不存在优等文化与劣等文化之分。文化融合是一个长期性、基础性的战略工程，需要政府、社区和居民共同做出努力。国际化社区文化融合的建设应遵循平等原则，使党的组织建设同专业化治理、社会

---

① 吴长燕.论全球化进程中的文化主权 [J].江西广播电视大学学报,2006,31(3):5.

协同治理相结合，大量使用社会力量，邀请专业组织参与社区治理。每一种文化都有其独特性，是一个民族特有的标志和烙印。各国文化之间地位平等，我们应尊重差异、相互包容，以平等、包容、开放的心态对待各国文化差异，尊重并欣赏异文化的优秀成分，认同异族文化的精华，取长补短，共享良好的民族关系和社区生存环境。

最后，坚持互动原则。

国际化社区文化融合必须建立在互动的原则上。国际化社区各国文化间相互交流、理解和互动是发展社区文化融合的前提。文化融合带来的文化认同能从根本上改变人们的心理认知结构。通过良好的互动沟通，国际化社区居民间不同的观点与意见得以相互碰撞、修正与整合，相互间的文化误解和文化分歧得以消除。

外国移民在国际化社区的生活具有独立性，缺乏主动与当地居民交流互动的意愿。要调动起他们的参与社区管理的积极性，发挥他们的主观能动性，增进彼此的了解，提升文化融合的程度，扩展文化融合的内容。

第一节　优化社区服务质量，提升社区居民满意度

中国的国际化社区作为一个新生事物，其发展和管理过程也是不断试错的过程，需要政府、社区、当地居民、外籍居民和社会各界共同携手，促进国际化社区多种文化交融、和谐共生。

一、建立专业化服务运作模式，不断提升社区管理品质

国际化社区治理不仅考验一个国家的治理水平，还考验该国行政制度的韧性、社会治理的灵活性，甚至政治文明的包容度。在国际化社区建设的过程中，需要科学、系统的社区服务体系与运作模式来为其提供支持。满足多样性、多层次、专业化管理需求，从技术上提升社区治理的水准，引入专业化服务，打破相关部门的垄断格局与部门壁垒，通过整合各方的专业力量，发展智能联通和新技术手段，引入智慧产业，同社区精准化治理嫁接融合，真正体现国际化社区治理的社会化、智能化和精细化水平，满足中外居民在社区安全、环境、文化生活等方面存在的多样化需求，对于提升社区治理的效能尤为重要。

要想应对新型社区的挑战，就需要构建智慧化社区服务管理体系，实现精准化供给。在"互联网+"的环境下，不仅要监测和预警网络舆情，以收集社情民意，化解社会冲突，准确地把握政策需求和公共问题，还要建立广泛覆盖的、智能化、互动的即时网格化管理网络，建立跨医疗、教育、就业、社会保障和民政等部门的多元协同的治理数据库，并构建集在线服务、网格管理、居民自治、生活服务于一体的智能社区管理服务系统，推广使用微信公众号、社区 App 等新媒体工具，为社区居民提供便捷和人性化的服务，从"点效应"向"面辐射"转变。可以借鉴西方国家的社区服务理念与方法，促进实施政府负责基础的福利性社区服务、专职社工提供专业的社区服务、第三方非营利性机构开展公益性社区服务、志愿者负责社区志愿服务、其他机构负责市场化社区服务的专业化运作模式，满足国际化社区居民多样化、个性化的需求。

社区服务的管理社会化是社区发展的必然趋势。从"办文化"向"管文化"转变，街道购买服务、制定社区服务行业要求，居委会协助和监管服务，具体的主要业务交由具备涉外服务经验和水平的专业机构和社工队伍来实施，以提供个性化、社会化的社区服务，实现"小政府、大社会"的运作模式。这样，政府从"运动员"变成"裁判员"，节约了人力成本。随着权力下放给非政府组织，政府有了更多选择服务对象的空间，从而形成更合理的市场竞争和优胜劣汰的局面，服务对象从"一枝独秀"变成了"百家争鸣"，促进社区服务项目的扩展，提升社区居民对社区的满意度。

国际化社区文化建设要强调整体性、适调性和调控性，三者必不可少。社区管理服务人员须根据中外居民的文化背景设定文化建设目标，使中外居民产生社区意识和认同感。同时，要挖掘和发挥社区的文化优势，结合本地文化和外来文化，开展具有时代感的、符合本社区特点以及满足中外居民需求的新型的社区文化活动。

要启动社会自治，实现社区居委会减负增效。社区居民委员会是居民的自治组织，要真正成为社区居民需求的发现者、传递者，成为党政决策和资源分配的"参谋"。社区居委会还承担着监督社会服务、协助专业机构有效运行社区服务项目等责任，要通过体制、机制创新，改变原有的"全能型"政府管理和社会多元自发治理这两种极端的治理模式，启动各类社会活力机制，调动社会力量和社工团队有序参与社区事务。通过定期有主题和有目的的培训和实践活动，不断自我学习和自我反省，增强文化敏感性，让社区的实务活动更有针对性。

二、提供以人为本的多元文化服务项目，完善公共服务与设施

国际化社区中的多元文化体现在不同的生活方式、价值观和民族习俗中。国际化社区不仅要达到公共服务和治理水平的国际水准，还必须坚持中国特色，将公共部门的专业化治理与社会力量的协同治理结合起来。因此，社区管理的首要任务就是优化服务质量，满足居民的多元化、个性化需求，完成从前瞻性思想到政策设计的转化，应简化管理、自治和服务多样化的功能关系，因地制宜，循序渐进，鼓励创新性尝试，启动社会活力机制，包容多种社区模式的发展，在互动中实现文化的融合。第一，可以在社区发放征询单，了解中外居民的需求，建立以人为本的社区管理服务体系，有针对性地开展服务，满足各个年龄段社区居民在生活、娱乐、休闲、运动、文化等各方面的需求，实现服务对象的全覆盖和服务内容的多样化。第二，可依托现有的社会治理体制，在社区增设组织，为外籍居民提供包括签证咨询、居住登记、纳税办理、医疗卫生、法律援助等服务和信息，利用社区生态圈，实现惠民服务联动，满足社会服务需要。

在调研和访谈中，我们发现交通、空气污染、饮食卫生环境是影响外籍居民文化融合的主要问题，也有外籍居民谈到当地服务人员态度不好、当地居民交通法规意识薄弱、交通秩序混乱、人身财产安全受到威胁等问题。因此，要想促进国际化社区的文化融合，一方面要进一步改善国际化社区的整体环境，提高公共卫生质量；另一方面要不断地完善国际化社区公共服务设施，改进社区管理和服务，探索具有地方特色和国际视野、开放包容、幸福宜居的国际化社区建设路径，同时注重提高社区居民素质，弘扬传统美德。

在硬件设施方面，根据中外居民的宗教、国籍、文化背景、年龄和职业等特征，社区要配备游泳池、网球场、健身设施等；要有销售多国商品的超市、特色餐馆、购物场所、银行、邮局、美发店等。

在软服务方面，国际化社区可以为外籍居民提供中文家教、家政服务咨询、志愿者翻译、子女入学、就医、代缴公共事业费用、订阅报纸杂志以及发放便民服务手册等方面的服务。便捷、高效、个性化的服务能为外籍居民节省大量的时间和精力，避免语言沟通上的不便，并满足他们在工作、生活上的实际需求，帮助他们尽快地融入当地社区。

国际化社区文化是中外居民共享的文化环境、生活方式、社区情感、价值观等的总和，是社区成员与环境相互作用的结果。中外居民具有不同的价值观和文化背景。应建立以政府为主导、居委会牵头、非政府组织与社区居民互

动、物业公司辅助的社区文化共同体。应促成外籍居民的实际参与，提供差异化的、恰当的服务，满足社区来自不同国家的业主的需求。帮助外籍居民了解所在地区的各种法律规定和规则，防止出现不必要的错误。帮助外籍居民了解国际化社区的本土文化和生活方式，并创造机会让外籍居民结识当地人，和当地人建立友谊关系。

三、增强社区管理人员的跨文化意识，树立人文关怀的服务理念

社区管理人员的角色对外籍居民的文化融合极为重要。为了避免社区管理服务人员由于缺少对异国文化的认识和敏感度而在与外籍居民的交流中出现误解和冲突，可以借鉴深圳、杭州等地较为成熟的国际化社区建设经验，加强社区管理服务人员的跨文化培训，树立人文关怀的服务理念，在社区服务中开展情感交流，从而使社区管理人员具备跨文化知识，增加对不同国家文化背景的了解，继而在与国际化居民的沟通中跨越语言障碍，提供高品质的服务，保持社区人际关系的和谐，提高居民满意度。

Landis 和 Bhagat（1996）指出，跨文化培训的目的可以概括为三项：从认知上改变个人的思想、从情感上改变个人感情的反映、个人行为的改变。具体来说，即增加文化间的相互认知，减少或消除对他异国文化的消极刻板印象，从他者角度来理解异文化者的思想和行为，增强开放的心态；鼓励包容心、欣赏力、接受文化差异；减少在新文化环境可能发生的社交摩擦，在多文化团队里与成员建立良好的互动关系。

调整社区工作现有的治理机制，发挥社区管理人员的主观能动性，树立人文关怀的服务理念，稳步推进社区工作治理模式和治理体系建设。国际化社区中的居民来自世界各地，有着不同的文化背景和生活方式，但他们都是有血有肉的人，有着丰富的情感。他们初到中国，对周遭的一切会感到陌生，希望通过交流与沟通，得到所在社区和当地居民的关心、理解、支持和帮助，过上舒心幸福的生活。社区管理人员要通过规范的跨文化交际能力的培训，了解不同国家的文化，掌握国际形势，树立国际化社区营造的先进理念，提高跨文化敏感度，善于沟通，使自己在与外籍居民交流的过程中游刃有余，形成尊重、理解、宽容、合作的跨文化意识和态度；根据外籍居民文化融合的动态性和阶段性特点，提供必要的帮助，以减轻他们初来乍到处理各种问题的压力，并帮助外籍居民度过最初的文化过渡期。第一，要主动关心。要以服务为先，充分发挥社区资源优势，主动了解情况，深入、细致地开展工作；要联合辖区内其他职能部门，协调整合资源，形成社区服务网络，提供"安全、高效、快捷"

的社区服务，体现人文关怀，使国际化社区中外居民实实在在地感到所在社区就是自己的家。第二，要平等互信。社区管理人员与社区居民进行交流时，双方在价值观、行为和思维方式上可能会有所不同。这时，社区管理人员应怀着一颗包容的心去面对不同文化表现出的不同现象，采取说服、疏导和商讨的方式，在平等和谐的氛围中，运用情感加深理解，并达成共识。第三，要兼顾公平。对外籍居民应提倡"国民待遇"，在平等的前提下，使国际化社区中的中外居民享有同等的社区服务，并使社区氛围更加融洽。

国际化社区网站和微信群是传播社区文化和展示社区魅力的重要平台。在访谈中发现，外籍居民对所在社区的网站和微信群的认识度和接触度很低。因此，要树立和增强文化传播意识，重视网站信息的丰富性和语言的多样性，并利用新媒体来宣传社区的创新治理模式，提高管理效率。加强社区网站和微信群等大众媒介的传播能力，加大宣传力度，提高外籍居民对社区媒介的接触度，充分发挥互联网等大众传媒在促进外籍居民文化融合中的重要作用，使不同文化背景的中外居民在精神上融合为一体，使国际化社区成为中外居民生活的家园，也成为不同国家文化交流的载体和平台。重视外籍居民特殊的宗教背景，尊重和保护他们的宗教习俗。

第二节　提升社区教育水平，增强社区居民认同感

社区教育是社区建设与发展的重要组成部分，目的在于增强中外居民的社区意识与参与感，促进其投身于对公平和正义的奉献，以提升社区生活的整体水平。社区教育起源于北欧，经过150多年的发展，已经成为与正规学校教育相媲美的文化传播和交流的重要路径。社区教育是一种大众化的、有组织的教育形式，是一种以休闲教学为目的的群众性教育。我国的社区教育起步较晚，但发展迅速，已经建立了各类社区教育机构，重点培育应用型人才，丰富人们的业余生活。然而，在国际化社区中，要想让外籍居民像当地居民一样主动接受和使用社区教育资源，则有必要建立与国外先进的社区教育体系相当的理念和机制，实现国际化，这将有助于国际化社区的文化融合。同时，文化融合不应是一个单向的过程，而应是一个双向融合的过程。社区教育机制可以借鉴国外的先进经验，以满足外籍居民的需求；在社区教育内容上，应提供诸如地方习俗、中华文化、中国艺术和汉语学习等课程，使外籍居民融入当地社区的地缘文化中。

在国际化社区的多元文化背景下，当外籍居民面对主流文化和源文化的碰撞时，由于两种文化具有差异性，他们往往会面临文化融合的考验。他们既想认同自己的源文化，又担心因为过于认同源文化而无法融入主流社会；既想认同主流文化，又担心过于认同主流文化而失去其源文化。因此，他们在文化融合过程中常常处于夹缝中。

一、健全社区教育体制，切实保障社区居民文化权益

国际化社区教育体制应借鉴北欧先驱运动和美国社区学院的先进经验，注重社区的建设和发展，重视社区居民的教育需求，从提高中外区居民综合素质、丰富居民的业余生活出发，开展社区教育。第一，扩展办学形式。与当地政府、教育机构、协会、社团合作，共同举办跨境电商培训等社区教育项目。第二，满足居民需求。从课程设置到具体的教学内容，都要从国际化社区居民的需求出发，采取多类别、多层次相结合的方法，兼顾个体差异，满足个性发展。第三，创新教学形式。学员可以根据课程或兴趣自由组织小组，并共同设定切实可行的学习目标，开展有计划的学习活动。学习的实施方式由小组成员决定，这与西方国家追求民主和自由的精神是一致的。学员还可以采用"契约学习法"，即教师与学生签订书面协议，明确学习目标、培训时间、教学方法等，这个过程有利于培养学生的自主学习能力，更适合外籍居民。

社区的文化生活环境建设离不开必要的政策支持，因此政府应出台一系列政策和措施，加强公共文化设施建设，并把外籍人士纳入城市公共文化服务体系，营造社区中外文化互融、民心相通的友好型治理环境。一是加强公益性、便利性的文化设施和服务网络建设，提高现有文化设施配置水平和运营效率，扩大覆盖率，保证可达性，改善社会文化生活环境，形成大文化氛围；二是增加财政投入，将外籍居民文化服务的经费纳入财政预算；三是充分发挥文化部门的主体性作用，对专门为外籍居民文化服务的艺术活动提供必要的政策和资金支持，丰富外籍居民的精神文化生活；四是加强外籍居民专项文化活动中心建设和文化知识培训，为外籍居民提供书籍、电影、表演、讲座等精神食粮，促进外籍居民文化融合能力的提高。在促进文化融合的教育中，要想摆脱语言教育中的枯燥感并增强人们对不同文化的认识，就要增加社会文化体验的机会。在增进对不同文化的了解的同时，增加不同文化群体之间相互接触的机会，促进不同群体之间的文化融合。

二、丰富社区教育活动，促进社区服务提档升级

国际化社区要充分整合利用社会中的各种教育资源，改变单一的教育形式，进一步拓展社区教育内容，创新社区教育形式，建立健全的社区教育运行机制，促进社区服务提档升级，满足不同年龄段、不同文化背景的社区居民的多元化需求。

（一）联合学校和文化站，建立培训中心

社区教育通常存在设备、资金等资源不足的情况，因此社区可以与学校和文化站合作，灵活而充分地利用学校和文化站的教师、场地、设备等教育资源，建立培训中心，以提升社区全体居民的整体素养，改善生活品质，促进区域经济建设和社会发展为目标，丰富社区教育内容，促进社区教育发展。可以开设汉语培训、中国历史、中国文化、书法、武术、编织、烹饪等课程，让外籍居民在参加社区教育中接受"文化冲突"的知识培训，了解当地风土人情和居民的风俗习惯，从而顺利跨越语言和文化障碍；组织舞蹈比赛，调动社区居民的参与积极性，让他们自发地加入舞蹈队伍；在活动中丰富社区中外居民的精神生活，吸引更多居民参与，保障社区教育的公平性。同时，在课程中也可以穿插外籍居民的专题讲座，向社区当地居民介绍各国文化习俗、历史、地理以及他们遇到的"文化冲突"的经历。通过互动式教学，国际化社区居民可以结交朋友，建立友谊，加深彼此间的了解，多些默契，促进社区文化融合，增强社区意识。还可以与企业联合，开办技能教育。社区居民大部分有固定的工作，业余时间紧张，往往不能主动继续学习。因此，要开展社区教育，营造全民学习的氛围，帮助社区居民在工作之余继续学习成长，提高工作能力和综合竞争力。可以同企业联办培训班，由企业里技能强、善于教学的优秀员工担任培训讲师，开办跨境电商培训等职业技能类培训，在丰富社区成员的业余生活的同时，帮助中外居民提高职业技能；使中外居民接受终身教育的理念，养成活到老、学到老的习惯，加快学习型社会的形成。

（二）发挥志愿者作用，举办兴趣性公益课程

在当前的国际化城市中，如果要将各项政策稳步落实到社区中去，就要投入大量的人力、物力、精力。可以深入整合社区志愿者资源，以兴趣爱好为导向，集合社区党员、在校大学生和宗教组织参与到国际化社区的建设工作中，充分发挥社区教师和专业技术人员志愿者的能力，定期举办讲座和亲子公益课，让他们在社区教育中发光发热，帮助社区居民学习科学文化或者法律、医学知识，注重家庭生活教育，参加儿童户外探索实践活动等。重视寓教于

乐、融趣味性和知识性于一体的亲子户外探索教育，在增加亲子互动的同时，还能锻炼孩子们的语言表达能力和团队协作能力。贯彻"居民即是学习者"的教育理念，营造良好的社区学习氛围，帮助社区居民养成终身学习的习惯，增强社区教育的效果，推动社区教育发展。

三、营造良好的社区文化环境，开展多种文化活动

国际化社区的居民来自不同国家和地区，良好的社区文化环境是外籍居民融入当地社区的重要保障。社区要积极宣传外籍人士为城市发展做出的贡献和先进事迹，突出地反映他们在城市经济建设中的重要作用，引导社区居民更多地关心和理解外籍居民，增加对异文化的认识，缩小文化冲突，以促进社区居民间的文化融合。对社区当地居民来说，要有开放、包容的胸怀，促进彼此的相互了解，理性公正地看待外籍居民的日常生活方式和行为，并给予更多的理解、支持和帮助，促进其顺利融入社区。要加强宗教管理，营造和谐家园。

让外籍居民在义乌的工作与生活更加便利、生活品质得到提升，涉及社区精细化管理和诸多涉外服务管理体制方面的创新，做好软环境的建设，加强对外籍居民的社会支持，营造宽容、友好的社区环境，为他们的安居乐业创造条件。充分利用社区丰富的文化资源，构筑中外居民交往与理解的平台。社区志愿者组织应当积极发展外籍居民成员，鼓励他们参与社区的各种公益性活动，体验社区文化生活，尽可能地为外籍居民创造接触中国社会的机会；鼓励他们与当地居民交往，增进他们对中国文化的了解和认同，并通过社区座谈会的形式，帮助外籍居民解决生存的问题，协调外籍居民与当地居民之间的关系；使外籍居民了解当地的文化和社会风俗，在交流中提高双方的跨文化交际能力，增强双方对不同文化的包容性，促进社区形态、公共服务、语言环境、社区治理国际化进程。

社区是城市文化活动的重要平台，应努力做好社区居民的文化工作，营造良好的社区文化环境，定期开展文化娱乐活动，使中外居民有相互交流的平台，营造社区良性互动的氛围。第一，社区可以组织和开展有针对性的、形式活泼、内容适宜的文化娱乐活动，以激发中外居民参与的兴趣和积极性。第二，充分利用社区运动场馆、文化广场、图书阅览室、乒乓球室、棋牌室等公共空间，举办社区邻里友谊节、广场文艺表演、传统艺术展演、双语交流、影片放映、美食品尝、节日庆祝、非遗文化进社区、运动比赛等系列主题活动，通过新媒体及时推送活动预告，吸引中外居民参与和体验，丰富社区居民的业余文化生活，提升居民生活品质。第三，通过文化联谊互动，提高社区居民的

社会包容性。通过文化娱乐活动，社区当地居民可以更多地了解外籍居民在城市建设、服务群众、服务生活方面的重要贡献，尊重他们的个性和职业，从而营造良好的社会文化环境。社区应当定期举办茶话会、中外联谊会等活动，为中外居民双方交流提供平台。

社区可以举办"国际音乐节"等文化交流活动，搭建本地居民体验国外文化的交流平台。积极开展有利于外籍居民接触当地居民的交流活动，开展多种社区文化活动，如民乐、舞蹈、剪纸、皮影、观影活动等，促进外籍居民对中国文化的了解，架起中外友好交流的文化桥梁。电影是宣传一个国家文化的较直观、最生动的工具之一。通过欣赏中国电影，外籍居民可以间接地接触和了解中国文化，进而了解中国传统文化的特点。如此，外籍居民在感受中国文化的同时，也为当地本土文化带来了新理念，开阔了社区服务的视角，从而吸引更多优秀的外籍居民来中国工作、学习和生活，更加激发中国的发展潜力和活力。

第三节 搭建文化交流平台，增强社区居民归属感

国际化社区作为不同国家、不同民族人群的聚居地，是生活在一定地域范围内的人群的社会生活共同体。社区本地居民和外籍居民文化背景不同，在语言使用、思维方式、宗教信仰、价值取向、生活习惯、风土人情等方面都各不相同，这使双方在文化理念上必然会发生碰撞，外籍居民对国际化社区的归属感也需要一段时间才能建立起来。因此，营造能使外籍居民得以安居乐业的物质环境与社会氛围，注重社区居民间的文化融合，增强中外居民的团结协作意识、共同参与意识、互利互助意识，使居民在精神上融合为一体，在相互交往、合作、交流、沟通中营造和谐的社区氛围，增强中外居民对社区的归属感和认同感，提高社区凝聚力，是国际化社区建设与发展的重要任务。社区发展要站在改革与发展的高度上，遵循国际准则与运行规律，通过搭建多元文化的交流、沟通平台，使硬件设施的配备、文化氛围的营造等都适合社区居民的需要，满足各类居民对文化及休闲活动的需求，融洽邻里关系，包容来自各国的外籍居民，创造自由、开放、和谐的社区人文环境。

一、转变社区运作模式，促进社区精细化治理模式建设

目前，中国的社区文化活动的运作模式具有较强的行政干预色彩，许多

外籍居民对此还不习惯，而且过多的行政干预因素会对社区文化的发展产生一定的制约；社区在街道的行政性号召下开展的一些中外文化交流活动缺失活泼生动的元素，吸引力和凝聚力不强。因此，在国际化社区的建设中，需要转变社区文化的运作模式，搭建中外文化交流平台，建立"开放、多元、包容"的社区文化体系，让多元文化在社区中碰撞、渗透和融合。

第一，要调整政府在社区文化工作中的职能定位，把基层政府的职责调整为制定社区文化发展策略、加强行业监管、保障文化设施的投入机制等等。在增加对社区文化资金投入的同时，可以适当鼓励相关企业赞助社区文化活动，并积极建造社区文化场所，完善社区文化设施配备。同时，调整资源整合方式，注重硬件资源的整合与利用。

第二，要充分发挥第三方和非营利机构的作用，让社区居民自发组织跨国文艺社团和俱乐部，自行组织社区文化活动，促进文化交流，形成多元文化共存的和谐氛围，使他们能够自我管理，实现自我发展。社区是党政工作的基本落脚点，政府的各项工作在社区中得到体现和实施。对于过去一些不科学、不以人为本的工作方式，必须及时纠正。由于受东西方文化差异和生活习惯的影响，外籍居民对居委会的了解较少，相比之下，他们更加知晓业委会和物业公司的功能。西方居民非常重视个人隐私，居委会"串百家门、知百家情"的工作方式很难获得外籍居民特别是西方人士的认同和理解。应积极动员外籍居民参与社区管理，通过招募志愿者等方式，将单向的硬性管理转变为灵活的互动，以更好地实现管理和服务的目标。吸纳社会组织参与社区工作，充分发挥社区社会组织的桥梁作用，清晰明确社会组织的服务对象和服务形式，加大宣传力度，保障其社会效益。创新管理方法与评估机制，实施管理与治理相结合的模式，提高政府干预水平和社会参与度，发挥国际化城市的优势，有序建立和完善国际化社区治理模式。

第三，在国际化社区治理过程中科学有效地创新民主协商制度。社区居委会是典型的群众自治组织，但相对于国际化城市飞速发展的进程，社区自治模式更新步伐缓慢，需要与时俱进。国际化社区要减少对政府的决策依赖，增强自身的造血功能，实现自我完善、自我修复和自我监督。居委会应加强与专业化社会组织的联系，以确保公共服务到位，提高社区管理事项的公开性和透明度。在国际化社区的重大决策部署中，广泛征求中外居民的意见，维护族群、民族感情，保障社区居民的参与权和对社区决策的充分理解。促进社区资源的整合和利用，围绕社区居民最直接、最迫切的需求，继续挖掘潜力，完善配套设施。在工作中要多听取社区居民意见，及时化解不同国家的居民之间的冲突。成立涉外调解志愿者队伍，选择称职的、深谙当事方文化背景的调解员，确保国际化社区事务可以顺利开展。

二、完善社会支持网络，构建和谐互动环境

社会支持网络是一种重要的社会资源，由人与人之间的联系网构成。良好的社会支持网络有利于减轻生活压力，有益身心健康。社会支持网络的缺失将导致个体在身心方面出现疾病，使个人难以维持自己的生活[①]。外籍居民来到国际化社区，离开了他们熟悉的社会支持网络，在新环境中建立新的健全的社会关系网关系到他们在国际化社区的工作和生活。

居民的需求主要有居住需求、日常生活需求、公共服务需求、重建社会关系网需求等。外籍居民在刚来中国时，面对语言不通、原有的社会支持网络崩塌而新的社会关系网络尚未建立等问题，在生活方式、社会支持、情感归属等方面会感到陌生和不习惯。对于外国居民来说，这个时期是最寂寞和无助的阶段。他们在新的环境中尝试寻找新的朋友，建立新的社会关系网。这个社交网络能否成功重建，直接影响到他们对社区的归属感和认同感。在这个阶段，外籍居民容易产生焦虑、孤独、思乡之情。这时，我们需要帮助外籍居民建立起全面而可靠的社会支持网络，增强他们的文化融合能力，以便他们能够更好地融入社区。良好的社会支持网络可以为国际化社区中的外籍居民提供各种物质和精神方面的帮助，消除外籍居民的过客心态和漂泊心理，帮助他们尽快克服文化差异带来的负面的情绪，更轻松地融入社会活动中，了解当地的文化传统、社会习俗，学习当地的语言，培养他们的合作精神，提升社区凝聚力。其实初到中国时，移民特别需要一些同胞的帮助。在迁入地获得初步稳定后，他们的社交圈便不再停留在与同胞的交往上。要想融入当地的社会环境，就要与当地居民进行交往，逐步认同和理解所处的居住环境，建立当地的社会关系网络。在传统的地缘、乡缘或血缘关系之外开拓其他的建立在业缘、趣缘等关系上的社会关系网络，扩大人际交往的范围。

外籍居民是我们与国际社会交流最直接、最重要的桥梁，也是世界了解中国社会和中国社区的最直接、最真实的窗口。只有为外籍居民提供我们能力范围内的服务，加强对他们的社会支持，才能从一定程度上赢得外籍居民对当地社区的认同，也为我们自己创造一个宽松、友好的环境，让我们得到国际社会的支持。外籍居民来到中国后接触到的是一座城市、一个社区的社会环境和

---

① 贺寨平. 国外社会支持网研究综述 [J]. 国外社会科学，2001(1):76.

人文环境，而社会环境和人文环境的建设离不开社会各界的关心与支持。

调查发现，国际化社区外籍居民与当地居民之间的社会交往互动相对较少。本国同胞仍然是他们社会交往的主要对象，来自当地中国朋友的社会支持作用并不显著。因此，国际化社区应在多方面加强对外籍居民的社会支持，鼓励他们积极参加志愿者组织，为他们提供拜访社区当地居民家庭的机会，或开展丰富多彩的社区多元文化交流活动。

（一）加强当地文化宣传

通过讲座、展板、网站、微信群等媒介着重向外籍居民介绍中国的国情、传统文化和价值观，特别是当地的基本市情、民情和社区政策以及当地的历史文化特征、饮食文化、社交规则、风俗习惯等。这将有助于外籍居民全面而详细地了解当地，熟悉当地文化并学会解决日常生活和交流中因文化差异而引起的冲突，获得有效、实用的交际能力。在各种宣传方式中，外籍居民最能接受的仍是书面宣传，如告示栏等。

（二）加强文化交流培训

解决跨文化冲突的有效方法是了解和认同文化差异。因此，有必要接受有关"文化冲突"的知识培训，熟悉当地习俗和礼仪，并与当地人接触和交流，从而减少或防止文化冲突。社区可以举办以中文学习为目的的系列讲座、课程和相关活动，积极建立社区当地居民与外籍居民互动交流的平台，进行文化交流培训，增进相互了解，发现彼此差异，减少文化冲突，寻求共同点；组织各种文化活动和体育活动，不仅可以锻炼身心，还可以提高外籍居民的文化融合能力。

（三）开展多元文化交流活动

在相互尊重、相互理解不同国家的文化传统、价值取向、生活方式的基础上，开展中西方文化交流活动。应鼓励外籍居民参与社区的社会文化生活，增强外籍居民的社区参与能力以及与当地居民交往和沟通的能力，提高他们的跨文化融合能力。要通过开展丰富多彩的社区文化交流活动，加强外籍居民与当地居民的沟通和互动，融洽邻里关系，营造共荣共生的社区氛围，让更多的外籍居民有机会亲身体验社区的文化氛围，了解当地的传统民俗风情，锻炼自己的文化融合能力、交际能力和语言能力。社区文化活动有助于增强国际化社区居民的责任感，使社区中外居民相互关心、相互帮助，在丰富社区居民的精神生活的同时，提升中国传统文化的国际传播力和影响力。调查结果表明，外籍居民对社区组织的一些文化活动的参与度并不高，这主要是由于社区宣传活动信息的广泛度不够，而且宣传的语言比较单一。因此，除了应该多开展一些适合外籍居民参与的内容丰富、形式生动、文化特色鲜明的多元文化活动外，还应注重活动信息的传播，以激发外籍居民参与活动的热情，促进外籍居民与当地居民的文化融合，建立跨文化交流平台。文化交流活动的形式多种多样，主要有以下几种。

第一，开展传统民俗文化交流活动。可以结合中国传统节日，让有民间文化特长的社区当地居民讲解剪纸、写对联、编中国结、做风筝、舞狮、迎龙灯等中国传统文化技艺。社区外籍居民通过参与活动，能更深入地了解中国文化和当地习俗。

第二，开展广场文化交流活动。广场是社区精神文化建设的缩影，是文化活动的载体，为文化活动提供了舞台和空间，是社区的一道亮丽的风景线。广场文化活动具有公共性、节庆性、娱乐性、大众化的特点，受到越来越多的广大人民群众的喜爱和关注。社区广场文化活动为社区居民提供了一个自娱自乐、自我展示的平台，有利于凝聚人心，实现社区居民精神文化品位的提高和社区文化色彩的多样化。可以利用社区广场的公共空间，举办篝火晚会、综艺演出、艺术表演等形式多样的娱乐休闲广场活动，还可以拓展到书画展览、文化讲座、图书漂流、露天影院等多项文化服务，让社区居民零距离接触、面对面交流，展现"社区一家人"的浓厚氛围，使社区居民都能在休闲中感受文化的熏陶，享受到丰富多样的文化生活。

第三，开展休闲文化交流活动。社区可以组织开展插花、茶艺、绘画、唱歌、踏青等活动，满足社区居民休闲生活的需要，密切国际化社区居民间的感情联系，增进情感交流，活跃社区生活，创新现代生活方式。

第四，开展饮食文化交流活动。定期举办美食交流活动，探索身边的文化。中国饮食文化深厚广博，只有善于发现、善于发掘，才能更好地继承传统，弘扬中国优秀传统美食文化。中方居民可以通过教外籍居民包饺子、烧中国特色菜肴等形式传播中国传统饮食文化，外籍人士也可以教社区当地居民做西式菜肴，增进邻里和睦。社区中外居民互相学习、互相交流、共同进步，共同体验社区美食文化的多样性，感受互助友爱的社区氛围。

在国际化社区中开展多元文化交流活动，为社区居民提供交流思想、加深友谊的机会，有助于超越国界的价值观的融合，从而增强中外居民对国际化社区的归属感，激发社区活力，创建共治共享的和谐社区。

（四）促进邻里互动

邻里关系是在邻里之间不断互动和交流中逐渐建立起来的。社区中外居民的邻里互动有助于拓宽社区居民的国际文化视野，促进中国传统文化的传播，提升社区居民文化素质。但是在社区内，外籍居民与当地居民的接触很少。语言交流障碍是一部分因素，文化差异也是原因之一。我们在调查中发现，外籍居民对了解当地文化、同当地居民交朋友持期待的态度，但在实际生活中，因为彼此交集较少，所以互动交流并不多。在国际化社区管理中，我们应当重视加强国际化社区当地居民和外籍居民之间的团结互助，搭建交流平台，以缓解或解决中外居民共同关注的问题为导向，促进外籍居民与本地居民之间的邻里互动，倡导互助共济、邻里相帮、志愿服务的社区精神。例如，为外籍居民与本地居民组织社区活动和体育运动，或安排外籍居民与当地居民一起参加文化沙龙，通过语言互助、儿童教育、社区教育等，增加外籍居民与当地居民的交往机会，从而帮助外籍居民认识和了解当地居民，使外籍居民尽快融入当地的社会环境中，同时给外籍居民带来生活上的帮助和情感上的支持，帮助外籍居民更好地深入当地社区的社会文化生活；营造亲切宜人的社区氛围，维护社区的稳定，增强社区的凝聚力和向心力，加强宣传，增进社区居民对其他国家的文化和行为习惯的理解，为当地居民与外籍居民的和谐共处提供更好的人文环境。

虽然中国居民和外国居民在文化背景和生活方式上有很大的差异，但孩子的教育是中外父母共同关心的问题，知识教育和社会实践是家长关注的焦点，社区亲子活动是中外家长都愿意积极参与的社区活动。从中外家长都关心的儿童教育问题入手，创造更多中外居民的共同话题，通过促进社区儿童教育，减少邻里之间的冷漠感，增加中外居民之间的互动。而且，中外家长都希望自己的孩子能结交更多来自不同国家的朋友，了解彼此的文化，学习彼此的语言。还可以在假期召集社区内中外儿童，让社区内的中外儿童通过游戏互相认识。可以提供儿童喜爱的动画片或者电影，为孩子们创造一个假期学习和娱乐的平台。通过建立儿童图书馆、环保教育基地等社区活动，培育外籍居民的社区意识，促进外籍居民融入社区。在社区活动中安排"小小志愿者"在力所能及的范围内参与社区活动的志愿服务或后勤服务，特别是相关的儿童社区活动，让"小小志愿者"带着家长一同参与策划和实施。在环保教育基地，招募"小小志愿者"协助园丁，给环保基地内的植物浇水、施肥。

社区认同感是社区居民对社区的接受和认可度。缺失认同感会使居民对社区事务表现出冷漠的态度。社区归属感是居民对社区的一种特殊情感，是比认同感更深刻的心理感受，表现出居民对社区"一荣俱荣、一损俱损"的态度。若邻里之间较为冷漠，居民对社区的情感联系较弱，社区归属感就不容易建立。要想形成良好的社区认同感和归属感，就要满足各类社区居民的精神需求，尊重各民族文化的特异性，帮助居民建立和谐友好的邻里关系。

另外，要加强国际化社区居民对文化多样性的接受度和认同度。要想在国际化社区内部形成稳定和谐的价值体系，就必须注重维护社区凝聚力，引导和规范社区居民的社会生活。而这种价值体系的形成需要长期的和谐运行和宣传交流，中外居民要以个体为单位，充分发挥自身效能，求同存异，尊重不同国家、不同民族的文化理念，形成顺应时代潮流的文化价值理念。促进国际化社区的稳定与和谐，离不开社区居民对异文化的认可和接受。对于其他民族文化的特异性和民族色彩鲜明的内容，要保持足够的尊重，学会欣赏和接受，并从中取长补短，而不是完全回避。

要想形成开放、包容、接纳的良好文化氛围，就要加强社区文化建设，着力营造和而不同、共生共进的和谐文化价值理念，营造互相帮助、互相理解的社区氛围，建立文化交流的平台，在社区服务和交流中增强社区凝聚力，在尊重中外文化的基础上，建设具有多种文化色彩的社区文化。对于不同国家的习俗和节日、社交文化、饮食习惯等，在不影响其他居民生活的前提下，予以积极维护，减少外籍居民的边缘感，保护他们的合法权益，切实维护国际化社区文化多样性，改善国际化社区文化融合的制度环境和人文环境。

第四节　加大参与自治力度，增强社区居民责任感

社区居民是国际化社区建设与发展的主体。为了实现国际化社区的多元文化融合，完善现有的社区治理模式，建立社区居民参与管理机制至关重要。社区居民参与自治将有助于增强他们对社区的责任感和社区意识。当前，我国社区的治理模式的特点是具有较强的行政干预色彩，而社区居民的自治能力相对较弱，这在一定程度上阻碍了国际化社区居民参与社区管理。因此，有必要调整社区治理模式，积极鼓励国际化社区居民参与自治。

一、创新社区管理模式，促进居民间相互理解

国际化社区不仅是外籍居民比例高的社区，还是具有国际一流的公共服务和治理水平的社区；不仅是带动城市走向开放的新引擎，还是应对社会治理挑战的试验区。应对复杂人口结构带来的治理挑战、促进文化融合是摆在国际化社区面前的一个难题。传统社区建设基本采用政府自上而下的领导路线，社区居民通过"政府判断需求—政府提供—居民接受"的路径获取信息和服务，

而只有通过多方协商、双向互动，才能改变居民"搭便车"的冷漠心理，增强居民对社区的归属感和认同感。相关社区组织要创新社区管理模式，提供专业化社区服务，满足社区中外居民的多元文化需求。国际化社区的建设需要中外居民一起参与公共事务，并进一步建立各种社区参与平台，如社区联席会议、居民议事会、民主评议会、民意论坛、听证会等。

在社区中，外籍居民的文化与当地文化产生碰撞，国际化社区居民之间由于文化差异而引发冲突是难免的。外籍居民的文化融合问题主要是由不同的生活方式、价值观念、宗教信仰等引起的，解决这个问题的最好方法是给予外国居民充分了解中国文化的机会，组织国际居民参与自治，探索大协商机制。有时，外国居民对迁入国的生活期望过高会增加其文化融合的难度，而了解迁入国的文化有助于外国居民对所面临的困难做好心理准备，形成恰当的期待，减少文化融合的难度。有的当地社区居民不愿意主动与外籍居民交流，将社区外籍居民纳入自己的交往圈子，也不愿意主动向外国居民打招呼示好。一些外国居民感到社区本地居民对他们比较冷漠，连问候和打招呼都不乐意，完全不像在西方国家，即使陌生人在电梯里碰面也热情问候。这些文化和生活习惯的差异都使外国居民只喜欢与自己熟悉的本国人互动交流，以致减少了深入了解中国社会文化的机会和有效渠道。

国际化社区居民在相互学习和比较中重新审视本土文化，在文化融合的过程中，在原有民族文化的基础上，吸收异民族文化的先进因素，创新和发展适合时宜的文化要素，逐步形成适应现代化进程的文化体系，在继承优秀传统文化精神实质的同时赋予其鲜明的个性和新的时代内容。

第一，对国际化社区治理模式进行科学有效的创新，建立多形式咨询及沟通网络。当前，我国社区自治模式更新缓慢，跟不上国际化城市发展的步伐。各级政府应改变治理观念，调整社区治理模式，实行自治。国际化社区应尽量减少对政府的依赖，提高自身的造血功能。为促进具体管理事项公开透明，在国际化社区做重大决策和部署时，应广泛征求中外居民的意见，维护社区居民的参与权，增强外籍居民的社区意识和归属感。促进社区资源的整合和利用，围绕社区居民最直接、最迫切的需求，完善配套公共设施及服务，促进外籍居民的社区融入，增强外籍居民的交际能力和社会活动能力，逐渐让外籍居民对社区产生家的感觉。建立社区基层调解队伍，及时解决社区居民之间发生的矛盾，让中外居民共同生活在一个和谐的社区大家庭里，让国际化社区成为中外居民生活、创业的乐土。

第二，调整资源整合模式，注重社会组织建设。号召辖区内企事业单位的工作人员、大学生和宗教团体参与国际化社区的管理工作，完善社区工作的现代化治理模式。对于过去设置不科学、不人性化的工作模式，要及时予以淘汰。发挥社区资源优势，创新参与工作的意识，主动上门、了解需求、解决难题，引导专业社会组织参与社区工作，推进国际化社区治理模式的进步和完善。例如，明确社会组织服务对象和服务方式，加大宣传力度，确保稳定社会效益；创新管理办法和自我监督评价机制，实行管理与治理相融合的推进模式；发挥国际化城市优势，运用新兴媒体进行社区管理创新模式宣传，提高管理效率，在社区服务中体现人性关爱与责任，推进国际化社区的治理工作；健全社会福利服务体系，实现服务对象全覆盖，建设"最适宜居住、最利于人的发展"的国际化社区。

二、增强社区意识，加大社区居民参与治理力度

社区意识被认为是促进移民融合的重要概念。Irene Barbieri 和 Bruna Zani（2014）认为，社区意识是与移民社会文化和社会变迁相关的重要概念。Isabel 等（2009）发现，社区意识是加强社交互动和提高生活质量的一个因素，可以反映移民的融合状况。Maria 等（2013）认为，社区意识是移民融入当地社会的关键，缓冲了移民在一个新国家的经历带来的负面影响，如焦虑和不确定感、失去控制力和社会地位、社会支持减少等。从本质上讲，外籍居民的社区意识是作为个人或群体的外籍居民对其自身身份相对性的认识和反映，也是外籍居民对自身与所在社区间关系和所在社区居民间地缘关系的认识和反映。因此，要整合与利用社区资源，对外籍居民进行积极引导，注重居民社区意识的培育，让中外居民更好地了解社区工作，意识到社区资源的价值，强化人们对社区的文化和心理认同。

国际化社区发展的首要任务就是促使社区中外居民参与社区活动，使社区人际关系由淡漠变为融洽，从而促进社区中外居民的归属感及主人翁意识的形成。应主动开发利用社区资源，优化社区服务，促进居民间互动，增进居民互相了解，吸引和引导社区中外居民更好地参与社区事务和社区建设，使他们主动、积极地融入社区的社会文化生活，确保社区安全和谐。

国际化社区是不同种族群体的聚居地，将不可避免地出现多元文化的碰撞和冲突，这主要表现为社区互动意识弱、归属感形成困难、社区居民和社区管理人员缺乏沟通、社区自治度低等。社区应积极支持和促进社区组织与管理模式的更新，建立社区参与机制，提供专业的社区服务，并建立社区文化和教育机制等。

在多元文化背景下，外籍居民重塑生活和公民身份的过程成为社区文化融合的一个重点。一方面，移民的过去经历，他们对原籍国的看法和感受，他们过去的人际关系、情感和与原籍国的联系影响着他们的社区意识；另一方面，在中国生活的时间、对中国文化的了解、在中国的人际关系以及与社区当地居民的关系也影响着外籍居民的社区意识，外籍居民社区意识的形成过程包含外籍居民对其生活和公民身份的认识的重塑过程。从社区意识培育的实践层面来看，社区意识的培养与塑造同社区居民的日常生活密切相关，社区意识培育应从以下四个方面入手。

第一，社区参与。居民社区参与的过程不仅是塑造公民身份的过程，还是社区意识觉醒的过程，有助于建立更安全、更和谐和更宜居的社区。居民参与社区活动可以增强邻里关系和社区凝聚力，产生归属感和相互依存性，从而增强社区意识。当居民的社区意识增强时，反过来又会促进居民的社区参与（Pennie et al.，2013）。

第二，邻里互动。在社区中，邻里之间的交往是所有社区最基本的社会关系，良好的邻里关系意味着社区居民能够熟悉、信任、互助和团结，是一种社会支持和社会网络。邻里结构是社区的重要结构，邻里社会关系是通过社区成员之间的反复互动形成的，社区邻里之间的积极互动会影响社区解决问题和邻里生存能力（Donald et al.，1985）。Brown 等（2003）发现社区意识在社区振兴中扮演着重要的角色。具体来说，他们发现，当社区居民互相了解、建立了情感联系时，他们往往会共同努力，一起改善整个社区。

第三，社区认同。社区认同可以通过居民从社区获取资源以满足其需求的程度来体现（何卫平，2012）。当社区成员的需求得到满足时，他们会发自内心地认可社区。正如麦克米兰所说，社区作为一个集体概念，需要社区居民保持积极的团结意识，以整合和满足居民的需求（McMillan，1986）。社区对社区居民的社会支持力度不可避免地影响社区居民的社区意识水平。

第四，社区生活满意度。生活满意度是衡量社区意识的一个指标。以社区物质为代表的社区环境满意度对社区意识有一定的影响（陈校，2010）。居民对社区硬件设施的认同度直接影响居民的社区意识水平（何卫平，2012）。因此，社区居民对社区环境的满意度影响社区居民的生活满意度，进而影响社区居民的社区意识水平。社区应丰富业余文化生活，满足外籍居民的精神需求。根据社区外籍居民的年龄、性别、兴趣等因素，适当地开展创新性文体活动。例如，开设瑜伽、剪纸、书画等课程，并定期举行比赛；开展乒乓球、羽毛球、网球等运动项目和比赛；组织郊游、中外联谊会等活动。这些活动不仅可以锻炼外籍居民的中文应用能力，还可以使他们感受到社区大家庭的温暖，从而缓解文化冲突引起的心理问题。

国际化社区居民来自不同的国家，对社区治理的参与欲望更加强烈，体现为平等性、横向性、公益性的互动。在社区的发展过程中，社区居民的积极、直接参与是必不可少的。要整合社区内的各种资源，建立国际化社区居民参与机制，鼓励居民参加社区的公益活动，通过自助与互助，实现社区内的自治。要培育外籍居民的社区精英领袖，建立各类社区志愿者组织，鼓励外籍居民对社区建设体制和管理提出坦诚而有见地的意见。外籍居民入选居委会是一种值得借鉴的模式。"洋居委"可以解决因语言障碍引起的争端，缓解不同国籍人士之间的紧张关系；"洋居委"既可以宣传居委会的工作，介绍当地情况，也可以加强邻里联系，让居委会同外籍居民之间突破语言交流障碍，促进文化交流，使中西文化和社区管理理念相互交融、相互理解、相互接纳，起到很好的桥梁、纽带作用。同时，也可以邀请外籍居民加入社区调解委员会，利用他们的语言和文化背景优势，缓和不同国家居民间的紧张关系，协调中外居民间的矛盾与纠纷，增强说服力和调解的效力。外籍居民是一个十分活跃的群体，他们的社会活动范围大、社交范围广。尽管外籍居民来到中国的目的和动机不同，但有一点是相同的：他们大多是对中国抱有好感的人。我们要充分利用外籍居民积极的一面，培养他们的自治与互助精神，调动他们参与社区治理的积极性和主动性，引导他们在多种文化并存的环境中通过参与社区服务与管理活动，增强社区意识和自治意识，从而在同他们分担社区发展责任的同时，推进社区的文化融合，实现国际化社区的和谐发展。

三、探索社区多元主体共同治理，树立国际化社区文化融合的自信

多元主体共同治理是我国国际化社区建设创新管理体制的要求，也是实现国际化社区治理能力现代化的前提。一个真正的国际化社区中，社区居民具有国际性，而且社区设施、社区服务管理达到国际一流水平，更重要的是，社区具有开放的理念和融合的文化。要发动外籍人士广泛参与社区公共事务和社区建设，培养外籍人士的"主人翁"意识，增强居民作为社区一员的责任感，培养积极向上的社区精神，为社区治理提供来自其他文化的理念和思维，为共同促进社区的繁荣与发展贡献力量。

国际化社区应具备文化多元性、文化宽容性、人文性，实现真正的族群平等与和谐共存。创新社区管理模式，加大中外居民参与社区治理力度，从而解决国际化社区文化融合发展过程中面临的问题。解决技术层面问题并不难，

难的是树立起文化融合成功和中国文化海纳百川的自信。国际化社区建设的前提应是留住民族文化根脉，发挥好政府牵头和引导作用，充分利用社会资源，发挥市场活力。中国国际化社区文化融合所面临的问题或多或少都曾发生在其他国家，有许多经验和教训值得总结。从国际视野看，国际化社区文化融合发展过程中会出现一些新的问题和挑战，会带来观念转变、制度调整、利益划分的阵痛。为了解决这些问题，我们需要尊重文化融合规律，更好地发挥政府的作用，整合社区中的各种资源，提高居民满意度，提高社区文化教育水平，建立文化交流平台，提升归属感。在交往、沟通、协作中促进多元文化的碰撞、渗透和融合，突破国际移民观念障碍和利益固化藩篱，实施改革，激发文化多元活力，创造最适宜的居住生活环境，谋求更大范围的国际化社区文化融合发展空间，形成文化融合、服务便捷惠民、交流活动丰富多彩的国际化社区大氛围，提升社区综合竞争力。

附录一：问卷

问卷一

国际化社区外籍人士文化融合调查问卷（编号 I）

亲爱的外籍居民：

您好！希望您百忙之中抽出一点儿时间填写下列问卷内容，请根据您的实际情况真实填写。问卷内容仅供学术研究所用，绝不对外公开，非常感谢您的合作，祝您在义乌生活愉快！

第一部分　个人基本信息

1. 您的国籍：_

2. 您的性别是什么？（　）

A. 男性　　　　　　B. 女性

3. 您的年龄是什么？（　）

A. 20～30　　　　　　　　B. 31～40

C. 41～50　　　　　　　　D. 51 岁以上

4. 您的学历是什么？（　）

A. 中学　　　　　B. 大学专科　　　　　　C. 大学本科

D. 研究生　　　　E. 其他

5. 您在义乌工作／生活了多长时间？（　）

A. 1～6 个月　　　B. 6～12 个月　　　　　C. 1～3 年

D. 3～6 年　　　　E. 6 年以上

6. 您来义乌前是否出过国？（　　）

A. 没有出过国　　B. 出过国，国外生活时间不足 6 个月　　C. 出过国，国外生活时间多于 6 个月

7. 您的中文水平（在和中国人交流中）如何？（　　）

A. 可以自由表达　　　　　　　B. 可与当地人进行一般性交流

C. 与当地人交流时有困难　　　D. 完全不能和当地人交流

8. 您来中国之前对中国文化有多少了解？（　　）

A. 完全不了解　　B. 不太了解　　C. 一般程度了解　　D. 非常了解

9. 您来中国前参加过下列哪些跨文化内容的培训（多选题）？（　　）

A. 中文培训　　B. 中国文化　　C. 业务知识　　D. 生活技能　　E. 心理调整能力

F. 文化意识　　G. 跨文化交际技巧　　H. 从未参加过

10. 您来中国前接受了多长时间的跨文化培训？（　　）

A. 1 个月　　　　　B. 2 个月　　　　　C. 3 个月　　　　D. 超过 3 个月

11. 您的亲人相伴数是多少？（　　）

A. 0　　　B. 1　　　C. 2　　　D. 3　　　E. 4　　　F. 5　　　G. 5 人以上

12. 您遇到住房或社区问题时，通过以下哪些渠道解决（多选题）？

A. 老乡和朋友　　B. 居委会　　C. 房东　　D. 业主委员会　　E. 相关政府部门

F. 物业　　G. 新闻媒体　　H. 其他

如果您有什么问题，请直接发邮件联系我们：403534545@qq.com。

我们以后可以和您联系，对您进行访谈吗？　　（1）当然可以　　（2）不可以

您的 E-mail 地址（如果您愿意和我联系，请填写）：_____

您的电话号码（如果您愿意和我联系，请填写）：_____

第二部分　来华动机和期望

您来华的目的和期望是什么？请在下面表格中与您的同意程度相符合的空格处打"√"，并在最右边标出您来中国的三个主要原因。

题序	题　项	非常不同意	不同意	中　立	同　意	完全同意	来中国的主要原因
1	进口中国商品						
2	学习中国的专门知识，如中国画、武术等						

题序	题　　项	非常不同意	不同意	中　立	同　意	完全同意	来中国的主要原因
3	传播本国文化，让自己的国家被更多中国人认识和了解						
4	锻炼自己在异国他乡应对陌生环境的能力						
5	被所在的城市吸引						
6	探索和学习中国的文化						
7	开阔视野，丰富人生经历						
8	提高自己的外语水平						
9	积累人脉，在中国的经历对我以后找工作会有很大帮助						
10	在中国旅游，了解中国文化						
11	由机构、父母 / 朋友推荐来中国发展						
12	自己的朋友在中国做生意						
13	理解当地的社会习俗和文化						
14	保持积极的心态和愉悦的心情						
15	获取融入当地社区的乐趣						
16	被当地人接受						
17	听懂当地人说的话						
18	用外语顺畅表达自己的想法						
19	体验并适应国外生活						
20	与当地人交朋友						
21	取得工作上的成就和建树						

还有别的来华原因吗？请说明。

第三部分　社会交往圈构成情况

1.请根据目前您的时间安排情况，在右边相应的空格处打"√"。

题　项	从　不	很少时间	一　般	经　常	大多数时间
独处					
与中国朋友在一起					
与社区当地居民在一起					
与来自自己国家的朋友在一起					
与来自其他国家的朋友在一起					

2.您认为影响您交友的主要因素有哪些？请根据您的实际情况在右边相应的空格处打"√"。

题　项	完全不重要	不重要	一　般	重　要	非常重要
兴趣爱好					
性格					
性别					
价值观					
国家／民族					
语言					
风俗习惯					
经济利益					
政治信仰					
宗教信仰					

还有其他方面吗？请说明。

第四部分　参与社区文化生活的情况

请根据您日常接触社区文化的情况，在与您的同意程度相符合的空格处打"√"。

题　序	题　项	从不	偶尔	一般	经常	很频繁
1	在日常交流中常常使用中文					
2	参加社区节日活动					
3	读中文报纸，看中文电视					
4	使用社区的活动室和活动设施					
5	去邻居家串门					
6	参加社区文化课程，如沙画、中文培训等					
7	参加社区文化展					
8	参加社区志愿者活动					

第五部分　和社区居民的交往

请根据您和社区当地居民的交往情况，在与您的同意程度相符合的空格处打"√"。

题　序	题　项	非常不同意	不同意	中立	同意	完全同意
1	我觉得社区当地人容易相处					
2	社区当地人很少搭理我，不太同我交谈					
3	社区当地人公共道德感不强					
4	我觉得社区当地人友好而热情					
5	社区当地人对外籍居民缺少关心、理解、同情					
6	我觉得自己被社区当地人所排斥					

题　序	题　项	非常不同意	不同意	中立	同意	完全同意
7	我觉得自己同社区当地人交往有困难，不知道他们在想什么					
8	在社区遇到的歧视和不公正对待让我感到不安					
9	部分社区里的人坚持民族中心主义					

第六部分　社会文化融合调查自评量表

请根据您的自身情况，在与您的同意程度相符合的空格处打"√"。

题　序	题　项	完全不同意	不同意	中立	同意	完全同意
1	我对中国文化很感兴趣					
2	我对中国文化了解得比较多					
3	我认为自己已经习惯了在中国的工作和生活					
4	我觉得中国人说话有些婉转，有时我听不懂他们的真实意思					
5	我认为保留自己国家的传统节日很重要					
6	与中国人一起工作时，我会主动调整自己的方式来习惯他们的工作方式，让工作能顺利地开展					
7	我在融入中国的同时，也尽量保持本国的传统习俗					
8	我们要舍弃本国的传统生活方式，以学习和接受中国的思想和行为					
9	在中国生活我感到很开心，很乐意邀请自己国家的朋友来中国游玩					

续 表

题 序	题 项	完全不同意	不同意	中 立	同 意	完全同意
10	我觉得自己和中国人没什么两样					
11	多数邻居都认识我					
12	当我与中国人的一些价值观有冲突时，我不会把这些想法表现出来					
13	我觉得很难找到可以真正交心的朋友					
14	我觉得我的邻居都很好相处					
15	我与本国人和中国人相处都很愉快					
16	我非常喜欢我现在的工作					
17	我和家人参与本社区的公共活动					
18	我能很好地控制情绪，不让自己的情绪影响工作和生活					
19	在中国我不开心的时候比较多，我非常思念我的国家和亲人					
20	我有很多中国朋友，经常去他们的家里做客					
21	与中国朋友相处时，我容易敏感，很在乎他们对我的看法					
22	当我一个人的时候，我会害怕					
23	我认识社区的很多人					
24	与中国朋友相处时，我通常表现得比较活跃					

第七部分 心理融合调查（抑郁自评量表）

请根据您的心理情况，在与您的同意程度相符合的空白处打"√"。

题 序	题 项	不是/很少这样	偶尔这样	经常这样	总是这样
1	我感到情绪低落，沮丧				
2	我认为一天当中早晨的心情最好				
3	我的心脏跳动比平常快，我感到焦虑				
4	我比在国内更敏感，更多疑，尤其在意别人对自己的态度				
5	我比平时更烦躁				
6	我很容易做出决定				
7	我吃得和平时一样多				
8	我与中国人日常交流顺利的话，会感到非常高兴，我的生活很有意思				
9	我的大脑和过去一样清晰				
10	我平时感兴趣的事，现在仍然喜欢做				
11	我有一段痛苦或想哭的时间				
12	我经常感到孤独				
13	我经常怀念故乡				
14	我做事没有感到有任何困难				
15	我觉得自己对别人有用和被别人需要				
16	我心中仍然充满着爱				
17	我容易生气，与他人吵架，会因语言水平不足而感到沮丧				
18	我觉得自己是别人的负担				
19	晚上我睡不好觉				
20	我觉得我的中文用起来越来越顺，我对未来有信心				

问卷二

文化融合策略量表（编号2）

根据您对文化传统、朋友以及社会活动的观点，您在多大程度上同意下列题项所描述的内容。请根据完全同意5，同意4，中立3，不同意2，非常不同意1，在与您自己实际情况相符合的评价栏处打"√"。

相关调查项目	完全不同意	不同意	中　立	同　意	完全同意
1. 我认为，保持本国文化传统和适应中国文化这两点都不重要					
2. 我认为，学好本国语比学好汉语重要					
3. 我认为，应该学习和适应中国的文化，而不是恪守本国文化传统					
4. 我认为，学好本国语或学好汉语都不重要					
5. 我喜欢参加只有自己国家的人参与的社交活动					
6. 我既不喜欢自己本国音乐，又不喜欢中国音乐					
7. 我交友的范围只限于自己国家的人					
8. 我既不愿参加自己国家的人的社交活动，又不愿意参加中国人的社交活动					
9. 我喜欢参加中国人参与的社交活动					
10. 本国音乐和中国音乐我都喜欢					
11. 我既不愿交本国的朋友，又不愿交中国朋友					
12. 比起中国音乐，我更喜欢本国音乐					
13. 我既交本国朋友，又交中国朋友					
14. 比起本国音乐，我更喜欢中国音乐					
15. 我只交中国朋友					
16. 我既喜欢参加本国人的社交活动，也喜欢参加中国人的社交活动					

问卷三

国际化社区本地居民调查问卷（编号 3）

亲爱的朋友：

您好！本项调查是为了了解您对不同国家文化群体成员的接纳程度，您的信息对我们的研究有非常大的价值。请您帮忙填写以下问卷内容。非常感谢您真诚的帮助！

1. 您的年龄：（1）<20 岁　　　（2）21～30 岁　　　（3）31～40 岁
　　　　　　　（4）41～50 岁　　（5）51 岁以上

2. 您的性别：（1）男性　　（2）女性

一、请将您所选国家（地区）的相应代码填在下面的括号里，并简要解释一下原因

假如可能的话，你最想和来自下列文化群体的人

1. 韩国　　2. 美国　　　3. 越南　　　4. 非洲国家　　5. 澳大利亚

6. 法国　　7. 叙利亚　　8. 印尼　　　9. 俄罗斯　　　10. 南美国家

11. 日本　　12. 印度　　13. 孟加拉国　14. 新加坡　　15. 意大利

结婚（　　　）

做好朋友（　　　）

做邻居（　　　）

做同事（　　　）

做一般朋友（点头之交）（　　　）

去旅游（　　　）

最不喜欢（　　　）

二、和外籍居民的交往情况

1. 您有外籍居民朋友吗？他 / 她是哪国人？

2. 您和外籍居民交往了多长时间？

（1）从来没有　（2）少于 6 个月　（3）大于 6 个月　（4）超过 1 年

3. 您同外籍居民朋友的交往（若有）对您有哪些影响？

4.您和留学生交往的障碍是什么？请在与您自己实际情况相符合的评价栏处打"√"。

题 序	原 因	非常不同意	不同意	中 立	同 意	完全同意
1	没时间和外籍居民交往					
2	不知道怎样和外籍居民交往					
3	兴趣爱好不同，和外籍居民交往没意思					
4	外语差，没办法交流					
5	不喜欢外籍居民					
6	自己觉得不好意思同他们交往，难为情					
7	外籍居民看上去很高冷，难接近					
8	没有机会同外籍居民交往					
9	家人不同意我同外籍居民交往					

5.您最想去旅游或者居住的国家是哪些？

（1）韩国（2）美国　　（3）越南　　（4）非洲国家（5）澳大利亚
（6）法国（7）叙利亚　（8）印尼　　（9）俄罗斯　（10）南美国家
（11）日本（12）印度　（13）孟加拉国（14）新加坡　（15）意大利
（16）其他

6.您的外语水平怎样？

（1）可以和外籍居民自由交流　　（2）可以和外籍居民进行一般性交流
（3）和外籍居民交流时有困难　　（4）和外籍居民完全不能交流

7.您是否出过国？为什么出国？在国外待了多长时间？

附录二：访谈提纲

国际化社区外籍居民文化融合问卷编制访谈提纲（第一次）

个人信息

年龄	性别
受教育程度	职业（或身份）
母语水平	（非常好 好 一般 不好）
英语水平	（非常好 好 一般 不好）
中文水平	（非常好 好 一般 不好）
家庭收入	元 / 月
工作状态	（无劳动能力 失业 就业）
婚姻状态	（未婚 离婚 分居 寡居 已婚 同居）

访谈问题

1. 您来中国之前有什么样的期望？

2. 您来之前做过什么准备工作吗？比如，参加过跨文化培训吗？

3. 您来义乌之前去过别的国家吗？和您之前的经历相比，您觉得在中国（义乌）的工作或生活有什么不同之处吗？

4. 您觉得在中国工作、生活最大的困难是什么？

5. 在您的日常生活中，最愉快和最烦恼的事分别是什么？对这些事情您有何感想？

6. 您认为中国人对外国人的态度如何？

7. 您觉得外籍居民身份对您有何影响？这些影响具体表现在什么地方？

8. 您一般怎么处理这些影响？

9. 您认为同社区当地居民交朋友有困难吗？您同当地居民交流时，除了语言障碍，还遇到过其他障碍吗？

10. 您如何参与社区的社会文化生活？

11. 关于中国，您不喜欢的方面是什么？

国际化社区外籍居民文化融合访谈提纲（第二次）

个人信息

年龄　　　　　　性别

受教育程度　　　职业（或身份）

母语水平　　　　（非常好 好 一般 不好）

英语水平　　　　（非常好 好 一般 不好）

中文水平　　　　（非常好 好 一般 不好）

家庭收入　　　　元／月

工作状态　　　　（无劳动能力 失业 就业）

婚姻状态　　　　（未婚 离婚 分居 寡居 已婚 同居）

调查问题

1. 您觉得您国家的人们与您所在社区的中国人在观念、习惯上有什么不同吗？他们在教育、家庭关系、孩子教养、对待工作及外来人员的态度、人际交往、休闲娱乐、婚恋等方面的不同特点是什么？

2. 面对上述不同特点，您有何看法？

3. 一般情况下，您会怎么做？

4. 最近几年在您与社区周围人的生活中发生了什么重大的变化？请举例。

5. 您怎么看待和处理上述这些变化？

6. 当您觉得烦躁、孤独或者想家的时候，您会怎么办？

7. 您所在社区邻里支持程度如何？您是否愿意在社区长久居住？